WILHELM II. UND SEINE GESCHWISTER

Barbara Beck

Wilhelm II. und seine Geschwister

Verlag Friedrich Pustet
Regensburg

Meiner Mutter

Bibliografische Information der Deutschen Nationalbibliothek
Die Deutsche Nationalbibliothek verzeichnet diese Publikation in der Deutschen Nationalbibliografie; detaillierte bibliografische Daten sind im Internet über http://dnb.dnb.de abrufbar.

ISBN 978-3-7917-2750-9

Umschlaggestaltung: Martin Veicht, Regensburg
Covermotiv: Gruppenporträt auf Schloss Friedrichshof, Mai 1900: v. l. n. r.: Sophie, Victoria, Kaiser Wilhelm II., Kaiserin Friedrich, Charlotte, Heinrich und Margarethe (bpk/T. H. Voigt)
Satz: Vollnhals Fotosatz, Neustadt a. d. Donau
Druck und Bindung: Friedrich Pustet, Regensburg
Printed in Germany 2016

Diese Publikation ist auch als eBook erhältlich:
eISBN 978-3-7917-6076-6 (epub)

Weitere Publikationen aus unserem Programm finden Sie auf www.verlag-pustet.de
Kontakt und Bestellungen unter verlag@pustet.de

Inhalt

Vorwort

Die jüngeren Geschwister des letzten deutschen Kaisers Wilhelm II. sahen sich zeitlebens meist im Schatten ihres älteren Bruders, was nicht allein seiner Bedeutung als regierender Monarch eines machtvollen Reichs geschuldet war. Zu einem nicht ganz unwesentlichen Teil hängt dies mit der Tatsache zusammen, dass Wilhelm seit seiner Thronbesteigung im Jahr 1888 gleichzeitig auch das Familienoberhaupt des Hauses Hohenzollern war. Ihm kam damit eine sehr weitreichende Einflussnahme auf die Lebensgestaltung aller Angehörigen der Dynastie zu. Gemäß dem Hausgesetz konnte er *„alle zur Erhaltung der Ruhe, Ehre, Ordnung und Wohlfahrt des königlichen Hauses dienlichen Maßregeln"* ergreifen. Entsprechend seiner selbstherrlichen Veranlagung machte Wilhelm von diesem Hoheitsrecht ausgiebig Gebrauch. Seine vielfachen Versuche, das Privatleben seiner Geschwister zu kontrollieren und zu lenken, um der Hohenzollernmonarchie unter dem Druck der neuen Zeitströmungen möglichst unangefochten ihren alten Glanz zu erhalten, lösten zahlreiche familiäre Kontroversen aus. Bedingt durch die nahe Verwandtschaft des Kaiserhauses mit vielen europäischen Herrscherfamilien wirkten sich diese Zwistigkeiten bis zu einem gewissen Grad auch auf die Beziehungen der Staaten untereinander aus, obwohl der Einfluss der Herrscherhäuser auf das politische, wirtschaftliche und gesellschaftliche Geschehen im 20. Jahrhundert entgegen der Auffassung Wilhelms II. enorm an Relevanz verloren hatte.

Die Biografien der Geschwister Wilhelms II. waren allerdings nicht erst seit dem Regierungsantritt des Bruders eng mit dessen Lebensgeschichte verknüpft, sondern natürlich schon in den Jahrzehnten davor. Ihre eigene Kindheit und Jugend wurden seit seiner Abkehr von den Eltern ab der Mitte der 1870er Jahre von den dadurch hervorgerufenen Spannungen und Konflikten mit beeinflusst. Das Zerwürfnis innerhalb der Dynastie hinterließ politische und persönliche Spuren.

Von den insgesamt sieben Geschwistern Wilhelms II. erreichten nur fünf das Erwachsenenalter, da zwei Brüder, Sigismund und Waldemar, früh starben. Die Lebenswege der fünf anderen Geschwister umspannen die letzten Jahre vor der deutschen Reichseinigung, das Kaiserreich und die Weimarer Republik sowie im Fall Margarethes noch das Dritte Reich und die Anfangsjahre der Bundesrepublik Deutschland. Mit der Geburt der ältesten Schwester Charlotte im Jahr 1860 setzt die Zeitreise im engeren Sinne ein, die das vorliegende Buch unternimmt. Der Tod der jüngsten Schwester Margarethe im Jahr 1954 beendet sie. Dazwischen bildet der Erste Weltkrieg mit seinen Folgen eine tiefe Zäsur; denn er bringt den Untergang der Monarchie in Deutschland und damit den Verlust der vertrauten Lebenswelt der Geschwister. Zusätzlich mussten sie sich darein finden, dass die bis dahin sehr guten Beziehungen zu England und seinem Königshaus in ihrer ursprünglichen Form nicht mehr fortbestanden. Da die Geschwister durch familiäre Prägung sowie Erziehung allesamt anglophil eingestellt waren und Englisch für sie über weite Strecken die Umgangssprache darstellte, muss dies ebenfalls einschneidend gewirkt haben. Zum besseren Verständnis der Lebensgeschichte der Protagonisten dehnt sich diese Zeitreise im weiteren Sinne, wenn auch nur in verkürzter Form, noch auf die Lebensgeschichte der Eltern und der Nachkommen aus.

Die fünf erwachsen gewordenen Geschwister Wilhelms II. – Charlotte, Heinrich, Victoria, Sophie und Margarethe – meisterten ihr Schicksal auf unterschiedliche Art und Weise, so dass sich ihre jeweiligen Viten zu einem schillernden Panorama einer vergangenen Epoche zusammenfügen lassen. Das Bindeglied verkörpert dabei in verschieden starker Ausprägung der letzte Hohenzollernkaiser. In allen fünf Biografien spiegelt sich die bis heute immer wieder aktuelle problematische Verquickung von staatlichen und privaten Interessen. Zwar versprach ihnen ihre elitäre Geburt scheinbar ein Leben in Glanz und Gloria, doch ein kritischer Blick hinter die Kulissen korrigiert, wie so häufig, den ersten Eindruck.

Die kaiserlichen Eltern – Friedrich III. und Victoria

Das Elternhaus, in das Wilhelm II. und seine jüngeren Geschwister hineingeboren wurden, galt als ausgesprochen harmonisch. Der 99-Tage-Kaiser Friedrich III. und die Princess Royal Victoria führten eine der wenigen wirklich glücklichen Ehen im europäischen Hochadel des 19. Jahrhunderts. Obwohl es sich bei diesem Bund um eine von langer Hand geplante Heirat handelte, verband den Hohenzollernprinzen und die britische Königstochter tiefe Zuneigung und Liebe, was sich auch positiv auf ihr Familienleben auswirkte.

Ein adeliges Traumpaar

Prinz Friedrich Wilhelm von Preußen, der spätere deutsche Kaiser Friedrich III., erlebte im Gegensatz zu seinen eigenen Kindern keine so liebevolle Kindheit. Er wurde am 18. Oktober 1831 als einziger Sohn des Prinzen Wilhelm von Preußen und der Prinzessin Augusta von Sachsen-Weimar-Eisenach in Potsdam geboren. In der bloß aus dynastischen Rücksichten geschlossenen, nicht sehr guten Ehe seiner Eltern trafen zwei völlig konträre Charaktere aufeinander, die keine gemeinsame Basis fanden und es daher später vorzogen, möglichst getrennt voneinander zu leben. Der Prinz wuchs in relativer Distanz zu den Eltern auf, denen er oft nur als Folie diente, vor der sie ihre Animositäten ausfochten. Während seine Mutter liberalen Ideen anhing, vertrat sein Vater erzkonservative Ansichten. Als ältester Neffe des kinderlosen preußischen Königs Friedrich Wilhelm IV. stand Prinz Friedrich Wilhelm seit 1840 an zweiter Stelle der Thronfolge in Preußen. Neben der für einen Prinzen typischen militärischen Erziehung erhielt er an der Bonner Universität eine bürgerlich-liberal angehauchte Ausbildung auf rechts- und staatswissenschaftlichem sowie historischem Gebiet. Er war damit der erste preußische Thronfolger, der eine akademische Schulung vermittelt bekam. Anlässlich der Eröffnung der Weltausstellung in London im Frühjahr 1851 begegneten sich der 19 Jahre alte Prinz und die noch nicht elf Jahre alte englische Prinzessin Victoria zum ersten Mal. Das ungewöhnlich intelligente Mädchen hinterließ offenbar bereits damals schon einen positiven Eindruck bei ihm.

Prinzessin Victoria war am 21. November 1840 im Londoner Buckingham Palast als ältestes Kind der britischen Königin Victoria und des Prinzen Albert von Sachsen-Coburg und Gotha zur Welt gekommen. Im Gegensatz zu dem preußischen Prinzen wuchs die Princess Royal in einer fast bürgerlich anmutenden und wesentlich herzlicheren familiären Atmosphäre auf. Das äußerst aufgeweckte und lernbegierige Kind entwickelte sich zum Liebling seines Vaters, der es nach Kräften förderte und für eine umfassende Bildung sorgte. Ihre Erziehung zielte darauf ab, sie zu selbstständigem Denken und Urteilen anzuleiten. Vicky war nicht nur das klügste Kind unter den neun Königskindern, sondern ähnelte wohl auch, was Begabung, Intellekt und Fleiß betraf, am meisten ihrem Vater.

Prinz Friedrich Wilhelm war mit der Princess Royal in brieflichem Kontakt geblieben. Als der gut aussehende Hohenzoller vier Jahre später erneut nach Großbritannien kam, zeigte er sich sehr angetan von der charmanten Prinzessin: *„Ohne eine Schönheit in ihr zu finden, bietet sich bei ihrem Ausdruck und anmutigen Zügen ein so angenehmes Gemisch von Kindlichkeit und jungfräulicher Anmut, wie ich's gern habe. Und das kann ich sagen, daß Gemüt und Verstand reichlich in ihr wohnen und Interesse für Kunst und Literatur, namentlich Deutschlands, sie lebhaft erfüllt."* Zur Freude beider miteinander befreundeter Elternpaare, die schon frühzeitig an eine mögliche Heirat ihrer beiden ältesten Kinder gedacht und dieses Projekt gefördert hatten, fassten der Prinz und die junge Prinzessin bei diesem Besuch auf Schloss Balmoral eine tiefe Zuneigung zueinander und verlobten sich ‚inoffiziell'. Glücklich bekannte Friedrich

Wilhelm: *„Ich empfinde eine Seligkeit, die ich nie gekannt"*. Bei den beiden gingen gegenseitige Liebe, dynastische Interessen und politische Überlegungen eine nahezu ideal anmutende Verbindung ein. Victorias Eltern sahen in dem preußischen Prinzen, wie die Queen gestand, einen vortrefflichen jungen Mann, *„dem wir unser liebes Kind mit vollem Vertrauen geben können. Was uns so sehr an ihm gefällt, ist, daß er wirklich von Vicky entzückt ist"*.

Vor allem Prinzgemahl Albert erhoffte sich viel von dieser Heirat. Er glaubte über seine Lieblingstochter Preußen im liberalen und konstitutionellen Sinne beeinflussen zu können, so dass eine Einigung Deutschlands unter dessen Führung im fortschrittlichen Sinne möglich würde. Dieses Deutschland sollte dann zum bedeutendsten Verbündeten Großbritanniens werden. Er wies deshalb seine wissbegierige Älteste gründlich in den sogenannten Coburger Plan ein, der vorsah, aus Preußen eine konstitutionelle Monarchie nach britischem Muster zu machen. Im Grunde wurde der jugendlichen Prinzessin mit diesem großangelegten Plan viel zu viel zugemutet. Sie wurde außerdem von ihrem Vater nicht in ausreichendem Maß auf die politischen Realitäten in Preußen vorbereitet, die vielfach in diametralem Widerspruch zu den bisherigen Lebenserfahrungen Vickys standen. Gerade was die Stellung von Monarch und Parlament betraf, bestanden zwischen Großbritannien und Preußen erhebliche Unterschiede. Der Prinzgemahl hatte seiner Tochter ein wohl zu romantisches Deutschlandbild vermittelt, wie er es sich in seiner Erinnerung bewahrt hatte. Später bekannte Victoria: *„Als junges Mädchen dachte ich immer, Deutschland wäre erfüllt und durchdrungen von allen Idealen und Talenten, es brauche nur der Regierungsdruck zu weichen und alles Schöne und Edle werde erblühen"*.

Am 25. Januar 1858 wurde in London Hochzeit gefeiert. Dass die Vermählung von Friedrich Wilhelm und Victoria in der britischen Hauptstadt stattfand, war zunächst auf Widerstand beim Berliner Hof gestoßen, da es bei den preußischen Prinzen Tradition war, dass deren Hochzeiten in Berlin ausgerichtet wurden. Gerade die Heirat des Thronfolgers hätte man lieber auf preußischem Boden gefeiert. Die Queen ließ in diesem Punkt aber nicht mit sich diskutieren: *„Was immer bei preußischen Prinzen üblich und Sitte sein mag, es kommt nicht jeden Tag vor, daß man die älteste Tochter der Königin von England ... heiratet. Und damit Schluß."*

Englische Ideen und preußische Gesinnungen

Die Ehe des Prinzenpaares entwickelte sich nicht nur zu einer ungewöhnlich glücklichen Verbindung, wie es die Mehrzahl der fürstlichen Ehepaare ihrer Zeit nicht kannte, sondern es handelte sich darüber hinaus auch um eine Beziehung, in der Gleichberechtigung herrschte, was damals ebenfalls nicht unbedingt verbreitet war. 1864 bezeichnete Friedrich Wilhelm seine Frau als *„mein anderes Ich"*. Der große Konsens, der zwischen den Eheleuten bestand, kam auch in einem Brief des Kronprinzen aus dem Jahr 1886 zum Tragen: *„Was mich bei unseren Briefen ganz besonders freut ist die Thatsache, daß wir uns täglich auf denselben Gedanken begegnen und uns die Worte aus dem Munde nehmen."*

Diese Gleichgestimmtheit wurde vom höfischen Umfeld durchaus kritisch gesehen, da es aufmerksamen Beobachtern nicht entging, dass in dieser fürstlichen Ehe der dominierende Part an die intelligente und eloquente Victoria fiel. Der äußerlich so imponierend-heroisch wirkende Friedrich Wilhelm war im Grunde ein eher schwacher Mensch, der leicht zu beeinflussen war. Gräfin Walburga von Hohenthal, spätere Lady Paget, die in Victorias Anfangszeit in Berlin als ihre Hofdame fungierte, hielt in ihren Erinnerungen dazu fest: *„Obwohl er zehn Jahre älter war als die Prinzessin, war leicht vorauszusehen, wer die Zügel in die Hand nehmen würde."* Der Victoria gegenüber feindselig eingestellte Graf von Waldersee beklagte im Sommer 1884 wortreich diese Tatsache: *„Die geistige Überlegenheit seiner Gemahlin ist zu einem großen Unglück gewor-*

den. Aus einem einfachen, braven und ehrlichen Prinzen gut preußischer Gesinnung hat sie einen schwachen Mann gemacht, der sich selbst nichts zutraut, der nicht mehr offen und ehrlich ist, der nicht mehr preußisch denkt. Sogar seinen festen Glauben hat sie ihm genommen. Der Prinz hat faktisch keine eigene Meinung mehr; er hört auf jeden und gibt immer dem letzten recht." Dass Victoria die stärkere Persönlichkeit war, kommt auch in den Memoiren Wilhelms II. bei seiner Schilderung der Charaktere seiner Eltern zum Tragen. Sein Vater war seines Erachtens „*persönlich unendlich gütig, ja, fast zart und weich zu nennen*". Wilhelm wies aber darauf hin, dass „*er freilich auch recht autoritär veranlagt und nicht immer geneigt*" war, „*Widerspruch ruhig hinzunehmen*". Ausführlicher ging er auf seine Mutter ein, die eine „*weit kompliziertere Natur als mein Vater war*". Sie sei „*sehr klug, sehr scharfsinnig, nicht ohne Sinn für Humor, mit einem ungewöhnlich guten Gedächtnis ausgestattet*" gewesen. Wilhelm attestierte ihr „*unbeugsame Energie, große Leidenschaftlichkeit und Impulsivität, sowie Neigung zu Debatte und Widerspruch; eine heiße Liebe zur Macht kann ihr nicht abgesprochen werden.*"

Die von Anfang an schwierige Position, mit der die Princess Royal bis zu ihrem Lebensende am Berliner Königshof zu kämpfen hatte, wird ausgesprochen deutlich in den prophetischen Worten des preußischen Gesandten Otto von Bismarck aus dem Jahr 1858: „*Gelingt es daher der Prinzessin, die Engländerin zu Hause zu lassen und Preußin zu werden, so wird dies ein Segen für das Land sein. Fürstliche Heirathen geben im allgemeinen dem Hause, aus welchem die Braut kommt, Einfluß in dem andern, in welches sie tritt; nicht umgekehrt. … Bleibt also unsere künftige Königin auf dem preußischen Throne auch nur einigermaßen Engländerin, so sehe ich unseren Hof von Englischen Einflußbestrebungen umgeben*".

Als Victoria nach Berlin kam, erschien ihr hier vieles als absolut rückständig. Schon die Schlösser machten einen altertümlichen Eindruck auf sie. Jahrzehnte später zeichnete sie gegenüber ihrer Tochter Sophie ein trostloses Bild von den Zuständen bei ihrer Ankunft. Berlin glich damals *„einer schrecklichen Höhle"*. Ob die Situation wirklich dermaßen unerfreulich war, wie sie sie schilderte, mag dahingestellt sein, aber beispielsweise moderne sanitäre Einrichtungen gab es zu jener Zeit nicht: *„Kein Abfluß, furchtbares Pflaster, übler Geruch. In den ersten Jahren hatte ich kein WC, kein Bad, auch kein Wasser, wie ich es haben wollte; ich hatte keine Schränke für meine Kleider, meine Sachen mußten in den Koffern bleiben. Die Diener empörten mich durch ihre Unredlichkeit und ihre Impertinenz, ihre groben, unsauberen Manieren und ihren Ungehorsam. […] Jeder Tropfen Wasser für das Bad und die Küche usw. mußte von Soldaten herbeigeschleppt werden –, ein Bataillon von Männern."*

Antiquiert wirkten nicht nur die Schlösser auf sie, sondern auch die höfische Gesellschaft und die preußische Aristokratie generell. Sie kamen Victoria entsetzlich steif, borniert und engstirnig vor. Ihre ständigen Vergleiche mit den britischen Verhältnissen, die immer zum Nachteil der neuen Heimat ausfielen, schufen ihr selbstverständlich keine Freunde. Die selbstbewusst auftretende Victoria, die zu allem eine dezidierte Meinung vertrat und als scharfsinnige Beobachterin nicht mit Tadel an den Zuständen in Preußen sparte, stieß daher bald auf breite Ablehnung. Kritisch stellte 1862 Charlotte Duncker, die Ehefrau des Historikers und Politikers Maximilian Duncker, fest: *„Die Kronprinzessin hat ihren eigenen Willen; ihre Ansichten und Entschlüsse werden schnell gefasst – sind sie aber einmal gefasst, so kann man nichts mehr dagegen machen."* Ähnlich urteilte Victorias Hofdame Gräfin von Hohenthal: *„Menschenkenntnis besaß sie nicht und erwarb sie auch später nicht, denn sie sah nur ihren eigenen Standpunkt, eine Eigenschaft, die bei starken, entschlußfreudigen Charakteren sehr häufig zu beobachten ist."* Trotz ihrer großen Intelligenz mangelte es Victoria also an diplomatischem Geschick und Einfühlungsvermögen. Nicht bereit, sich stillschweigend unterzuordnen, entsprach sie so gar nicht dem damals gewünschten Idealbild sanft duldender Weiblichkeit. Doch dass sich eine Frau jeglicher aktiven Beteiligung an politischen Belangen zu enthalten habe, wollte sie für sich nicht akzeptieren. Sie weigerte sich, die Stellung einzunehmen, *„welche am Berliner Hof für eine Prinzessin allein recht und passend gefunden wird“*. Ironisch vermerkte sie, dass sich der preußische Hof die vollkommene Frau als *„eine Türkin in einem Harem“* vorstelle. Im Grunde lebte sie sich niemals wirklich in Preußen bzw. Deutschland ein, für sie blieb stets England ‚Heimat' und Orientierungspunkt. Für die politischen Realitäten in Berlin erwies sie sich als völlig unsensibel.

Wegen der tonangebenden Position Victorias in der Familie des Kronprinzen entstand bereits früh die Sorge, dass sich dies negativ auf ihre Kinder auswirken könnte. Diese Stimmungslage entging der Kronprinzessin nicht. *„Unsere Kinder“*, beklagte sich Victoria bei ihrer Mutter im August 1867, *„werden allgemein ob des großen Mißgeschicks bedauert, mich mit meinen ‚unglücklichen englischen Ideen und unpreußischen Gesinnungen‘ zur Mutter zu haben. Die Leute glauben, sie könnten nicht gut geraten. Ich habe mich schon so daran gewöhnt, das zu hören, daß ich mir aus diesem blödsinnigen Quatsch nichts mehr mache. Ich will nur, daß meine Kinder aufwachsen gleich meinem Fritz, meinem Vater, gleich Dir und so unähnlich als möglich dem Rest der königlich-preußischen Familie. Dann können sie gute Patrioten und ihrem Lande – sei es Preußen oder Deutschland – überhaupt nützlich sein.“*

Die politische Rolle des Kronprinzenpaares

Nach dem Tod König Friedrich Wilhelms IV. im Januar 1861 bestieg Victorias Schwiegervater als König Wilhelm I. den preußischen Thron. Im Laufe der kommenden Jahre entwickelte sich das Kronprinzenpaar Friedrich Wilhelm und Victoria zur Hoffnung der Liberalen, die von ihnen eine andere Innenpolitik erwarteten als sie unter Wilhelm I. und dessen Ministerpräsidenten Otto von Bismarck praktiziert wurde. Der Kronprinz füllte die ihm zugedachte Oppositionsrolle nicht immer sehr überzeugend aus und reagierte meistens unentschlossen. Die Kronprinzessin musste im Dezember 1861 den Tod ihres geliebten und bewunderten Vaters verkraften, der für sie zugleich den Verlust ihres politischen Mentors bedeutete. Victoria versuchte ihrem Mann dennoch in den politischen Differenzen den Rücken zu stärken. Ihrer Mutter gegenüber bekannte sie im Juli 1863: *„Der Gedanke, mich mit Intrigen in Politik mischen zu sollen, ist mir sehr unangenehm, denn dies ist ja nicht Sache einer Frau. Ich möchte gerne alle Parteien versöhnen und vor allem mit der ganzen Umgebung in Frieden leben und ich glaube, ich könnte das erreichen, wenn ich keine eigene Meinung hätte. Aber ich wäre keine freigeborene Engländerin und nicht Dein Kind, wenn ich nicht all diese Dinge als nebensächlichere Erwägungen beiseite setzte. Ich bin sehr ehrgeizig für mein Land, für Fritz und die Kinder, und so bin ich entschlossen, allem kühn zu begegnen."*

Kronprinz Friedrich Wilhelm, der zwar Krieg und speziell Schlachtfelder als grauenvoll empfand, konnte sich im Deutsch-Dänischen Krieg (1864), im sogenannten Deutschen Krieg gegen Österreich und dessen deutsche Verbündete (1866) sowie im Krieg gegen Frankreich (1870/71) militärisch auszeichnen. Er galt seitdem als Kriegsheld, was ihm politisch nur wenig nützte. Wegen seiner langen Kronprinzenzeit – sein Vater Kaiser Wilhelm I. wurde fast 91 Jahre alt – blieben ihm politische Machtbefugnisse weitgehend verwehrt. Dies zermürbte den frustrierten Kronprinzen zusehends, der sich auf repräsentative Aufgaben beschränkt sah.

Als sich Friedrich Wilhelm 1862 während der Verfassungskrise in Preußen die einzige Chance bot, seinen damals abdankungswilligen Vater auf dem Thron vorzeitig zu beerben, scheute er vor diesem Schritt zurück und ebnete damit Bismarck den Weg zur Macht. Er wurde nun von Wilhelm I. zum preußischen Ministerpräsidenten ernannt. Ob sich Friedrich Wilhelm, wenn er die Gelegenheit beim Schopfe gepackt hätte, gegen das starke konservative Establishment in Preußen hätte durchsetzen können, ist allerdings fraglich, fehlten diesem Hohenzoller doch die dafür notwendige Härte sowie der zupackende Kämpferwille. Er besaß weder eine ausgesprochene Neigung zum Herrschen noch verfügte er über das erforderliche Stehvermögen. Sein englischer Schwager Edward stellte später nicht zu Unrecht fest: *„Wenn er einen Fehler hatte, war es dieser: er war zu gut für diese Welt.“* Kronprinzessin Victoria, die sich nicht an dem von ihrem Ehemann als illegitim empfundenen Thronwechselangebot störte, hatte hingegen erkannt, dass sich Friedrich Wilhelm hier eine einmalige Möglichkeit eröffnete. Sie sollte mit ihrer Prophezeiung Recht behalten: *„Wenn Du es nicht annimmst, glaube ich, dass Du es einst bereuen wirst.“*

Nachdem der Kronprinz 1863 öffentlich die neue ‚Pressordonanz' kritisiert hatte, verstand es Bismarck, den Kronprinzen sowohl weitgehend von den Regierungsgeschäften als auch gleichzeitig von den liberalen Kreisen fernzuhalten. Friedrich Wilhelm sah sich in den kommenden Jahrzehnten politisch nahezu vollständig kaltgestellt. Düster konstatierte er an seinem 50. Geburtstag 1881: *„Ich altere fühlbar, u. hätte ich nicht Frau u. Kinder als mein Alles – längst wünschte ich aus der Welt zu scheiden.“* Durch die Entfremdung von seinem Vater und Bismarck dehnte sich für ihn der Zustand der Isolation und Machtlosigkeit quälend lange aus. Seit 1878 setzten sich bei ihm eine tiefe Resignation und ein fortwährender Pessimismus fest.

Gemeinsam mit seiner Frau konnte sich Friedrich Wilhelm vor allem als Förderer der Künste und Wissenschaften profilieren. In erster Linie geht das Kunstgewerbemuseum in Berlin auf die Initiative und die Fürsprachen des Kronprinzenpaares zurück. Victoria war selbst eine begabte Künstlerin. Sie schuf u. a. sehr ansprechende Porträtgemälde ihrer Kinder, wobei sie dem naturalistischen Malstil des von ihr geschätzten Porträtisten Heinrich von Angeli folgte. Mit ihren drei ältesten Kindern nahm sie im Winter 1873/74 an den Elementar- und Ornamentzeichenkursen des Kunstgewerbemuseums teil. Die intensive Beschäftigung mit Kunst bot der Kronprinzessin jene Erfüllung, die ihr auf politischem und teilweise auch auf sozialem Gebiet versagt blieb. Wilhelm I. brachte für die künstlerischen Ambitionen seiner Schwiegertochter kein großes Verständnis auf. Gegenüber Paula von Bülow bemerkte er missfallend, dass er *„eine Malerin zur Schwiegertochter"* habe, *„sie vergißt ganz, daß sie auch Pflichten hat"*. Victoria engagierte sich darüber hinaus stark für das Sozialwesen und die Frauenbildung und -erwerbstätigkeit. Besondere Aufmerksamkeit schenkte sie dabei der Verbesserung der Krankenpflege.

Familienleben

Aus der Ehe von Friedrich Wilhelm und Victoria stammten insgesamt acht Kinder: vier Söhne und vier Töchter. Sechs der Kinder erreichten das Erwachsenenalter. Begeistert widmete sich die Prinzessin ihrer Aufgabe als Mutter. Generell vergötterte sie kleine Kinder und konnte offenbar nicht genug von ihnen bekommen. Im Juni 1866 schrieb sie etwa an ihren Mann, dass sie erwarte, *„alle 2 Jahre ein liebes Baby an der Brust zu haben"*. Zwei Jahre später bearbeitete sie den Prinzen erneut: *„Bitte Manni, noch viele kleine liebe Dinger"*. Entgegen den Gepflogenheiten für Frauen ihres Standes, die sich diesem ‚tierischen Verhalten' üblicherweise nicht unterwarfen, pochte Victoria darauf, ihre Kinder selbst stillen zu können. *„Was sind alle Schmerzen der Geburt gegen das Glück"*, verkündete sie, *„so ein geliebtes kleines Wesen zu besitzen und selbst zu stillen."* Mit diesem dringlichen Anliegen konnte sich die Kronprinzessin erst beim vierten Kind durchsetzen. Zuvor wurde am Berliner Hof darauf bestanden, dass die ersten drei Kinder des Thronfolgers nach guter alter Sitte durch Ammen versorgt wurden.

Die große Begeisterung Victorias für Säuglinge und Kleinkinder hatte allerdings auch ihre Schattenseiten. Ihre Hofdame Gräfin Walburga von Hohenthal hielt in ihren Memoiren dazu kritisch fest: *„Diese sollten im Babyalter bleiben. Solange sie noch ganz klein waren, liebte sie sie leidenschaftlich, als befürchte sie, daß man sie ihr wegnehmen würde."* Missbilligend äußerte sich auch der badische Großherzog Friedrich I. im

Frühjahr 1872 über das Verhalten seiner Schwägerin Victoria gegenüber ihren Kindern: *„Die Kronprinzessin ist übrigens fast ausschließlich besonders mit ihren jüngeren Kindern beschäftigt [...]. Die Erziehung der Kinder geschieht für die drei Ältesten durch Hinzpeter und Fräulein d'Arcourt – die jüngeren Kinder werden einstweilen nur verzogen."* Dass Victoria sehr dazu neigte, ihre Liebe stets auf das jeweils jüngst geborene Kind zu konzentrieren, während die älteren Geschwister entsprechend weniger Aufmerksamkeit genossen, hatte problematische Konsequenzen. Die preußischen Großeltern interessierten sich nämlich wesentlich mehr für ihre drei älteren Enkelkinder als für die in ihren Augen offenbar unwichtigeren jüngeren Enkel, woraus sich natürlicherweise eine stärkere Fixierung von Wilhelm, Charlotte und Heinrich auf Wilhelm I. und Augusta entwickelte. Dies sollte sich in den späteren Familienquerelen zum Nachteil von Victoria und Friedrich Wilhelm auswirken.

Politisch ohne nennenswerten Einfluss konnte sich das Kronprinzenpaar ein intaktes Familienleben aufbauen. Beide Ehepartner liebten kleine Kinder und befassten sich gerne mit ihnen. Auf den Schriftsteller Gustav zu Putlitz etwa machte 1864 das familiäre Zusammenleben im Hause von Friedrich Wilhelm und Victoria den besten Eindruck: *„Die ganze Erziehung erscheint mir von allen Seiten sehr vernünftig, und der Erfolg beweist das, denn die Kinder sind ganz natürlich, gehorsam, frisch und wohlgehalten"*. Er empfand die Atmosphäre als ausgesprochen harmonisch. *„Es war wirklich allerliebst, dieses ungenierte Zusammensein und die Freude an dem so wahrhaft netten, glücklichen Verhältniß."* Regelmäßig reiste das Kronprinzenpaar mit seinen Kindern zu Besuchen nach England. Die Queen zeigte an ihren preußischen Enkeln immer großes Interesse. *„Jede Kleinigkeit war ihr bekannt"*, entsann sich ihre Enkelin Victoria, *„wir Kinder waren daher stets glücklich, sie besuchen zu können, und England wurde infolgedessen ebenso unser zweites Vaterland wie Englisch unsere zweite Muttersprache."* Dass die Eltern ihre Kinder zu gemeinsamen Urlaubstagen mit ins Gebirge oder an die See nahmen, entsprach überhaupt nicht den Gepflogenheiten am Berliner Hof. Die Schriftstellerin Marie von Bunsen, die in ihrer Kindheit öfter mit den Kaiserkindern zusammenkam, hob in ihren Erinnerungen trotzdem eigens hervor, dass die Prinzen und Prinzessinnen damals nicht mehr verwöhnt wurden, *„als dies bei Kindern reicher Häuser der Fall ist, und Sparsamkeit wurde ihnen nahegelegt."*

Als Stadtwohnung und Winterresidenz nutzten Friedrich Wilhelm und Victoria das Berliner Kronprinzenpalais an der Straße Unter den Linden. Größere Bedeutsamkeit besaß für die Kronprinzenfamilie jedoch das Neue Palais zu Potsdam, das als Sommerresidenz diente. Für Friedrich Wilhelm hatte es als seine Geburtsstätte immer besondere Bedeutung gehabt. Üblicherweise bewohnte es die Familie von April bis November. Es galt als das eigentliche Heim der Familie, das hauptsächlich dank der großzügigen Mitgift Victorias nach den eigenen Bedürfnissen umgestaltet und modernisiert werden konnte. Hier genossen die Kinder mehr Freiheit. Victoria ließ beim Neuen Palais einen kleinen Garten für ihre Familie anlegen, der den Vorteil hatte, dass die Kinder hier unbeobachtet spielen und toben konnten. Die Familie führte in Potsdam ein fast bürgerliches Privatleben abseits vom steifen Berliner Hof. Von hier aus wurde gerne das nahe gelegene Krongut Bornstedt besucht, das dem Prinzenpaar seit 1867 zur Verfügung stand und das die Kronprinzessin nach englischem Vorbild zu einem Mustergut umfunktionierte. Ihre Tochter Victoria erinnerte sich später: *„Das Gut lieferte uns genug Butter und Milch für den Haushalt; die Geflügelfarm bildete für uns Kinder stets eine Quelle des Entzückens, und oft fütterten wir mit Mama die Küken und die Tauben, die in Scharen umherflogen."* Das Dorf profitierte von dem Interesse des Kronprinzenpaares: Die Kirche wurde ausgebaut und verbessert, eine Schule und ein Kindergarten entstanden. Fern vom Berliner Hof konnte sich die Kronprinzenfamilie hier dem scheinbar unbeschwerten Leben von Landedelleuten widmen. Die Kinder konnten aus ihrer höfischen Umgebung ausbrechen und mit der Dorfjugend spielen: *„Im Juni veranstal-*

teten meine Eltern gewöhnlich ein Fest für die Schulkinder der Nachbarschaft, besonders für die Bornstedter, das immer sehr lustig verlief. Tische wurden auf dem Rasen hinter dem Rosengarten aufgeschlagen, um die herum die Kinder Platz nahmen; dann gab es Kaffee und ungezählte Mengen Kuchen, die wir nicht nur auftragen, sondern auch backen halfen. Nach der Mahlzeit erfreuten wir uns an den verschiedensten Spielen: eine eingefettete Stange, an deren Spitze alle möglichen schönen Dinge, wie Messer, Pfeifen usw. hingen, mußte erklettert werden, es gab Sacklaufen und andere Belustigungen. Mein Vater war fröhlich mit den Kindern, gütig und teilnahmsvoll interessierte er sich für alles, was vor sich ging […]. Stets erwarteten wir diesen Tag mit größter Freude und amüsierten uns ebenso gut wie unsere Gäste." Die ganze idyllische Szenerie, wie sie die spätere Prinzessin zu Schaumburg-Lippe in ihren Memoiren schildert, erinnert an das einstige Familienleben von König Friedrich Wilhelm III. und der legendären Königin Luise, den Großeltern des Kronprinzen, in Schloss Paretz. Diese Parallele war sicherlich auch für die Öffentlichkeit erwünscht.

Schwierig für das Verhältnis der Eltern zu ihren Kindern wirkte es sich aus, dass die Verfügung über grundlegende Dinge wie die Einstellung von Lehrern, die Gestaltung der Ferien und Reisen etc. nicht dem Prinzenpaar zustand, sondern die letzte Entscheidungsgewalt König bzw. Kaiser Wilhelm I. oblag. Der herrisch veranlagte Monarch kontrollierte seine Angehörigen streng und unterwarf sie genauen Verhaltensvorschriften. Die großväterliche Bevormundung und Einmischung minderte stark die Einflussmöglichkeiten der Eltern. Kronprinzessin Victoria konstatierte daher im Sommer 1864 verärgert, dass ihre Kinder geradezu *„öffentlicher Besitz"* waren. Gegenüber ihrer Mutter klagte Victoria zwölf Jahre später über ihren Schwiegervater: *„Er ist leider sehr autokratisch und tyrannisch und sehr dickköpfig in diesen Angelegenheiten, und Fritz nimmt es sich schrecklich zu Herzen und es macht ihn sehr verbittert und verzweifelt und regt ihn sehr auf."* Dass dieses ‚Hineinregieren' Wilhelms I. in die Familie seines Sohnes auf die Dauer gesehen für die Eltern-

Kind-Beziehung nicht eben zuträglich war, stellte später auch die zweite Frau Wilhelms II., ‚Kaiserin' Hermine, fest: „*Der alte Kaiser [...] war das Haupt des Hauses. Und der alte Kaiser gab die Anweisungen! Alle Mitglieder der kaiserlichen Familie mußten ihn sich geneigt machen, um finanzielle Unterstützung zu erhalten. Die kaiserliche Autorität des Großvaters, die in jeder Hinsicht die natürliche Autorität des Vaters unterlief, hat die Schwierigkeiten noch verstärkt, die zwischen Friedrich und seinem Sohn unter diesen Voraussetzungen entstanden. Und Außenstehende haben vorsätzlich das Wasser getrübt, um darin zu ihrem eigenen Vorteil fischen zu können ...*"

Familiäre Konflikte

Ab Mitte der 1870er Jahre verschlechterte sich das Verhältnis des Kronprinzenpaares zu seinem ältesten Sohn Wilhelm. Vor allem zwischen Victoria und Wilhelm nahmen die Differenzen zu. Die Beziehung der beiden war von Anfang an problematisch gewesen. Im Grunde konnte sie sich nie mit der körperlichen Behinderung ihres Erstgeborenen abfinden. Die auf die schwierige Geburt zurückgehende Verkürzung seines linken Arms empfand die nach Perfektion strebende Victoria als Makel. Möglicherweise hatten auch Wilhelms Reizüberempfindlichkeit und Hyperaktivität ihre Ursache in der durch die komplizierte Geburt verursachten mangelnden Versorgung des Gehirns mit Sauerstoff. Als Erwachsener schloss sich der Prinz, der von den Zielvorstellungen insbesondere seiner Mutter überfordert war, zum tiefen Unbehagen seiner Eltern dem stockkonservativen Kreis um seinen Großvater Wilhelm I. an und entwickelte eine große Begabung darin, diesen gegen seine Eltern auszuspielen. Bismarck, zu dem gerade Victoria in offener Opposition stand, wusste dies zu nutzen. Herbert von Bismarck, der Sohn des Reichskanzlers, sah sehr richtig in der Ähnlichkeit von Mutter und Sohn das schlechte gegenseitige Verhältnis begründet: „*Mutter und Sohn sind in Charakter und*

Beanlagung durchaus parallel, und das Wesen der Parallelen ist, daß sie sich nie berühren können.“

Wilhelms Opposition gegen das Elternhaus schlossen sich die beiden nächstältesten Kinder des Kronprinzenpaares, Charlotte und Heinrich, an. In seinen Jugenderinnerungen stellte Wilhelm II. später die Behauptung auf, dass seine Mutter ihre drei ersten Kinder mit gewollter Härte und bewusster Strenge erzogen habe. Sie hätten nicht die gleiche nachsichtige Zärtlichkeit erfahren wie ihre Geschwister. Die jüngeren Kinder, die zeitlebens ein ausgesprochen herzliches Verhältnis zu ihren Eltern beibehielten, wurden tatsächlich nicht immer wieder kritisiert, weil sie übertriebene Erwartungen nicht erfüllen konnten. Die Charakterfehler der drei ältesten Kinder und deren mangelhafte Leistung wurden hingegen, psychologisch nicht gerade geschickt, permanent namentlich von Victoria beklagt. So jammerte sie etwa im November 1872: *„Ich bin oft so entmuthigt, u. denke so schweren Herzens an die Zukunft der 3 ältesten!“* Der Graben zwischen ihnen und der Mutter vertiefte sich daher im Laufe der Zeit immer mehr. Dass die drei ältesten Kinder auch als Erwachsene nicht die Partei der Eltern ergriffen, verwundert kaum. Den fremden Diplomaten entging ebenfalls nicht, dass Wilhelm, Charlotte und Heinrich nicht die liberalen und freigeistigen Ideen ihrer Eltern vertraten. *„Sie wurden das Gegenteil von dem, was jene wollten“*, stellte der österreichische Botschafter Graf Széchényi im März 1882 nüchtern fest. *„In ihnen lebt mit Überspringung einer Generation der althohenzollernsche Geist wieder auf … Während bei den Eltern, besonders bei der Mutter, die Bewunderung für Bismarck eine bedingte ist, verehren ihn die Kinder innigst und unbegrenzt“*.

Die angespannte innerfamiliäre Lage machte sich beim Ausbruch der Kehlkopfkrebserkrankung des Kronprinzen deutlich bemerkbar. Zu Beginn des Jahres 1887 traten erste Krankheitssymptome wie ständige Heiserkeit bei Friedrich Wilhelm auf, der ein starker Raucher war. Nachdem zusätzlich zu den deutschen Ärzten, die zu einer raschen, aber riskanten Operation rieten, englische Experten hinzugezogen wurden, kam es zu erbitterten Rivalitäten innerhalb der Herrscherfamilie: Das Kronprinzenpaar favorisierte den englischen Experten Dr. Morell Mackenzie, der eine Operation für unnötig hielt. Der inzwischen 28-jährige Prinz Wilhelm schlug sich auf die Seite der deutschen Ärzte. Als Ende des Jahres 1887 die englischen Ärzte gleichfalls der Diagnose Kehlkopfkrebs zustimmten, wurde vor allem Kronprinzessin Victoria vorgeworfen, sie habe durch ihre einseitige Bevorzugung der englischen Ärzte ihrem Ehemann geschadet. Ihr nach außen hin scheinbar unbesorgtes Verhalten in San Remo, wohin sich der Kronprinz wegen des milderen Klimas zur Linderung seiner Beschwerden begeben hatte, rief bei vielen einflussreichen Persönlichkeiten am Berliner Hof Missfallen hervor. Hofmarschall Graf Hugo Radolin erkannte dagegen im November 1887, was die wahren Beweggründe für ihr Auftreten waren: *„Sie hält ihm den moralischen Mut hoch und, wenn sie allein ist, dann weicht sie doch den Tränen. – Sie sollte nur vor der Welt nicht so lächelnd erscheinen. – Das schadet ihr, und man muß glauben, daß sie nicht tief fühlt. Dem ist aber nicht so.“* Desgleichen erregte es Widerwillen, dass in San Remo ein reges gesellschaftliches Leben herrschte, um den Kronprinzen abzulenken und ihn zu unterhalten.

„Victoria, ich und die Kinder …“

Als Kaiser Wilhelm I. am 9. März 1888 starb, trat sein todkranker und innerlich längst zerbrochener Sohn als Friedrich III. die Nachfolge als Deutscher Kaiser und König von Preußen an. Er kehrte von seinem Kuraufenthalt in San Remo nach Berlin zurück. Das neue Kaiserpaar musste sich damit abfinden, dass es politisch nicht mehr viel bewegen konnte, weil bereits alles auf Kronprinz Wilhelm setzte. Friedrich III., der im Grunde einer Kaiserherrlichkeit vergangener Zeiten anhing, hielt sowohl an Bismarck als Reichskanzler als auch an der Mehrzahl der Minister seines verstorbenen Vaters fest. Die Beibehaltung Bismarcks stand für Friedrich trotz aller Vorbehalte ihm gegenüber im Interesse der Dynastie schon seit 1885 fest. Konservative preußische und deutschnationale Kreise misstrauten dem Kaiserpaar trotzdem, da sie fürchteten, der nachgiebige Friedrich III. könnte von seiner Frau in einem ihnen unliebsamen Sinne beeinflusst werden.

Um die Versorgung seiner Gattin und der Töchter sicherzustellen, verfügte der Kaiser am 12. April 1888 Schenkungen an sie. Entsprechend seinem Testament sollte seine Frau eine Million Mark erhalten, die Töchter Charlotte, Victoria, Sophie und Margarethe jeweils zwei Millionen. Laut Friedrich von Holstein war dies *„ganz gegen die Gepflogenheiten des preußischen Hofes, wo bisher eine Prinzeß kaum jemals mehr als hunderttausend Taler bekam"*. Kaiserin Victoria hatte damit durchgesetzt, dass lediglich die Töchter bedacht wurden, die von ihrem verstorbenen Großvater Wilhelm I. bei der Regelung seines Nachlasses nicht berücksichtigt worden waren.

Nach einer kurzen Regierungszeit von drei Monaten verstarb der 57 Jahre alte Kaiser Friedrich III. unter großen körperlichen Qualen im Beisein seiner Familie am 15. Juni 1888 im Potsdamer Neuen Palais. Seine letzten Worte galten seiner Frau und seinen Kindern. Auf seinen ‚Sprechzettel' – er konnte nach einem Luftröhrenschnitt außer mit Gesten gegen Ende seines Lebens nur noch in dieser Form mit seiner Umgebung kommunizieren – schrieb er: *„Victoria, ich und die Kinder …"* Er umriss damit zum letzten Mal auf eindrucksvolle und anrührende Weise die zentrale Rolle, die seine Ehefrau und seine Familie zeitlebens für ihn spielten.

Victoria, die in der Hoffnung auf große Mitgestaltungsmöglichkeiten bei der Politik ihres Mannes gelebt hatte und für diese Aufgabe erzogen worden war, musste mitansehen, wie ihr ältester Sohn nach dem Tod seines Vaters umgehend das Neue Palais von Truppen umstellen ließ, so dass niemand das Schloss verlassen konnte. Die dortigen Räume des einstigen Kaiserpaares wurden durchsucht, weil der nun regierende Kaiser Wilhelm II. befürchtete, dass sonst geheime Staatspapiere nach England verbracht werden könnten. Victoria, die in den ersten

Monaten der Trauer jeden gesellschaftlichen Kontakt vermied, sah sich von jetzt an auch politisch völlig isoliert. Bitter vermerkte sie gegenüber ihrer Mutter im September 1888: *„Ich muß mich nun daran gewöhnen, eine Person zu sein, die unter dem jetzigen Regime niemand mehr berücksichtigt und an die niemand denkt & finde das gar nicht so leicht!"* Die Art und Weise, wie der junge Kaiser seiner Mutter nach seinem Regierungsantritt begegnete, erregte den Zorn der englischen Monarchin. Sie zweifelte daran, ob ihr Enkel noch *„ganz richtig im Kopfe"* sei. Ohnmächtig musste es die Kaiserinwitwe hinnehmen, dass ihr unberechenbarer Sohn in den kommenden Jahren eine Politik betrieb, die gänzlich ihren eigenen Überzeugungen und denen ihres verstorbenen Gatten widersprach. Doch obwohl sie sich deutlich zurückgesetzt fühlte, harrte sie in Deutschland aus. 1890 erklärte sie dazu in einem Brief an die Queen: *„Nach der Behandlung, die mir zuteil geworden ist, bleibe ich überhaupt nur in Deutschland aus Liebe zum Andenken an meinen Schatz & zu seinem Land – zu meinen Töchtern – & zu den vielen wohltätigen Institutionen, die mich brauchen, & den lieben Freunden, die recht traurig wären, wenn ich ginge!"*

Nach dem Tod Friedrichs III. hielten bloß die drei jüngeren Töchter unbeirrbar zu ihrer Mutter. Abschätzig hatte Wilhelm II. schon früher von ihnen als der ‚Englischen Kolonie' gesprochen. Über Victoria, Sophie und Margarethe teilte die Kaiserinwitwe im Juni 1888 ihrer Mutter gerührt und dankbar mit: *„Meine süßen Mädchen sind ganz einig mit mir, ganz einig in Trauer und Liebe, aber sie sind jung und dürfen nicht so gebrochen bleiben wie ich es bin. Das Leben liegt vor ihnen und ich muß versuchen, es für sie, seine Lieblinge, so glücklich zu gestalten als ich kann."*

Ganz bewusst nannte sich Kaiserinwitwe Victoria nach dem Tod ihres Mannes zur Wahrung von dessen Gedenken ‚Kaiserin Friedrich' und trug nach dem Vorbild ihrer Mutter immer Witwentracht, die bei ihr aus einem schwarzen Kleid und einer schwarzen Haube mit Schleier bestand. Zutiefst verletzt über die Vorgänge am Berliner Hof und das Verhalten Wilhelms II. zog sie es vor, für sich ein neues Domizil fern von den Hohenzollernresidenzen Berlin und Potsdam zu finden. In Berlin war ihr von ihrem Sohn das Kronprinzenpalais als Witwensitz zugewiesen worden. Dessen ungeachtet erwarb sie die von dem verstorbenen Frankfurter Geschäftsmann Jacques Reiss erbaute Villa Schönbusch in Kronberg im Taunus, die sie fast vollständig abreißen ließ, um sich an diesem Ort einen komfortablen fürstlichen Wohnsitz auf dem neuesten Stand der Technik errichten zu lassen. Das Geld dafür entstammte einer Erbschaft von mehreren Millionen Francs, die sie ihrer langjährigen Freundin Marie Brignole-Sale, Herzogin von Galliera, verdankte. *„Dort werde ich unabhängiger sein können als irgendwo anders, da es mein Eigentum sein wird"*, stellte sie befriedigt fest. Zwischen 1889 und 1893 entstand hier nach den Plänen des Berliner Hofarchitekten Ernst Eberhard von Ihne ein repräsentatives Schloss im englischen Landhausstil. Das Schloss, das sie zur Erinnerung an ihren verstorbenen Mann ‚Friedrichshof' benannte und in dem sie seit 1894 vor allem die Sommermonate verbrachte, umgab eine großzügige Parkanlage mit einem prachtvollen Rosengarten. Da Victoria in dem historistischen Gebäude außerdem ihre umfangreiche Kunst- und Kunstgewerbesammlung unterbrachte, die sie gemeinsam mit ihrem Mann aufgebaut hatte, ähnelte es nach Ansicht ihrer Nichte Marie Louise von Schleswig-Holstein-Sonderburg-Augustenburg *„tatsächlich mehr einem Museum denn einem Haus"*. In Friedrichshof trafen sich seitdem nicht nur ihre Familienangehörigen, sondern es fanden sich auch Künstler und Wissenschaftler ein. Hauptsächlich ihre Töchter Margarethe und Sophie hielten sich mit ihren Familien meist mehrere Monate bei ihr auf. Durch den Ankauf angrenzender Liegenschaften umfasste ihr Witwensitz schließlich 250 Morgen Land. Kaiser Wilhelm II. schenkte seiner Mutter 1892 die halb verfallene Burg der einstigen Herren von Cronberg, für die sich Victoria interessierte. Zufrieden teilte sie ihrer Tochter Sophie mit: *„Ich freue mich, daß Wilhelm zum ersten Mal versucht hat, mir eine Freude zu machen, was für mich den*

Wert der Sache erhöht." Kaiserin Friedrich ließ an der Anlage Erhaltungs- und Umbaumaßnahmen vornehmen.

Seit Ende 1898 stand fest, dass Victoria an Brustkrebs erkrankt war. Sie hielt diese Diagnose zunächst vor ihrer Familie geheim, um ihr Leben im gewohnten Stil fortsetzen können. Nur wenige Monate nach der Queen, die bis zuletzt Ratgeberin und Trösterin für sie geblieben war, starb sie am 5. August 1901 in ihrem Schloss Friedrichshof. Gegen Ende ihres Lebens waren die Schmerzen, die der Krebs verursachte, für sie kaum noch zu ertragen gewesen, weil ihr selbst Morphium so gut wie keine Linderung verschaffen konnte. Vor allem die jüngeren Töchter leisteten ihr in ihren letzten Wochen Gesellschaft, aber auch die älteren Kinder besuchten sie immer wieder. Victoria fand ihre letzte Ruhe neben ihrem 13 Jahre zuvor verstorbenen Ehemann und ihren beiden Söhnen Sigismund und Waldemar im Mausoleum an der Friedenskirche in Potsdam.

Charlotte (1860–1919)

Eine schillernde Rolle im Leben der Kaiserfamilie spielte Wilhelms älteste Schwester Charlotte. Wegen ihres intriganten und klatschsüchtigen Wesens wurde die selbstbewusst und arrogant auftretende Prinzessin von vielen Angehörigen für einen Quälgeist gehalten, während sie andere Zeitgenossen durchaus als faszinierende Erscheinung sahen. Jahrzehntelang litt Charlotte unter schweren gesundheitlichen Störungen, als deren Ursache inzwischen eine Stoffwechselkrankheit gilt. Manche der bizarr anmutenden Auftritte der letzten Herzogin von Sachsen-Meiningen finden darin sicherlich auch ihre Erklärung. Ihr Verhältnis zu Wilhelm II. war ambivalent. Es gab Zeiten, in denen sie sich offen auf seine Seite stellte, und Phasen, in denen sie ihn als Gefahr für seine eigene Person sowie für das Kaiserreich wahrnahm und gegen ihn agierte. Obwohl sich ihre Mutter oft über ihre mangelnde Intelligenz beklagte, verfügte Charlotte nicht selten über ein hellsichtig-kritisches Urteil.

„Ein wenig befriedigendes Kind“

Die älteste Schwester Wilhelms II. erblickte am 24. Juli 1860 im Neuen Palais in Potsdam das Licht der Welt. Ihre Geburt verlief im Vergleich zur ersten Entbindung Victorias nicht so schwierig und dramatisch. Das kleine Mädchen wurde auf die Namen Victoria Elisabeth Auguste Charlotte getauft. Ihre englische Großmutter hatte für den Rufnamen Charlotte allerdings nicht viel übrig. Innerhalb der Familie wurde der Neuankömmling bald ‚Ditta‘ genannt. Dieser Kosename hatte sich aus Wilhelms vergeblichen Versuchen entwickelt, sie ‚dear sister‘ zu nennen.

In der Anfangszeit zeigte sich ihre Mutter glücklich darüber, dass dieses Baby im Gegensatz zu dem Erstgeborenen gesund und ohne sichtbare körperliche Beeinträchtigungen zur Welt gekommen war. Charlotte schien Victorias große Sehnsucht nach einem vollkommenen Kind zu erfüllen. Entsprechend lieblos gegenüber dem Sohn klingen ihre Lobpreisungen der Tochter: *„Sie ist tausendmal netter und viel hübscher, als er es jemals war, und nimmt jetzt schon zweimal so viel wahr, wie er es tat, als er doppelt so alt war. ... Ich bin so stolz auf sie und führe sie gerne anderen vor, was ich mit ihm nie getan habe, da er in ihrem Alter so mager und blass und zappelig war."* Dass Wilhelm anfänglich mit wilder Eifersucht auf den Familienzuwachs reagierte, nimmt daher nicht wunder, doch nach kurzer Zeit entdeckte er in der kleinen Schwester eine Spielgefährtin für sich. Kronprinz Friedrich Wilhelm war von seiner Tochter ebenfalls sehr angetan und stellte am 24. Juli 1863 befriedigt fest: *„Charlotte entwickelt sich merkwürdig früh für ihr Alter und kann, wenn Gott sie uns erhält, einst ein ebenso hübsches wie begabtes Wesen werden. Sie hat unglaublich viel Gemüt und Anhänglichkeit und bemerkt alles."*

Charlotte geriet jedoch bald zu einem Sorgenkind für ihre Eltern. Wie schon bei Wilhelm gestaltete sich gerade das Verhältnis zur Mutter äußerst problematisch, weil auch das kleine Mädchen den hohen mütterlichen Anforderungen nicht gerecht werden konnte. Die von der Kronprinzessin als *„ein wenig zufriedenstellendes Kind"* bezeichnete sieben Jahre alte Tochter mutierte zum hyperaktiven und nervösen Quälgeist. Charlotte hatte Schlaf- und Verdauungsprobleme und litt unter Kopfschmerzen. Das auffallend dünne und häufig kranke Mädchen neigte außerdem zu heftigen Wutausbrüchen, bei denen es sich auf dem Boden wälzte und Zeter und Mordio schrie.

Charlotte musste mit ihren Brüdern Wilhelm und Heinrich nicht nur frühzeitig die Erfahrung teilen, dass ihre Mutter die jüngeren Geschwister bevorzugte, sondern durchlebte mit ihnen auch die harte und strenge Erziehung unter dem Pädagogen Georg Hinzpeter. Dass ihre Tochter dabei ausgesprochen langsam lernte, verdross Kronprinzessin Victoria besonders: *„Sie ist ein höchst schwierig zu erziehendes Kind. Wenn sie nicht so dumm und zurückgeblieben wäre, würde ihre Ungezogenheit nicht stören."* Das mütterliche Klagelied stieß nicht immer auf

Verständnis bei der Queen, die ihrer Tochter vielmehr den guten Rat gab, *„von ihr nicht immer als solch einem frechen und dummen Kind zu sprechen oder sie so zu behandeln – sondern sehr nett und ermutigend zu sein, dabei aber streng, wann immer es nötig ist.“*

Kronprinz Friedrich Wilhelm schwenkte erwartungsgemäß bald auf die Linie seiner Ehefrau ein und hob anlässlich des neunten Geburtstags seiner ältesten Tochter hervor, dass es wünschenswert wäre, wenn *„ihre Entwicklung rascher als bisher fortschreiten“* würde, *„denn für ihr Alter könnte sie weiter sein.“* Im Mai 1874 unterzog Kronprinzessin Victoria ihre 13-jährige Tochter erneut einer kritischen Analyse. Zwar sei Charlotte jetzt viel gehorsamer und auch netter zu den Geschwistern, trotzdem musste sie feststellen: *„Intelligent ist sie nicht – und wird es nie sein; sie hat wenig oder gar keine Interessen – keinerlei Neigung zum Lernen oder Lesen, für Kunst oder Naturkunde, so bringt es nichts, diese Dinge von ihr zu erwarten [...]; wenn sie nur zu einem netten und guten Mädchen heranwächst – und zur rechten Zeit zuverlässig und gewissenhaft wird, ist dies alles, was ich erwarten kann.“* Weitere mütterliche Kritikpunkte waren Charlottes Neigung zu boshaftem Geschwätz und zum Unruhestiften. Außerdem hatte Victoria bei ihr einen ausgeprägten Hang zu Koketterie ausgemacht. In späteren Jahren erklärte sie sich Charlottes unbefriedigendes Verhalten damit, dass ihre Älteste an einer *„falschen Blutbildung“* leide.

Grund zur Besorgnis lieferte auch Charlottes Äußeres; denn sie blieb für ihr Alter zu klein. Das wenig hübsche Aussehen ihrer Ältesten gab weiterhin ein beliebtes Briefthema für Victoria ab. So beklagte sie etwa im Oktober 1877 die ungünstigen Proportionen Charlottes: *„Unglücklicherweise wirkt sie sehr wenig graziös, wenn sie sich bewegt und geht, streckt ihre Ellenbogen heraus und zockelt herum – trotz gründlicher Ausbildung und Tanzlektionen. (...) Sie hat leider die Hände und Füße ihres Vaters, was sehr bedauerlich für ein junges Mädchen ist“*.

Angesichts der immer wiederkehrenden Kritik und dem auf diese Weise vermittelten Gefühl von Unzulänglichkeit verwundert es daher nicht, dass Charlotte bald genauso wie Wilhelm eine skeptische bis ablehnende Haltung gegenüber ihren Eltern einnahm. Das an sich schon schwierige Eltern-Kind-Verhältnis verschärfte sich noch dadurch, dass die beiden ältesten Kinder des Kronprinzenpaares in hohem Maße von ihren kaiserlichen Großeltern verwöhnt und verzogen wurden. Konsequenterweise neigten somit beide Enkelkinder in der Folgezeit dazu, sich bei Auseinandersetzungen innerhalb der Familie auf die Seite von Wilhelm I. und seiner Gemahlin Augusta zu schlagen.

Verlobung entgegen den höfischen Gepflogenheiten

Ursprünglich hatte Kronprinzessin Victoria erwogen, ihre Tochter mit dem Prinzen Wilhelm von Württemberg zu verheiraten, was sich allerdings nicht verwirklichen ließ. Stattdessen nahm Charlotte ihre Verehelichung selbst in die Hand. Zwar setzte sie sich damit über die höfischen Gepflogenheiten ihrer Zeit hinweg, doch die vorlaute und kapriziöse Prinzessin sah in einer Heirat die einzige Möglichkeit, sich ihrem Elternhaus entziehen zu können. Vor allem mit ihrer Mutter kam sie nicht aus, deren strenger Aufsicht sie sich möglichst rasch entledigen wollte. Nachdem sie den Erbprinzen Bernhard von Sachsen-Meiningen, einen Freund ihres Bruders Wilhelm, der zugleich ihr Cousin zweiten Grades war, näher kennengelernt hatte, stand für die erst 16 Jahre alte Charlotte ihr Entschluss fest. Am 10. Dezember 1876 machte sie dem neun Jahre älteren Prinzen Bernhard einen Heiratsantrag. Die Prinzessin kopierte mit dieser in der höfischen Welt als Skandal empfundenen Handlungsweise keck ihre englische Großmutter: Ihrem höheren Rang entsprechend hatte Königin Victoria einst dem Coburger Prinzen Albert die Ehe anbieten müssen. Charlotte sah sich offensichtlich dazu berechtigt, ähnlich zu verfahren, obwohl dies in ihrem Fall keineswegs zutraf. Sie kam damit Bernhard zuvor, der sich zwar auch in die Prinzessin verliebt hatte, aber mit seinem Antrag warten wollte. Über diesen ungewöhnlichen Heiratsantrag schrieb der Prinz am 13. Dezember 1876 seinem Vater Herzog Georg II.: *„Ich wollte übrigens mit meiner Erklärung warten, bis Charlotte konfirmiert wäre, weil ich nicht glaubte, vorher um sie anhalten zu dürfen. Darum ist der letzte entscheidende Schritt am 10ten Abends nicht von mir, sondern von ihr ausgegangen."* Herzog Georg erhielt mit Charlotte die Tochter jener Prinzessin zur Schwiegertochter, die er ehemals selbst hatte heiraten wollen.

Der am 1. April 1851 in Meiningen geborene Bernhard war der älteste Sohn von Herzog Georg II. von Sachsen-Meiningen und dessen erster Ehefrau, der Prinzessin Charlotte von Preußen. Georg zählte zu den geistig herausragenden Herrschergestalten seiner Zeit, war liberal eingestellt und engagierte sich hauptsächlich im künstlerischen Bereich. Dem berühmten ‚Theaterherzog', der sich an seinem Residenztheater als Regisseur, Dramaturg, Bühnen- und Kostümbildner betätigte, verdankte die deutsche und europäische Theaterentwicklung viel. Bereits im Alter von vier Jahren hatte Bernhard seine ebenfalls künstlerisch veranlagte Mutter verloren, die bei einer Entbindung gestorben war. Als sein Vater 1858 die Prinzessin Feodora zu Hohenlohe-Langenburg heiratete, fand der Junge bei der jungen Frau liebevolle Zuwendung. Aufgrund seiner engen emotionalen Bindung an die Stiefmutter nahm er seinem Vater nach deren frühem Tod die schnelle und umstrittene Wiederverheiratung mit der gefeierten Schauspielerin Ellen Franz übel. Die Beziehung Bernhards zu dem oft abwesenden Vater blieb zeitlebens distanziert. Obschon keine echte Sympathie zwischen ihnen bestand, sorgte Georg für eine gute Erziehung seines künftigen Erben und zeigte sich auch stolz, wenn der intelligente Sohn seinen Aufgaben mit Erfolg nachging.

Bernhard interessierte sich besonders für Sprachen und Geschichte, weshalb er seine militärische Ausbildung zeitweise unterbrach, um klassische Philologie in Heidelberg und Leipzig zu studieren. Sein Hauptaugenmerk galt dabei immer der neugriechischen Sprache. Seine Kenntnisse auf diesem Gebiet erlaubten ihm, Werke der deutschen und der neugriechischen

Literatur in die jeweils andere Sprache zu übersetzen. Zwischen 1873 und 1894 unternahm der Prinz mehrere längere Studienreisen nach Griechenland und Kleinasien, wo er Ausgrabungsstätten besuchte und sich mit bekannten Archäologen austauschte. Später wurde ihm von der Athener Universität der Titel ‚Philhellene' verliehen, während ihm die Breslauer Universität die Ehrendoktorwürde antrug und das Deutsche Archäologische Institut ihn zum Ehrenmitglied ernannte.

Der gebildete Meininger Erbprinz erwies sich darüber hinaus auch als befähigter Militär. Nach der Beendigung seines Studiums durchlief er bei der preußischen Armee eine steile Karriere, wobei er diese im Gegensatz zu der Mehrzahl seiner Standesgenossen nicht allein seinen verwandtschaftlichen Beziehungen und seinem fürstlichen Rang verdankte. Vielmehr brachte er dafür eine echte Eignung und bemerkenswerte kriegswissenschaftliche Kenntnisse mit. Der alte Generalfeldmarschall Helmuth von Moltke soll immerhin so von Bernhards militärstrategischen Fähigkeiten beeindruckt gewesen sein, dass er bedauernd feststellte: *„Schade, dass Ew. Hoheit Thronfolger sind."* Charlottes Verlobter vereinigte in sich daher sowohl die Wesensart eines Gelehrten wie auch jene eines Heerführers.

Man entschied sich dafür, die Verlobung bis zu Charlottes Konfirmation im kommenden Jahr bloß im engsten Familienkreis bekannt zu machen. Die extrem frühe Verlobung der Prinzessin stieß sowohl bei der Queen als auch beim Kaiserpaar auf empörtes Unverständnis. Der hochgewachsene, wenngleich nicht übermäßig gut aussehende Thronerbe aus Meiningen fand aber die volle Zustimmung seiner künftigen Schwiegereltern. Am 20. Dezember 1876 teilte Kronprinzessin Victoria ihrem Schwager Lord Lorne zufrieden mit: *„Bernhard ist lieb und gut und intelligent, würdig Deiner Zuneigung und Wertschätzung, und ich vertraue darauf, dass ihr eines Tages gute und vertraute Freunde werdet"*. Gegenüber ihrer Mutter hob die Kronprinzessin vor allem Bernhards *„frische, gesunde Gesichtsfarbe und strahlend weiße Zähne"* hervor, da sie ihrer Ansicht nach bei einem Deutschen nur selten zu finden seien.

Der eigentliche Grund, warum die Eltern mit der frühen Heirat ihrer ältesten Tochter und dem von ihr gewählten Bräutigam so einverstanden waren, lag in der Persönlichkeit Charlottes begründet. Die junge Verlobte verursachte nämlich weiterhin große Besorgnis, wie einem Brief ihrer Mutter zu entnehmen ist: *„Die hübsche Außenseite & das leere Innere, diese gefährlichen Charaktereigenschaften! Jeder ist anfangs bezaubert. Jene jedoch, die sie besser kennen, wissen, wie sie wirklich ist – und können weder Liebe noch Vertrauen noch Respekt für sie empfinden! Es ist zu schmerzlich. Es gibt nichts, was man tun kann, es ist eben eine Tatsache & man kann nur hoffen, dass die Zeit & das Leben ihr als Lehrer dienen werden & dass der gute Bernhard sie beschützen & führen wird."* In eine ähnliche Richtung gehen auch Äußerungen von Kronprinz Friedrich Wilhelm. Er habe sich *„keinen besseren Schwiegersohn wünschen können"*. Ihm könne er sein Kind *„mit vollstem Vertrauen"* geben. Gerade wegen seiner Intelligenz erschien Bernhard dem Kronprinzenpaar für diese Aufgabe geeignet. Ohne den Prinzen aus Meiningen im Vorfeld in die vielfältigen Komplikationen einzuweihen, die ihn mit dieser physisch und psychisch stark belasteten jungen Frau erwarteten, wurde ihm von seinen künftigen Schwiegereltern eine enorme Verantwortung aufgebürdet. Herzog Georg entging die schwierige charakterliche Veranlagung der kleinen preußischen Verlobten seines Sohnes nicht, so dass er sich bereits erste Gedanken über sie machte, nachdem er sie kennengelernt hatte: *„Wie mag sich dieser merkwürdig angelegte Charakter einst entwickeln?!"*

Im Kaiserhaus war man weitgehend so froh über Charlottes Wahl, dass man ‚großzügig' darüber hinweg sah, dass man sich vor noch nicht langer Zeit über die morganatische Ehe von Herzog Georg II. empört hatte, die dieser mit der zur Freifrau von Heldburg erhobenen ehemaligen Schauspielerin Ellen Franz eingegangen war. Gerade an diesem Punkt stieß sich Kaiserin Augusta unter allen Angehörigen der Kaiserfamilie besonders. Sie war allerdings generell gegen Charlottes Heirat mit Bernhard eingestellt, da sie den Prinzen für eine schlechte Partie für die

Enkelin hielt. Sachsen-Meiningen war mit 2468 km² immerhin das größte der drei thüringischen Herzogtümer. Obwohl das Land als liberaler Musterstaat galt, was Augusta an und für sich zusagen sollte, wog in diesem Fall der dynastische Aspekt in ihren Augen mehr. Der Kronprinz musste daher in seinem Tagebuch festhalten, dass sich seine Mutter *„ungemein spröde, unzufrieden mit der geringen Partie"* verhalten habe. Sie habe ihm *„im Hinblick auf die unerfreulichen Verhältnisse im herzoglichen Hause des Vaters"* sogar *„kein Wort der Teilnahme und des Glückwunsches"* ausgesprochen. Augusta entließ Friedrich Wilhelm schließlich *„mit dem Wort, sie könne nicht lügen u. würde ihr Kind niemals in solche Verhältnisse haben gehen lassen."*

Im April 1877 erfolgte die offizielle Verlobung von Charlotte und Bernhard. Das Glück des jungen Paares erfreute zwar die Kronprinzessin, doch mit dem in ihren Augen unerhört ‚freien' Benehmen der jungen Verlobten war sie nicht einverstanden. Fassungslos schrieb sie im Juli 1877 an ihre Mutter: *„Die jüngere Generation erwartet, anders als wir behandelt zu werden. Stell Dir vor, dass Charlotte mir nie erzählt, wann sie Bernhard schreibt oder wann er ihr schreibt – sie korrespondieren fast täglich, glaube ich, aber er würde ganz wütend werden, wenn ich nur fragen würde, und sie reagiert höchst beleidigt und empört, wenn man sich in ihre Briefe einmischt. Fritz hält dies bei einem verlobten deutschen Paar alles für richtig und sagt, so sollte es sein, aber bedenkt man, wie jung und unreif sie ist, habe ich manchmal so meine Zweifel und finde es ziemlich schwierig zu wissen, was man tun soll. Sie verübeln die geringste Beschränkung, die man ihnen auferlegt, und Bernhard denkt, dass sie tun können, was sie gerade wollen – und so bin ich gezwungen, die Angelegenheit sich selbst zu überlassen. Ich bin mir sicher, Du würdest mir nicht halb so viel Freiheit gestattet haben, wie sie sie genießen, und ich denke, ich war nicht so verrückt wie Charlotte. Aber dennoch werden junge Leute sehr halsstarrig, und man kann seinen Einfluss nicht behalten, wenn man zu viel auf seiner Verantwortung besteht, und in Deutschland sind die Vorstellungen sicherlich anders."*

„Sie sah wirklich sehr niedlich aus"

Am 18. Februar 1878 fand Charlottes und Bernhards Hochzeit in Berlin statt. Ihre Vermählung wurde dabei in Form einer Doppelhochzeit gefeiert, da gleichzeitig Prinzessin Elisabeth von Preußen den Erbgroßherzog Friedrich August von Oldenburg heiratete. Das gemeinsame Familienfest trug dazu bei, dass übermäßige Kosten vermieden werden konnten.

Im Vorfeld der Vermählungsfeierlichkeiten war es wieder einmal zu familiären Differenzen gekommen. Nicht nur das Datum, sondern auch den genauen Ablauf der Festivitäten hatte Kaiser Wilhelm I. festgelegt, wobei nicht alle der von ihm getroffenen Verfügungen beim Kronprinzenpaar auf Gegenliebe stießen. Verärgert notierte Friedrich Wilhelm am 11. Dezember 1877 in seinem Tagebuch: *„S.M. will nicht gestatten, daß die bürgerliche Trauung von Charlotte feierlich u. unserem Vorschlag gemäß unmittelbar nach Aufsetzen der Krone u. vor'm feierl. Gang zur Trauung Abends stattfindet, sondern will's so nüchtern wie möglich halten."* Außer den Vermählungsfeierlichkeiten am 18. Februar gehörten zu dem Festreigen in den nächsten Tagen noch der festliche Kirchgang, ein Galadiner, eine Festvorstellung im Opernhaus und ein Ball.

Die Ziviltrauung Charlottes erfolgte im elterlichen Salon, bevor es zur kirchlichen Trauung und den anschließenden Feierlichkeiten im achtspännigen Wagen ins Stadtschloss ging. Den bekrönenden Abschluss bildete der traditionelle feierliche Fackeltanz. Das bei der Hochzeit ihrer ältesten Tochter zelebrierte Zeremoniell fand Kronprinzessin Victoria nicht sonderlich ansprechend: *„Es war sehr, sehr lang, sehr heiß, sehr ermüdend und viel zu ernst, feierlich und schwerfällig für eine Hochzeit"*. Die ‚Times' hob in ihrem Bericht spöttisch das Durchhaltevermögen der Hochzeitsgäste hervor. Wenig Begeisterung für die strenge höfische Etikette in Berlin brachte auch Herzog Georg von Sachsen-Meiningen auf.

Charlotte trug bei ihrer Hochzeit zu dem aufwendigen Brautkleid mit langer Hofschleppe den kostbaren Brautschleier ihrer

Mutter aus alter Spitze. Nicht nur ihr Onkel, der Prinz von Wales, der an den Vermählungsfeierlichkeiten teilnahm, fand, dass sie an ihrem Hochzeitstag reizend aussah, „*wie eine frische kleine Rose*“, auch ihre immer kritische Mutter war mit ihrem Aussehen höchst zufrieden: „*Sie sah wirklich sehr niedlich aus in dem Silbermoirékleid, der Spitze, den Orangen- und Myrtenblüten und dem Schleier – gefährliche Neuerungen für hier! – sie wurden aber alle von Kaiser und Kaiserin sehr gut aufgenommen.*“ Weniger beeindruckt von der blutjungen Braut und deren Aufmachung zeigte sich dagegen die damals zur Berliner Hofgesellschaft gehörende Prinzessin Katherina Radziwill, die allerlei selbst im Rückblick zu beanstanden hatte: „*Klein von Gestalt und ziemlich plump hatte sie ihre weibliche Entwicklung noch nicht abgeschlossen und sah mehr wie ein Kind denn wie eine Braut aus […]. Ihr Kleid war zu mächtig für sie, und sie trug zu viele Orangenblüten und zu viel Zierrat als ihr zuträglich war. Außerdem waren ihre Augen und ihre Wangen gerötet. Zum damaligen Zeitpunkt wäre es schwer gefallen, in ihr jene schöne Frau zu erkennen, die sie später wurde.*“ Nach Ansicht der Prinzessin Radziwill wirkte die Brautmutter „*fast aufgeregter*“ als die Braut.

Trotz aller Klagen der vergangenen Jahre über den schwierigen Charakter Charlottes fiel Victoria die Trennung von ihrem Kind schwer: „*Nach dem Fackeltanz brachte ich sie in ihr Zimmer. Nachdem ihr die Krone abgenommen war, half ich ihr beim Auskleiden und bereitete sie vor, ins Bett zu gehen. Und dann verließ ich sie mit kummervollem Herzen, da sie jetzt nicht mehr mein ist*“. Bekümmert schilderte sie ihrer Mutter am nächsten Tag, was sie empfand, als sie nach der Hochzeit in ihr Palais zurückkam „*und in ihr kleines, leeres Zimmer und in ihr leeres Bett sah, wo ich sie seit ihrer Geburt […] jede Nacht, ehe ich selbst zur Ruhe ging, geküsst habe, fühlte ich mich sehr elend. Doch es muss so sein, und sie sieht sehr glücklich aus, und sie vergoss gestern keine Träne, und Bernhard ist vernarrt in sie.*“ Ein paar Tage später bekannte die Kronprinzessin: „*Die ersten wenigen Tage waren schrecklich, als ich Charlotte mit*

Bernhard hereinkommen und sie nicht länger neben mir stehen, sondern ihren Platz an der Seite aller verheirateten Prinzessinnen einnehmen und mit ihm weggehen sah [...]. Dann muß ich von den Gesellschaften ohne sie nach Hause gehen und weiß nicht, wie es ihr geht ... Es ist schrecklich schwer, sich daran zu gewöhnen, aber jetzt, da ich sie so glücklich und zufrieden und heiter sehe und sicher bin, daß sie strahlend aussieht und zufrieden ist, beginnt dieses Gefühl von mir zu weichen."

Die Meininger Erbprinzessin

Wegen Bernhards Kommandierung in Potsdam verblieb Charlotte zunächst weiterhin unter den wachsamen Augen ihrer Mutter. Ein Leben ganz nach ihren eigenen Vorstellungen führen zu können, war ihr dadurch nicht möglich. Schließlich erreichte sie, dass Bernhard das Kommando eines in Berlin stehenden Infanterieregiments erhielt. Bei ihrem Großvater setzte sie überdies durch, dass ihnen eine große Zimmerflucht im Charlottenburger Schloss zugeteilt wurde. Hier konnte sie ein gesellschaftliches Leben mehr nach ihrem Gefallen führen.

Der erhebliche Einfluss des Kronprinzenpaares, den es selbst nach der Heirat auf die Lebensgestaltung des Erbprinzenpaares ausübte, war allerdings auch nicht nach dem Geschmack von Herzog Georg. Dass Kronprinzessin Victoria in allen Dingen, die Charlotte und Bernhard betrafen, immer das letzte Wort behalten wollte, ärgerte ihn besonders, und dass das Meininger Prinzenpaar zu einer teuren Hofhaltung in Potsdam und Berlin angehalten wurde, was die herzogliche Hofkasse in großem Umfang belastete, war ihm ebenfalls ein ständiger Stein des Anstoßes. Es verstimmte ihn zudem, dass sein Sohn und seine Schwiegertochter auf diese Weise so eng mit der preußischen Familie verflochten waren, dass sie in logischer Konsequenz oft deren Position vertraten. Die kaiserliche Familie verfolgte damit u. a. den Zweck, den in ihren Augen wenig wünschenswerten Kontakt zur Freifrau von Heldburg auf ein Mindestmaß beschränkt zu sehen und unerfreulichen Rangfragen für die Prinzessin vorzubeugen. Trotz dieser ‚Vorsichtsmaßnahmen' sollte Charlotte zu der Freifrau ein inniges Verhältnis entwickeln, was sich dann in einer sehr vertraulichen Korrespondenz mit ihr niederschlug. Diese freundschaftlichen Gefühle hinderten die Erbprinzessin bei späterer Gelegenheit aber keineswegs daran, dem preußischen Gesandten Ludwig Raschdau im Hinblick auf die Baronin gesprächsweise anzuvertrauen, dass deren Einfluss *„doch nicht immer zum besten"* sei. Wegen all dieser Zumutungen seitens des Berliner Hofes, die bereits die Verhandlungen über den Ehekontrakt belastet hatten, gratulierte sich der gereizte Herzog kurz vor der Hochzeit mit grimmigem Humor: *„Hoffentlich ist's mir gelungen, bei den Kronprinzlichen als schauderhafter Kerl angesehen zu sein"*. Auf Victoria machte Georg nach der Hochzeit jedoch einen umgänglichen Eindruck, wie sie ihrer Mutter nach England zu berichten wusste: *„Der Herzog von Meiningen ist ganz weich und sehr liebenswürdig geworden; er scheint entzückt von Charlotte, die von seiner Güte ganz gerührt ist, während Bernhards gutes Herz seinem Vater gegenüber geschmolzen ist, worüber ich mich sehr freue!"*

Ganz so innig sollte sich freilich Georgs II. Beziehung zu seiner unausgeglichenen Schwiegertochter in den kommenden Jahren nicht entwickeln. Ihn störten ihre ständigen Ohnmachtsanfälle, die seiner Ansicht nach immer verdächtig passend auftraten, ihre unvermuteten Wutausbrüche sowie ihr übersteigert selbstbewusstes und oftmals taktloses Gebaren. Seine anfänglichen Versuche, Charlotte solches Benehmen abzugewöhnen, verbat sich Bernhard mit Nachdruck. Wiederholt gerieten Vater und Sohn deshalb in Streit, wobei der Erbprinz stets seine Frau verteidigte. Dass es sich bei der Prinzessin um eine kranke Persönlichkeit handelte, erkannte der alte Herzog nicht. Ihr arrogantes und kränkendes Auftreten wurde von ihm vielmehr als preußische Untugend empfunden. Verärgert bescheinigte er seiner Schwiegertochter *„ein Herz aus Kautschuk im Busen"*. Ein ähnlich schwieriges Familienmitglied besaß Georg übrigens bereits in seiner eigenen unverheirateten Tochter Maria Elisabeth. Die hochmusikalische Prinzessin zeigte sich ebenfalls als unberechenbar und verfügte wie Charlotte über ein Talent für Intrigen. Für Georg brachte die Heirat seines Sohnes keine wirkliche Akzeptanz seiner morganatischen Ehe in Berlin. Nach dem Regierungsantritt Kaiser Wilhelms II. lockerte sich sogar die früher enge Bindung Georgs zum preußischen Hof spürbar, wo ihm die nun zelebrierten chauvinistisch-imperialistischen Tendenzen zutiefst missfielen.

Für Bernhard war es sicher nicht immer einfach, an den bedeutenden europäischen Höfen andauernd nur als Gemahl seiner Frau wahrgenommen zu werden. Als Enkelin der englischen Königin und Hohenzollernprinzessin spielte Charlotte stets eine herausgehobene Rolle. Wegen seiner großen Langmut und Großzügigkeit gegenüber ihren Launen und Kapriolen bezeichnete ihn 1915 ein intimer Kenner des Berliner Hofes als den nachsichtigsten und devotesten aller Ehemänner.

Das einzige Kind: Feodora

Aus Charlottes Ehe mit Bernhard stammte bloß ein einziges Kind, die am 12. Mai 1879 in Potsdam geborene Tochter Feodora. Die Kleine, die zugleich die erste Urenkelin der englischen Königin war, erhielt ihren Namen nach Bernhards geliebter, jung verstorbener Stiefmutter. Obwohl einem Sohn wegen der Sicherung der Erbfolge in Sachsen-Meiningen größere Bedeutung beigemessen worden wäre, war der junge Vater froh, dass die Geburt glücklich verlaufen war. Später erwies es sich für ihn jedoch als bitter, dass er keinen Sohn als Thronfolger hatte, sondern ihm stattdessen sein jüngerer Bruder Ernst nachfolgen sollte. Für seine Schwiegereltern, die vor noch nicht einmal zwei Monaten ihren elf Jahre alten Sohn Waldemar verloren hatten, war die Geburt des ersten Enkelkindes *„ein kleiner Lichtstrahl in unserer tiefen Trauer“*. Die erst 38 Jahre alte Großmutter Victoria räumte allerdings gegenüber ihrer Mutter ein: *„Ich hätte lieber ein eigenes Baby als ein Enkelkind gehabt“*.

Das kleine Mädchen entwickelte sich zunächst zur Zufriedenheit der Familie; denn im November 1880 berichtete seine Großmutter Victoria nach England, dass Feodora zu laufen und zu sprechen beginne. Sie sei *„ein fröhliches, quirliges, vorlautes kleines Ding, aber winzig klein!“* Letztendlich entpuppte sich Feo, wie sie im Familienkreis gerufen wurde, als ausgesprochen schwieriges Kind, das wenig Bildungsbeflissenheit zeigte und zu Jähzorn neigte. Sie sollte sich in mancherlei Hinsicht als ein wahres Ebenbild ihrer Mutter herausstellen. Da sich ihre Eltern kaum um sie kümmerten, verbrachte Feodora viel Zeit bei der Kronprinzessin. Dass sich Charlotte so wenig für ihre Tochter interessierte, stieß erwartungsgemäß bei Victoria, die sich ihren eigenen Kindern im Säuglings- und Kleinkindalter immer begeistert gewidmet hatte, auf Unverständnis und entsprechende Kritik. Die Queen, die die Leidenschaft ihrer Tochter für Babys ganz und gar nicht teilte, fühlte sich deshalb im Juli 1880 bemüßigt, ihr mehr Zurückhaltung bei ihrem Urteil über Charlotte zu empfehlen: *„Was das Baby betrifft, denke ich, bist Du kaum ein fairer Richter. Ich kenne kaum jemanden, der solch einen Kult um kleine Babys macht wie Du, und junge Leute gehen im Allgemeinen nicht so sehr in ihnen auf.“* Sie riet ihr eindringlich davon ab, Charlottes Widerspruchsgeist unnötig zu befeuern, obwohl sie andererseits für deren ausgeprägtes Amüsierbedürfnis so gut wie kein Verständnis aufbrachte. Dass Bernhard seiner jungen Frau solches Verhalten gestattete, fand sie höchst tadelnswert.

Als Feodora 13 Jahre alt war, stellte Kaiserin Friedrich fest, dass ihre Enkelin *„viel leichter im Umgang als ihre Mama“* sei. Natürlich entging ihrem kritischen Auge nicht Feodoras geringes Interesse am Lernen: *„Ihr kleines Köpfchen beschäftigt sich ständig mit Kleidern und was die Leute tragen & wie sie aussehen“*. Missbilligend konstatierte sie daher: *„Was kann man mit Charlotte als Vorbild anderes erwarten.“* Mitverantwortlich für diese beklagenswerte Oberflächlichkeit machte sie die ungute Atmosphäre, die im Elternhaus der Prinzessin herrschte: *„Ihre Eltern sind kaum jemals zu Hause oder zusammen … Sie weiß gar* *nicht, was ein Familienleben ist!"* In mehreren Briefen aus dieser Zeit vermerkte Kaiserin Friedrich besorgt, dass die Enkeltochter äußerst klein für ihr Alter sei, aber merkwürdigerweise keine kindlichen Gesichtszüge aufweise. Sie habe den Körper eines fünf Jahre alten Kindes, jedoch den Kopf einer Erwachsenen. Tragischerweise hatten sich bereits bei der Zehnjährigen die ersten Krankheitssymptome eingestellt, die sie ihr Leben lang quälen würden, aber zunächst nicht als solche erkannt wurden.

Im Sommer 1897 eröffnete sich für Feodora die Aussicht, Königin von Serbien zu werden, denn der dortige König Alexander interessierte sich für sie als seine Braut. Ihr Großvater, Herzog Georg II., hielt von diesem Heiratsprojekt jedoch gar nichts. Dem preußischen Gesandten Raschdau vertraute er darum an, dass er Alexanders Anfrage *„kurzerhand, ohne auch nur die Eltern zu fragen, abgewiesen habe."* Angesichts des sehr unsicheren Throns des Fürstenhauses Obrenović in der damals hochexplosiven Balkanregion war dies sicher eine kluge und vorausschauende Entscheidung des alten Herzogs. Erbherzogin Charlotte stimmte dem Beschluss ihres Schwiegervaters aus vollem Herzen zu; denn *„für solch einen Thron"* sei ihre Tochter *„allzu gut"*. Statt einen regierenden Monarchen zu heiraten, verlobte sich Feodora stattdessen im Herbst 1897 mit dem Prinzen Heinrich XXX. Reuß zu Köstritz, einem mittellosen Offizier. Die Wahl dieses Bräutigams löste in Anbetracht des ziemlich ausgeprägten Standesdünkels von Charlotte Verwunderung im Verwandtenkreis aus. Herzogin Marie von Sachsen-Coburg und Gotha, die Charlotte gut kannte, zeigte sich verblüfft über die nicht sehr eindrucksvolle Partie: *„Ich habe nie vorher von diesem Mann gehört [...]. Wie kam dies zustande und wo sind Charlies ehrgeizige Bestrebungen geblieben?"* Mit ätzender Ironie kommentierte der berühmte Schriftsteller Theodor Fontane Ende Oktober 1897 die *„high-life-Verlobung"* zwischen Feodora und dem wenig bedeutenden Prinzen: *„Denn Feodora ist doch die richtige Enkelin von Kaiser Friedrich, die Urenkelin von Kaiser Wilhelm und die Nichte vom regierenden Kaiser. Und nun als Lagergenosse ein kleiner Reußischer Prinz aus einer Nebenlinie! Die Prinzessinnen höchster*

Häuser können einem leid thun; wie schwer muß es sein, was Paßliches zu finden und wie richtig handeln die, die einen Maler oder einen Professor heirathen. Wenn ich denn schon mal aus meiner Sphäre 'rausfalle, dann auch ordentlich." Dass ihre Enkelin keine glanzvolle Verbindung eingehen würde, war auch der von der Verlobung völlig überraschten Kaiserin Friedrich klar. Über den Prinzen, den sie nur einmal gesehen hatte, wusste sie nicht viel. Gegenüber ihrer Tochter Sophie hob sie die gegenseitige persönliche Zuneigung des Paares als begrüßenswertes Positivum hervor: „*Es ist natürlich keine vorteilhafte Heirat im Hinblick auf Rang oder Stellung, aber wenn Feo glücklich ist, was sie tatsächlich auch zu sein scheint, und die Eltern zufrieden sind, sollte man froh sein.*" Dass der Bräutigam wesentlich älter als seine Verlobte war, empfand sie wegen Feos schwieriger Persönlichkeit sogar als Pluspunkt, weil er so bei entsprechender Klugheit und Zuverlässigkeit einen Halt für sie bilden könne. Die Coburger Herzogin Marie wusste Anfang Januar 1898 ihrer ältesten Tochter zu berichten, dass der Prinz viel jünger aussehe als er in Wirklichkeit sei. Seine künftige Schwiegermutter scheine ihn jedoch bereits „*zu tyrannisieren*". Auf die Herzogin machte er einen schweigsamen und ziemlich langweiligen Eindruck, doch Feodora sei „*schrecklich verliebt in ihn und aufgebracht, dass die Hochzeit bis nächsten September hinausgeschoben*" sei. Dass sich die Prinzessin danach sehnte, dem Leben im Elternhaus zu entkommen, hatte die rumänische Kronprinzessin Maria schon früher erkannt und festgestellt, „*jegliche Veränderung gegenüber ihrem Zuhause, denke ich, wird ihr wie das Paradies erscheinen.*"

Die im September 1898 in Breslau geschlossene Ehe blieb zu Feodoras Kummer kinderlos. Charlotte berührte dies offenbar nicht sonderlich; denn die von jeher nicht liebevolle Beziehung zwischen Mutter und Tochter brach nach der Heirat fast vollständig ab. Heftige gegenseitige Anschuldigungen vergifteten zunehmend die Atmosphäre zwischen ihnen. Charlotte brachte ihrem Schwiegersohn keinerlei Sympathie entgegen, was Kaiserin Friedrich bekümmerte: „*Ich fürchte, dass sie ihn überhaupt nicht leiden kann, was sehr traurig ist, da sie nur diesen einen hat.“* In ihrer vehementen Abneigung gegen den Prinzen ging Charlotte überdies so weit, ihn bei einem ihrer unbeherrschten Ausbrüche in der Öffentlichkeit zu ohrfeigen. Obwohl Feodora sein einziges Kind war, schlug sich auch Erbherzog Bernhard, der scheinbar ganz unter Charlottes Einfluss stand, auf die Seite seiner Frau. Im November 1899 bemerkte Charlotte kühl: *„Je weniger ich an sie denke & von ihnen höre, umso besser.“* Später vertrat Charlotte nicht nur gegenüber ihrer Schwester Victoria und ihrem Lieblingsbruder Heinrich, sondern sogar gegenüber Außenstehenden ungerührt die Meinung, dass Feodora, die zunehmend unter massiven gesundheitlichen Problemen litt, durch ihren Mann mit einer Geschlechtskrankheit angesteckt worden sei. Bemühungen der schockierten Familie zu vermitteln blieben erfolglos. Im Dezember 1900 verkündete Charlotte nach einem völlig fehlgeschlagenen Aussöhnungsversuch: *„Ich konnte kaum glauben, dass diese merkwürdige, laute Person mein Kind gewesen ist!!“* Genervt stellte sie fest, dass sie *„keine mütterlichen Gefühle mehr“* aufbringen könne: *„Ich kann sie nicht lieben! & mein Herz mutet & fühlt sich an wie ein Stein.“* Erst nach einer schwerer Operation Feodoras im Herbst 1911 und angesichts deren katastrophaler körperlicher Verfassung danach kam es zu einer vorübergehenden oberflächlichen Annäherung zwischen Mutter und Tochter, doch im Grunde blieb ihr Verhältnis gestört.

Ein Stern am Firmament des mondänen Gesellschaftslebens

Wesentlich mehr Gewicht als ihrer Mutterrolle maß Charlotte zeitlebens ihrer Position als Mitglied der internationalen High Society bei. Nach Wilhelms Thronbesteigung im Juni 1888 avancierte die Kaiserschwester zu einem schillernden Fixstern der mondänen Berliner Lebewelt, in der wohlhabende Aristokraten, fremde Diplomaten und junge Hofangehörige den Ton angaben. In ihrer Vorliebe für das glamouröse Gesellschaftsleben unterschied sich die Meininger Erbprinzessin ganz deutlich von ihrer Mutter, die für ein solches Dasein bloß Abscheu empfand: *„Aus Vergnügungen, Theater, Gesellschaften etc. … mache ich mir nichts – hasse und fliehe das alles vielmehr. Die frivole, nutzlose Existenz, die man hier führt, in ihrer tötenden Monotonie finde ich geradezu vernichtend für Geist und Körper.“*

Anders als ihre jüngeren Schwestern verbrachte Charlotte nach der Heirat einen Großteil ihrer Zeit in der kaiserlichen Metropole. Die von ihr und ihrem Ehemann bewohnte prächtige Villa im Stadtzentrum gehörte zu den gesuchten Adressen der höfischen Gesellschaft in Berlin. Für diese 1888 bezogene Villa musste die Meininger Hofkasse jährlich 40.000 Mark Miete bezahlen, was Herzog Georg verständlicherweise verärgerte. Die Wohnung in Charlottenburg diente dem Erbprinzenpaar nur noch als Sommersitz.

Zum nicht geringen Ärger ihrer Familie brachte Charlotte es immer wieder fertig, sich in den Mittelpunkt zu drängen. Im Januar 1892 stellte ihre Schwester Victoria daher neidisch fest, dass sie *„immer alles, was sie will“*, bekomme. Mit spitzen Bemerkungen und frechen Bonmots über den Kaiser und die kaiserliche Verwandtschaft sorgte Charlotte regelmäßig für Gesprächsstoff. Wegen ihrer Neigung, sich als Quelle des allerneuesten und interessantesten Klatsches zu präsentieren, nannte sie ihr Bruder Heinrich spöttisch *„Charley, die Angeberin“*. Besonders gerne verspottete die Erbprinzessin die prüde Moral ihrer engherzig-frommen und hausbackenen Schwägerin Kaiserin Auguste Victoria.

Charlotte hatte Prinzessin Auguste Victoria von Schleswig-Holstein-Sonderburg-Augustenburg von Anfang an als wenig eindrucksvolle Gefährtin für den künftigen Throninhaber betrachtet. Sie hatte sich 1880 gegen die Wahl dieses sanften und nichtssagenden ‚Mädchen vom Lande' als Braut Wilhelms gestellt, da sie in ihrem hohenzollerischen Hochmut nicht bereit war, sich dieser in ihren Augen nicht gleichrangigen Prinzessin fortan in der höfischen Hierarchie unterzuordnen. Anders als ihre Mutter, die diese Partie für ihren ältesten Sohn wegen des erhofften positiven Effekts auf Wilhelm gegen alle Widerstände forciert hatte, erkannte Charlotte bereits frühzeitig, dass diese augustenburgische Prinzessin bloß eine kleinkarierte, übertrieben deutsch und fromm eingestellte Persönlichkeit war. Zeitweise zeigte sich Charlotte zwar freundlicher gegenüber der neuen Schwägerin und sprach im Juni 1881 sogar davon, dass sie *„wie Schwestern"* seien, doch hielt diese Einstellung nicht lange vor. In späteren Jahren äußerte sie sich oft ziemlich despektierlich über ihre sittenstrenge Schwägerin und mokierte sich über die ‚Kirchen-Gustl', die in fast allem das glatte Gegenteil von Charlotte war.

Eine recht treffende Schilderung der ‚Gesellschaftslöwin' Charlotte bietet die rumänische Königin Maria in ihren Memoiren. Diese jüngere Cousine kannte die Kaiserschwester auch wegen deren enger Freundschaft mit ihrer Mutter gut. Charlotte war ihrer Erinnerung nach eine *„außerordentlich intelligente und berückende Frau. Nie hörte ich eine sanftere, melodischere Stimme als die ihre, sie hatte einen weichen schnurrenden Unterton von unsagbarer Lieblichkeit. […] Ihre wohlbedachten Bewegungen waren leise und geschmeidig wie die einer Katze. Ebenfalls katzenhaft war ihre Art, Gegenstände zu berühren. Ihre Gesten glichen Liebkosungen. Wie reizend legte sie ihre Finger auf den Deckel der Zigarettendose, bevor sie diese öffnete, wie lind klopfte sie über dem Tisch die Zigarette ab, bevor sie diese in die Spitze steckte. […] Sie war klein und hatte eine Neigung zum Dickwerden, die sie sehr zum Schaden ihrer Gesundheit bekämpfte. Sie gehörte zu den wenigen Frauen ihrer Zeit, die kurzgeschnittenes Haar trugen. Eine leidenschaftliche Raucherin und Liebhaberin von Juwelen und schönen Kleidern, verbreitete sie jedesmal, wenn sie erschien, […] einen charmanten Duft von feinsten Zigaretten und Hammam. Sie wußte über vieles Bescheid, obwohl ihr Wissen nicht so groß war, als sie gern glauben ließ. Sie redete über die verschiedensten Angelegenheiten und Probleme mit der Sicherheit eines Kenners. Sie schien sehr aktiv und hatte eine Menge Passionen; eine der* *heftigsten dürfte die Politik gewesen sein. Sie konnte hilfsbereit und sogar bis zur Selbstverleugnung aufopferungsvoll sein. Sie besaß auch die seltene Gabe echter ausdauernder Freundschaft, obwohl sie eine der veränderlichsten und unbeständigsten Frauen war, die ich je gekannt. Sie hatte, wie Mutter es nannte, ‚des engouements‘* [flüchtige Schwärmereien]*; waren diese vorüber, schien es, als ob sie die Person, das Tier, die Sache, kurz alles, das soeben noch Gegenstand einer all-beherrschenden Vorliebe gewesen, nie gekannt hätte.“* Zu der eben geschilderten Tatsache, dass Charlotte in mancher Hinsicht gar nicht dem weiblichen Idealbild ihrer Zeit entsprach, passt, dass sie später ihr geliebtes Auto, dem sie den Spitznamen ‚Angel‘ gegeben hatte, selbst steuerte.

Von Charlottes mondän-modischem Lebensstil zeigte sich ihre Mutter wenig angetan. Weder das Faktum, dass die Tochter ihre zierliche Figur auf bedenklich hochhackigen Schuhen balancierte, noch dass sie ihre Taille in ein Korsett von atemberaubender Enge einschnürte, fand Kaiserin Friedrichs Zustimmung. Auch dass Charlotte ihr Gesicht puderte, missfiel ihr, da sie *„mit diesem weißen Zeug“* ihren rosigen Teint ganz verderben würde. Gegenüber ihrer Tochter Sophie fasste Kaiserin Friedrich ihr Urteil über deren älteste Schwester 1893 kritisch zusammen: *„Es schmerzt mich, sie so völlig auf einer Linie mit dem 19. Jahrhundert zu sehen, indem sie so viel über ihre Kleider und den äußeren Schein nachdenkt und so viel raucht. Sie sieht gut aus, aber ihr Teint ist so gelb, und oft riecht sie wie ein wandernder Zigarrenladen, was für Damen unpassend ist. Niemals werde ich es mir vorstellen können, dass es damenhaft ist, regelmäßig und jeden Tag zu rauchen.“*

Intrigen und Affären

Bekannt und geradezu berüchtigt war Charlotte vor allem für ihre schier unbegrenzte Freude am Klatsch und an der Intrige, wodurch sie häufig für Unfrieden und Ärger innerhalb des ausgedehnten Familiennetzwerkes der europäischen Hocharistokratie sorgte. Laut dem Staatssekretär im Auswärtigen Amt, Herbert von Bismarck, widmete sie sich diesem speziellen Vergnügen *„mit freudiger Gehässigkeit"*. Ob sie tatsächlich immer absichtsvoll als Unruhestifterin auftrat, bezweifelte ihre Mutter allerdings, wie einem ihrer Briefe vom Herbst 1879 nach England zu entnehmen ist: *„Das arme Kind wird niemals irgend jemandem Hilfe oder Unterstützung gewähren. Ich muss gestehen, es ist nicht ihre Schuld. Die Natur hat sie so geschaffen – und Bildung kann nicht alles leisten! Es ist wirklich eine große Prüfung."* Dass es sich die hektische und ungestüme Charlotte mitunter eben im Vorfeld nicht genau überlegte, was sie mit ihren boshaften Mitteilungen und Verlautbarungen anrichten konnte, dafür spricht auch eine Aussage Max' von Baden. Der Prinz, der in der ersten Hälfte der 90er Jahre in engerem Kontakt zu Charlotte und ihrem Ehemann Bernhard stand, bemerkte nämlich im Februar 1893 besorgt über ihre Lästereien: *„Charly ist unvorsichtiger als je in ihren Aussprüchen und Confidencen, und fürchte ich sehr, daß sie sich über kurz oder lang in die Nesseln setzen wird."* Ob man ihren diesbezüglichen Erzählungen allezeit vollen Glauben schenken durfte, war durchaus umstritten. Ein genauer Kenner des Berliner Hofes vermerkte jedenfalls 1915, dass man ihr vorwarf, *„mit der Göttin der Wahrheit nicht auf gutem Fuß zu stehen"*. Von daher ist es auch fraglich, ob all die Liebesaffären, in die sie angeblich verstrickt war, auf Tatsachen beruhten. Im Umgang mit der Erbprinzessin war deswegen unbedingt Vorsicht angesagt, wie etwa auch der preußische Diplomat Ludwig Raschdau, der ihr den Kontakt zu anderen Mitgliedern der Berliner Hofgesellschaft verdankte, 1896 nicht zum ersten Mal erkennen musste. Als er nämlich bei einem Gespräch mit dem meiningischen Minister Heim diesen auf die umlaufenden Gerüchte über Abdankungsgedanken von Herzog Georg II. ansprach, wurden diese von jenem als völlig aus der Luft gegriffen abgetan. Heim deutete dabei an, *„daß solche Wünsche vielleicht bei den Nächstbeteiligten obwalten; namentlich auf die Erbprinzessin schien* *er nicht gut zu sprechen.*" Charlottes Klatschhaftigkeit machte es außerdem nahezu unmöglich, ihr ein Geheimnis anzuvertrauen. Kaiserin Friedrich, die ihrer ältesten Tochter erst sehr spät die Wahrheit über ihr tödliches Krebsleiden offenbarte, musste schon bald feststellen, dass Charlotte trotz ihres Versprechens, dies für sich zu behalten, geplaudert hatte.

Gerade durch ihre zahlreichen Reisen zu den verschiedenen Verwandten an den europäischen Höfen stiftete die unstete Charlotte mit ihrer Klatschsucht und ihren Intrigen viel Unruhe. Die rumänische Kronprinzessin Maria beispielsweise schilderte ihrer Mutter in Coburg im Spätsommer 1894 ausführlich die recht ambivalenten Gefühle, die Charlotte bei ihren Besuchen auslösen konnte: „*Au fond* [im Grunde] *ganz unter uns gesagt, sie fordert mich mehr heraus als ich sagen kann, obwohl ich sie gleichzeitig so mag. Sie ist ein komischer Charakter, und das Schlimmste ist, ich weiß nie ganz, ob sie die Wahrheit erzählt, da sie so schrecklich gerne übertreibt und alles besser als andere Leute wissen will. […] Aber was mich an Charly amüsiert, ist, dass sie die ganzen schmutzigen, unanständigen Geschichten kennt, die überall herumschwirren, und sich selbst ungemein für diese interessiert, und dass sie sich nicht schämt, diese jedem Gentleman zu erzählen […]. Sie ist ein komischer Charakter & ich bin zu dem Schluss gekommen, dass sie ein sehr unglücklicher Mensch ist, vor allem nun, wo sie alt wird und ihr gutes Aussehen verliert, sie schaut jetzt wirklich manchmal hässlich aus.*" Vier Jahre später stellte die Kronprinzessin allerdings bereits wesentlich kritischer fest, dass sie die häufigen Aufenthalte ihrer Cousine in Rumänien nicht besonders erfreuten, weil „*Charly immer mehr Unheil als Gutes anrichtet*". Laut den Erinnerungen Marias hatte übrigens einst die Meininger Erbprinzessin als vertraute Freundin ihrer Mutter für die Coburger Herzogin die Verbindung zum rumänischen Herrscherhaus geknüpft, die in einer Ehe ihrer ältesten Tochter Maria mit dem rumänischen Thronerben mündete.

Dank ihrer enormen gesellschaftlichen Umtriebigkeit und ihrer intriganten Neigungen wurde Charlotte mehrfach geradezu zwangsläufig in große Skandale und Affären des wilhelminischen Zeitalters verwickelt. Im Zusammenhang mit der Kotze-Affäre etwa wurde ihr Namen mit an vorderster Stelle genannt. Dieser peinliche Gesellschaftsskandal sorgte in den Anfangsjahren der Regierungszeit ihres Bruders Wilhelm für Aufsehen.

Ausgangspunkt der Affäre war eine im Januar 1891 im Anschluss an eine Schlittenfahrt veranstaltete ausgelassene Feier im Berliner Jagdschloss Grunewald, zu der Charlotte gemeinsam mit ihrem Schwager Herzog Ernst Günther von Schleswig-Holstein eingeladen hatte. Zu den Eingeladenen zählten Angehörige des Hofes bzw. der kaiserlichen Familie. Wenig später wurde die Berliner Hofgesellschaft durch eine anonyme Sexualdenunziation übelster Art in Aufruhr versetzt. Einige der Grunewalder Partygäste erhielten obszöne anonyme Briefe, in denen mit der Veröffentlichung ihrer angeblichen sexuellen Verfehlungen gedroht wurde. Angereichert wurden die Schmähbriefe noch mit vulgären Fotomontagen. Weil sich die Briefe durch bemerkenswert gute Kenntnisse über den Hofadel auszeichneten, glaubte man, dass sich der oder die Absender unter den Teilnehmern dieser Schlittenfahrt befinden müssten. Die Kriminalpolizei konnte den anonymen Briefeschreiber mit seinem brisanten Insiderwissen jedoch nicht dingfest machen. In den kommenden vier Jahren wurden nicht nur die Partygäste mit derartigen Schreiben heimgesucht, sondern auch andere Angehörige des Berliner Hofes und kaiserliche Familienmitglieder.

Im Juni 1894 wurde Graf Leberecht von Kotze, ein Zeremonienmeister Wilhelms II., als vermeintlicher Verfasser der Schmähbriefe verhaftet. Erbprinzessin Charlotte empfand diesen übereilt angeordneten Arrest wegen seines Skandalpotentials als bedenklich. Sie zeigte sich außerdem von Kotzes Unschuld *„felsenfest“* überzeugt. In ihren Augen war er *„ein so loyaler, bischen dämlicher Mensch, daß ich ihm sowie Bernhard eine solche Gemeinheit nicht zutrauen“* würde. Da während Kotzes Haft weitere Briefe erschienen, musste sein Arrest aufgehoben werden. Zuvor hatte ein Graphologe die Handschrift des anonymen Briefeschreibers als nicht identisch mit jener des Hofmarschalls erklärt. Im März 1895 wurde Kotze von einem Militärgericht aus Mangel an Beweisen wieder freigesprochen. Er fühlte sich in seiner Ehre indes so sehr verletzt, dass er jene Hauptankläger, die danach nicht Abbitte bei ihm geleistet hatten, zum Duell forderte. Mit dem Tod des dabei verwundeten Barons Karl von Schrader, eines weiteren kaiserlichen Zeremonienmeisters, endete der Kotze-Skandal schließlich im April 1896 blutig.

Wenn die Schmähbriefe in Wirklichkeit *„von den Vornehmsten bei Hofe, u. Spitzen der haute volée"* stammten, wie dies Charlotte der Baronin von Heldburg mehr oder weniger als Tatsache mitteilte, wird nur zu klar, warum in Berlin kein ernsthaftes Interesse daran bestand, den eigentlichen Täter zu ermitteln. Zu den Hauptverdächtigen wurden immerhin auch zwei Mitglieder der kaiserlichen Familie gerechnet: Erbprinzessin Charlotte gehörte zwar einerseits zu den Betroffenen der Schmutzkampagne, doch andererseits vermuteten nicht gerade wenige Mitglieder der Berliner Gesellschaft in ihr die anonyme Schreiberin. Außer ihrer ausgemachten Freude am Ränkespiel passte auch der sich in den Briefen kundtuende Standesdünkel gut zu ihrem Charakter. Zwingende Beweise für eine solche Autorenschaft Charlottes fehlen aber genauso wie für den mit wesentlich mehr Nachdruck geäußerten und wohl wahrscheinlicheren Verdacht, dass Herzog Ernst Günther von Schleswig-Holstein der Urheber der anonymen Briefe sei. Der leichtsinnige Bruder von Kaiserin Auguste Victoria genoss wegen seiner zahlreichen Affären, die ihm den Beinamen ‚Herzog-Rammler' einbrachten, keinen guten Ruf. Eine mögliche ‚Zusammenarbeit' von Charlotte mit dem Herzog bei der Briefkampagne, die auch ins Spiel gebracht wurde, muss ebenfalls Spekulation bleiben.

Abgesehen von der Tatsache, dass diese Schmutzkampagne nicht nur das Leben vieler einflussreicher Persönlichkeiten bei Hofe nachhaltig zerrüttete, war auch der Imageschaden, den dieser Sittenskandal verursachte, enorm. Obwohl nicht alle Details der Kotze-Affäre damals an die Öffentlichkeit gelangten, beschädigte sie das Ansehen der Hofgesellschaft und der Herrscherfamilie in bürgerlichen Kreisen schwer.

Einige Jahre später zählte Charlotte zu jenen Personen aus dem Umfeld des Kaisers, die den gefürchteten Publizisten und Spitzenjournalisten Maximilian Harden in seinem Kampf gegen den Einfluss des kaiserlichen Günstlings Philipp zu Eulenburg und Hertefeld sowie der sogenannten ‚Liebenberger Tafelrunde' unterstützten. Harden veröffentlichte ab dem November 1906 eine Artikelserie in seiner politischen Wochenzeitschrift ‚Die Zukunft', die sich gegen die von ihm als schädlich betrachtete Einmischung der unverantwortlichen Ratgeber aus dem höfischen Umfeld in die deutsche Außenpolitik richtete. Zugleich enthüllte der scharfe Kritiker der kaiserlichen Politik auf unmissverständliche Art und Weise die homoerotische Ausrichtung dieses kaiserlichen Freundeskreises. Bei Erbprinzessin Charlotte stießen seine Offenlegungen auf Begeisterung, sie seien *„erschreckend großartig"*. Bei der durch Hardens Kampagne ausgelösten Prozessflut traten die politischen Dimensionen der Affäre jedoch im Vergleich zum saftigen Gesellschaftsskandal, der von der Presse genussvoll ausgeschlachtet wurde, fast in den Hintergrund. Die wilhelminische Gesellschaft wurde durch den sogenannten Eulenburg-Skandal in den Jahren von 1907 bis 1909 in ihren Grundfesten erschüttert.

Die Meininger Erbprinzessin war seit längerem eine aufmerksame Leserin von Hardens im Jahr 1892 gegründeter Zeitschrift ‚Die Zukunft'. Sie unterschied sich damit deutlich von Wilhelm II., der nur den ‚Berliner Lokalanzeiger' las und sich mit Presseausschnitten vom Auswärtigen Amt begnügte. Gegenüber dem ihr gut bekannten preußischen Gesandten Raschdau hatte sie bereits 1895 diese Lektüre mit der Erklärung verteidigt, *„man müsse beide Teile hören, und das Blatt sei interessant geschrieben."* Wie gefährlich es für sie selbst werden konnte, wenn sie einen Journalisten wie Harden mit höfischen Interna versorgte, war ihr wohl zunächst nicht bewusst. Schon im ersten Prozess, der im Oktober 1907 gegen ihn geführt wurde, drohte Harden *„eine der höchsten Personen des Landes* *zu nennen, die sich über die in Frage kommenden Dinge in der krassesten Weise ausgelassen hat"*. Im Hinblick auf die von Harden öffentlich an den Pranger gestellte Homosexualität engster Freunde des Kaisers habe dieses *„Mitglied eines Herrscherhauses"* ihm gegenüber wortwörtlich geäußert: *„Ist es möglich, dass dies überhaupt bestritten wird."* Mit ihren indiskreten Auslassungen hatte sich die Kaiserschwester besorgniserregend weit exponiert. In ihren Briefen an ihren langjährigen Arzt Schweninger spiegeln sich die Skrupel der Prinzessin darüber wider. Sie hatte erkennen müssen, dass sie innerhalb ihrer Familie mit ihrer Ansicht allein stand.

Am 24. Dezember 1907 unterrichtete Reichskanzler Bülow den bereits durch den bisherigen Verlauf der Affäre in außerordentliche Unruhe versetzten Kaiser Wilhelm II. unter vier Augen über die Absicht der Harden-Verteidigung, die bedenklichen Äußerungen von Erbprinzessin Charlotte in dem Prozess zu verwenden. Zwar kamen durch eine entsprechende Einflussnahme die gewagten Indiskretionen der Prinzessin vor Gericht dann doch nicht zur Sprache, aber als die zum damaligen Zeitpunkt in Cannes weilende Kaiserschwester von ihrem Ehemann darüber informiert wurde, dass sie gerade eben noch um eine Zeugenladung vor Gericht herumgekommen sei, fühlte sie sich gebührend eingeschüchtert.

Ihrem Arzt Schweninger, auf dessen verständnisvolles Stillschweigen sie sich offenbar verlassen konnte, schrieb sie daraufhin besorgt, dass die ganze Angelegenheit *„noch böse scheußliche Folgen"* für sie haben werde. Ihr Mann sei darüber *„wie wahnsinnig vor Wuth"*. Mit der Nennung der Namen von Informanten hatte sich der Journalist an einer sehr wesentlichen Grundregel der höfischen Intrige versündigt. Entgegen ihrer sonstigen nonchalanten Haltung entschied sich Charlotte zu äußerster Zurückhaltung: *„Stillschweigen ist jetzt am Besten."* Sie überließ Harden ungerührt seinem Schicksal; denn Selbstvernichtung stand nicht auf ihrem Programm.

Dass Charlotte das heikle Thema einer Nebenregierung durch eine Clique von Berliner Hofschranzen bis an ihr Lebensende nicht losließ, belegen ihre Äußerungen gegenüber dem einflussreichen Publizisten Victor Naumann, der Anfang Januar 1918 das meiningische Herzogspaar besuchte. Charlotte, die Naumann noch aus ihrer Jugend kannte, beurteilte ihm gegenüber die Politik Wilhelms II. ausgesprochen kritisch. Vor allem missbilligte sie die weiterhin am kaiserlichen Hof bestehende Günstlingswirtschaft: *„Der Kaiser ahnt gar nicht, in was für Händen er sich häufig befindet, und seine Mignons* [Liebchen] *sind das Verderben meines Bruders.“* Nach Naumann gebrauchte sie das Wort ‚Mignon‘ allerdings *„ohne die häßliche Nebenbedeutung, die es zur Zeit Ludwigs XIII. hatte“.*

Pro und Kontra Wilhelm II.

Unter den vier Schwestern stand Charlotte Wilhelm altersmäßig am nächsten, mit dem sie außerdem die Erfahrung teilte, dass die Eltern von den jüngeren Geschwistern vergleichsweise weniger einforderten als von den älteren Kindern, auf denen ein bedeutend höherer Erwartungsdruck lastete. Zusammen mit Wilhelm und Heinrich bildete Charlotte daher innerhalb der Familie eine enger aufeinander bezogene Geschwistergruppe als mit den jüngeren Kindern. Dieses sich schon in der Kindheit herausgebildete Gemeinschaftsgefühl zwischen den drei Geschwistern wirkte sich auch in den späteren familiären Auseinandersetzungen aus. Bis in die ersten Regierungsjahre Wilhelms II. hinein ergriff Charlotte immer wieder seine Partei, bevor sie in den späteren Jahren eine ihm gegenüber kritischere Position einnahm. 1908 stellte der Journalist Max Nord fest, dass sie in ihrer impulsiven Art dem Kaiser zwar sehr ähnlich wäre, doch diesem auch ihren Willen entgegensetzen konnte: *„Sie platzt mit dem heraus, was ihr gerade in den Sinn kommt, und manchmal stellt sie sich ihrem kaiserlichen Bruder in einer so energischen Art und Weise entgegen, dass der Kaiser sogar ein wenig Angst vor ihr hat.“*

Zusammen mit Bruder Heinrich gehörte Charlotte 1886 zu jenem Kreis in Berlin, der gemeinsam mit Prinz Wilhelm gegen die Eltern und deren liberale Freunde intrigierte. Charlottes Ehemann Bernhard schloss sich dieser Clique an. Als die schwere Erkrankung ihres Vaters ausbrach, war die Prinzessin wie ihre beiden Brüder fest davon überzeugt, dass es sich um Krebs handle. Ihre Mutter Victoria, die dies lange nicht akzeptieren wollte, fühlte sich daher mehr als einmal von Charlottes Verhalten tief verletzt und gekränkt. Als es wegen der im Herbst 1888 erfolgten unerlaubten auszugsweisen Veröffentlichung aus dem Kriegstagebuch von 1870/71 des verstorbenen Kaisers Friedrichs III. durch Professor Heinrich Geffcken zum öffentlichen Skandal kam, löste Charlottes Benehmen bei Kaiserin Friedrich erneut Erbitterung aus: *„Charlotte hat die ganze Zeit über weder Takt noch Mitgefühl gezeigt. Sie schmeichelt jetzt Wilhelm und ist nach Rom gereist, um seiner Ankunft usw. beizuwohnen, was im Hinblick auf unsere Trauer mein Empfinden sehr verletzt hat!"* Im Juli 1889 machte sie ihre älteste Tochter in besonderem Maße dafür verantwortlich, dass Wilhelm II. seit seiner Thronbesteigung negativ gegen sie beeinflusst wurde. Charlotte habe *„sehr stark"* zu Wilhelms Misstrauen beigetragen. Dass Charlotte die neue Gnadensonne *„umschmeichelte"*, fand kein Verständnis bei Victoria. Im Dezember 1890 konstatierte sie, dass ihre Tochter sich kaum noch bei ihr blicken lasse. Ihr Schwiegersohn Bernhard, der eine ähnliche Haltung wie seine Ehefrau einnahm und sich als Anhänger Wilhelms generierte, handelte sich deshalb ebenfalls Victorias Zorn ein. Im November 1888 stellte die kaiserliche Witwe fest, dass *„er immer ein verrückter Chauvinist"* gewesen sei und sich ihr gegenüber *„nicht nett"* verhalte. Wie enorm wichtig Charlotte den hohen Stellenwert ihres Bruders Wilhelm anfänglich nahm, belegt beispielsweise ein Gespräch, das sie im Februar 1895 mit dem preußischen Gesandten Ludwig Raschdau in Weimar führte. Die Meininger Erbprinzessin hegte dabei keinerlei Bedenken, ihr vor Ort missfallende Vorkommnisse brühwarm nach Berlin weiterzugeben. So empörte sie sich offen darüber, dass Wilhelm II. in Meiningen nicht die nötige Reverenz erwiesen werde. *„Da sei in Meiningen das Unsagbare geschehen, daß auf dem dortigen Gymnasium der Geburtstag des Kaisers vollständig übersehen worden sei; […]. Da müßte man dreinschlagen, ich sei der Mann dazu und sollte es gleich dem Kaiser melden."* Der Gesandte Raschdau wiegelte allerdings ab; denn *„es gäbe dann ein Aufsehen, das schlimmer sei als der Vorfall"*.

Der enge Anschluss an den neuen Kaiser zahlte sich für das Meininger Erbprinzenpaar in Bezug auf Bernhards weitere militärische Karriere aus. Er avancierte in den Jahren nach der Thronbesteigung seines Schwagers bemerkenswert rasch. Einen Höhepunkt in seiner glänzenden Militärlaufbahn stellte seine Ernennung zum General der Infanterie und Kommandierenden General des VI. Armeekorps in Breslau dar. Am 25. März 1895 schrieb Charlotte hochentzückt an die Freifrau von Heldburg: *„Diese Zeilen […] kommen von einer strahlenden Kommandierenden Generalin. […] Ich war sprachlos & Tränen kamen mir in die Augen, als das Telegramm kam […] Nie zuvor habe ich meinen Mann so voller Freude & so wild gesehen! Ein Traum ist in Erfüllung gegangen und was für eine herrliche Zukunft in jeder Beziehung! […] Na, ich bin natürlich sehr stolz auf meinen Mann & sehnte mich nur danach, daß mein Vater unsere Freude & unser geliebtes Schlesien hätte sehen können."* Kaiserin Friedrich reagierte auf diese Neuigkeit weniger enthusiastisch, wie sie gegenüber ihrer Tochter Sophie bekannte: *„Ich befürchte so, dass sich Charlotte dort zum Narren macht. Sie ist zu töricht und unbesonnen und sät so viel Zwietracht und bringt sich und andere zu sehr in die Bredouille. Es ist ein wichtiger Standort, eine große Stadt und Gesellschaft, was es erforderlich macht, dass man sehr vorsichtig ist. Bernhard ist bei seinen Untergebenen nicht beliebt. Er ist so reizbar, dass er leicht grob und beleidigend wird, und dies betrübt mich, weil er wirklich ein so gutes Geschöpf und auch so ein guter Offizier ist."* Bernhards Karrieresprung sorgte in der Armee ebenfalls für Verstimmung. So vermerkte Graf Waldersee in seinen Denkwürdigkeiten, dass diese Bevorzugung des kaiserlichen Schwagers mit Recht *„viel böses Blut gemacht“* habe.

Sowohl Bernhard wie auch Charlotte empfanden ihre Jahre in Breslau als ihre glücklichsten, da sie hier die gesellschaftlich am meisten herausragende Position einnahmen. 1896 bekam Charlotte zudem wie andere Fürstinnen ihrer Zeit ein deutsches Regiment verliehen. Seit der Mitte des 19. Jahrhunderts hatte sich die Sitte, fürstliche weibliche Regimentschefs zu ernennen, eingebürgert. Passend zur anwachsenden Militarisierung der Gesellschaft nahm diese Einrichtung im letzten Drittel des Jahrhunderts stark zu. Charlotte wurde der Regiments-Chef des in Breslau stationierten Grenadier-Regiments König Friedrich III. (2. Schlesisches) Nr. 11. Bei Paraden dieses Infanterieregiments erschien sie nun zu Pferd und in der Uniform ihres Regiments. Offensichtlich leistete sich die Erbprinzessin aber auch in Breslau, wie von ihrer Mutter befürchtet, ein recht selbstherrliches Auftreten; denn sie erregte damit u. a. das Missfallen Theodor Fontanes. Im Sommer 1896 machte der Schriftsteller das *„Hauptstück Erbprinzessin“* dafür verantwortlich, dass sich seine großen Sympathien für den Adel *„in äußerste Mißstimmung und Verdrießlichkeit verkehrt“* hätten.

Während der Breslauer Zeit kühlte sich das Verhältnis des Meininger Erbprinzenpaares zum kaiserlichen Hof und vor allem zu Kaiserin Auguste Victoria merklich ab. Wegen einer angeblichen Affäre von Charlotte mit ihrem Hofmarschall Karl August Freiherr Roeder von Diersburg bestand die Kaiserin im Oktober 1896 darauf, dass dieser von seiner Stellung zurücktreten solle. Zutiefst verärgert über den Brief der Kaiserin beschlossen Bernhard und Charlotte, *„über solchen Schmutz“* erhaben zu sein und *„einen treuen Diener nicht auf on dits* [Gerüchte] *fallen“* lassen zu können. Zornig teilte der Erbprinz seinem Vater mit: *„In Berlin halten sie die Fiction aufrecht, als ob jede preußische Prinzessin, auch nach ihrer Verheiratung noch unter der hauscheflichen Gewalt des Königs und der Königin stehe. Diese der Ehre und Selbstständigkeit der übrigen deutschen regirenden Häuser mißachtende Fiction ist es, welcher ich ent-*

gegen treten muß.“ Obwohl sich die ganze Angelegenheit schließlich wieder beruhigte, blieb ein Stachel bei Charlotte zurück. Als sie sich im Sommer 1898 mit dem Gedanken beschäftigte, Fahrrad fahren zu lernen, nahm sie sich fest vor, jeden möglichen Einmischungsversuch der Kaiserin, die diesen Sport als ‚unanständig' betrachtete, strikt abzuweisen.

In den 1890er Jahren gab es vermehrt Diskussionen über die offensichtliche geistige und psychische Instabilität von Wilhelm II., dessen unberechenbare Schwenkungen vielen Zeitgenossen als nicht mehr normal erschienen. Hochgestellte Persönlichkeiten und einzelne Bundesfürsten sprachen sogar besorgt von *„Größenwahn“* und *„Cäsarenwahnsinn“*. Selbst in Wilhelms Familie befanden sich Angehörige, die sich fragten, ob der unruhige Kaiser noch ganz richtig im Kopf sei. Zu diesen gehörte Charlotte. Schon im März 1897 hatte sie ihrem Arzt Dr. Ernst Schweninger ihre *„ernsten Befürchtungen“* hinsichtlich ihres Bruders mitgeteilt. Im Februar hatte sich Wilhelm II. gerade in einer Rede zu der Erklärung verstiegen, dass man im Mittelalter seinen Großvater Wilhelm I. heiliggesprochen hätte. Bismarck und Moltke seien im Vergleich zu Wilhelm I. lediglich *„Handlanger und Pygmäen“* gewesen.

Zu einem schweren Konflikt zwischen Bernhard und dem Kaiser, der auch den Graben zwischen Charlotte und Wilhelm II. vertiefte, kam es 1903. Der Sozialistenführer August Bebel hatte in einer Reichstagsrede in scharfer Form Soldatenmisshandlungen in der Armee angeprangert, was in Militär- und Hofkreisen für Empörung gesorgt hatte. Als Bernhard am 23. März 1903 in seiner Eigenschaft als Kommandierender General für den Bereich des VI. Armeekorps einen Befehl erließ, der sich gegen die Misshandlungen von Soldaten durch Vorgesetzte richtete, indem er ihnen das Recht der Anzeige bei gleichzeitiger Versetzung zu einem anderen Truppenteil zum Schutz vor weiteren Schikanen einräumte, gab er damit scheinbar indirekt den Beschwerden Bebels Recht. Sein Befehl schlug deshalb wie eine Bombe ein. Der Erlass wurde formell zurückgenommen, woraufhin der Erbprinz um seinen Abschied bat. Während seines Breslauer Kommandos hatte er sich bereits früher Feinde gemacht, als er dem Alkoholismus im Offizierskorps den Kampf ansagte. Da Bernhards Rücktritt öffentliches Aufsehen verursachte, erhielt er im September 1903 von Wilhelm II. nicht nur die Ernennung zum Generaloberst, sondern wurde auch auf den einflusslosen Posten eines Generalinspekteurs der II. Armee-Inspektion mit dem Standort in Meiningen berufen. Von hier aus konnte er der preußischen Drilldoktrin keine Steine mehr in den Weg legen. Die Gunst seines kaiserlichen Schwagers hatte er seitdem verloren. Nachdem er 1909 die Ernennung zum Generalobersten im Rang eines Generalfeldmarschalls empfangen hatte, erhielt er 1912 seine fristlose Versetzung in den Ruhestand. *„Mein Mann hat seinen Austritt aus der Armee, kühl u. kurz erhalten"*, räsonierte Charlotte aufgebracht. *„S. M. habe keinerlei Verwendung mehr für ihn. […] Meiner Empörung will ich keinen Ventil öffnen. […] Es passt zu Allem Anderen!"*

Charlotte, die schon seit längerem die Meinung vertrat, ihr ältester Bruder gehöre eigentlich in eine Klinik, hatte sich 1908 nach der sogenannten ‚Daily-Telegraph-Affäre' zum Handeln aufgerufen gefühlt. Diese Londoner Tageszeitung hatte am 28. Oktober ein Interview mit Wilhelm II. veröffentlicht. Mit seinen taktlos-ungeschickten Äußerungen über das deutsch-englische Verhältnis bewirkte der Kaiser nicht nur Entrüstung in Großbritannien, Frankreich und Russland, sondern auch massive Kritik in Deutschland, die sich gegen sein ‚persönliches Regiment' richtete. Wilhelm brach daraufhin im Herbst 1908 völlig zusammen und trug sich sogar mit Rücktrittsgedanken. Nach einem langen Gespräch mit Reichskanzler Bülow im November sicherte er diesem zu, keine Depeschen und keine Reden mehr auf den Weg zu bringen, ohne sich vorher mit ihm zu verständigen. Charlotte blieb nicht zu Unrecht skeptisch, was den brüderlichen Wandel betraf: *„S. M. hält sich für unfehlbar, Bül. jongliert weiter u. ich […] kann nicht aufhören, ernst u. schwarz in die Zukunft unserer Deutschen politischen dynastischen u. Reg.-Verhältnisse zu sehen"*. Diese tiefe innenpolitische Krise im Deutschen Reich regte sie *„als treue Preußin"* daher zu dem Plan an, Wilhelm unter eine Art fürstliche Kollektivregentschaft unter dem Vorsitz des Prinzen Ludwig von Bayern stellen zu lassen. Ihrem Arzt vertraute sie Anfang Dezember 1908 brieflich an: *„Ich will die Deutschen Fürsten bearbeiten, einmüthig ... zum Kaiser zu gehen ..., ihm ihre Hülfe anbieten, im Interesse des Reichs u. im Namen ihrer Völker, unter Bedingungen, die klar darliegen. Ein Zusammengehen und -halten halte ich für dringend nothwendig u. das Einzige, was noch imponieren könnte. Ludwig müßte der Sprecher sein, im Namen seines Vaters u. der Großherzöge, Sachsen u. Württemberg."* Ihr Vorhaben hatte jedoch keine Chance auf Verwirklichung, weshalb sie düster feststellte: *„Wir sind wahrhaftig reif für den Untergang"*. Weder damals noch im Herbst 1918 nahm es ein deutscher Fürst auf sich, beim Kaiser vorstellig zu werden, um dessen Allmacht zu beschränken bzw. ihm die Abdankung nahezulegen.

Herzogin von Sachsen-Meiningen

Nach einer 48 Jahre dauernden Regierung verstarb Herzog Georg II. am 25. Juni 1914 in Bad Wildungen. Als er drei Tage später auf dem Meininger Parkfriedhof zur letzten Ruhe gebettet wurde, fielen in Sarajewo die tödlichen Schüsse auf Erzherzog Franz Ferdinand von Österreich und seine Gemahlin Sophie, die in einer fatalen Kettenreaktion wegen des internationalen Bündnissystems eine Kriegserklärung nach der anderen und damit den Ersten Weltkrieg auslösten. Für Meiningen mit seinen damals etwa 280.000 Einwohnern markierte der Tod des alten Herzogs auf diese Weise sehr eindrücklich das Ende einer Epoche. Georg II. hatte die kommende Katastrophe des Deutschen Kaiserreichs vorausgeahnt.

Als Bernhard III. folgte ihm der 63 Jahre alte, bereits gesundheitlich angeschlagene Erbprinz als Herzog nach. Ihn hatte die lange ‚Wartezeit' auf den Thron mit zunehmender Verbitterung erfüllt. In diesem Punkt ähnelte er seinem verstorbenen Schwiegervater Kaiser Friedrich III., den seine schier nicht enden wollende Kronprinzenzeit ebenfalls zermürbt hatte. Georg II. hatte seinem Sohn so gut wie keine Möglichkeit eingeräumt, sich während seiner Erbprinzenzeit durch eine Beteiligung an der Machtausübung als künftiger Herrscher zu profilieren. Der alte Herzog hatte die Zügel der Regierung bis zuletzt nicht aus der Hand gegeben. Meist hatte der Erbprinz dank seiner Militärkarriere sowieso fernab von Meiningen und der Politik des Herzogtums gelebt. Bernhard III. erbte ein geordnetes Staatswesen in einem Land mit guter industrieller Entwicklung. Der Kriegsausbruch verhinderte jedoch, dass er sich noch als Regent hätte hervortun können. Mit seiner konservativ-preußischen Gesinnung stieß der verknöcherte Herzog in dem von seinem Vater bislang liberal regierten Herzogtum auf wenig Sympathie, da er sich notwendigen Reformen verweigerte. Mit seinen abfälligen und bösartigen Kommentaren über die Sozialdemokratie hatte er sich in der sehr sozialdemokratisch eingestellten Bevölkerung nicht unbedingt beliebt gemacht. Generell kennzeichneten Bernhard bissige Kritik und Grobheit im Umgang mit anderen, was sich gleichermaßen negativ auf seine Popularität auswirkte.

Als pensionierter Generaloberst mit dem Rang eines Generalfeldmarschalls sah sich Bernhard bei Kriegsbeginn für wichtige militärische Aufgaben prädestiniert. Zu seiner großen Enttäuschung erhielt er keinen Oberbefehl über eine Armee. Sein Alter und seine frühere Kritik an Missständen in der deutschen Armee sprachen gegen ihn. Er musste sich mit Truppenbesuchen an der Front und der Besichtigung von militärischen Einrichtungen bescheiden. Der frustrierte Herzog machte sich offenbar bald keine Illusionen mehr über die militärische Entwicklung und vertrat die Auffassung, dass Deutschland diesen Krieg nicht gewinnen könne. Mit seinen Ansichten hielt er sich dabei nicht zurück. So bezeichnete er beispielsweise den Heerführer Erich Ludendorff als einen *„gefährlichen Irren und Massenmörder“*. Die Umgebung des Kaisers war in seinen Augen nur *„eine verdammte Bande von Hohlköpfen“*. Nach der verlorenen Marneschlacht 1918 soll er im Kreis hoher Militärs sarkastisch bemerkt haben: „*Nun, meine Herren, wenn mich nicht alles täuscht, und das nehme ich nicht an, sind wir dabei, auf dem Misthaufen der Geschichte zu landen.*“

Während seiner Abwesenheit von der Residenz hatte er die Führung der Regierungsgeschäfte auf seine Ehefrau Charlotte und das Staatsministerium übertragen. Aus gesundheitlichen Gründen fühlte sich die Herzogin dazu jedoch kaum in der Lage. Schon in den Jahren unmittelbar vor dem Regierungsantritt ihres Mannes hatte Charlotte begonnen, sich verstärkt als Förderin und Schirmherrin verschiedener Krankeneinrichtungen und Stiftungen im Herzogtum zu engagieren. Zu den von ihr protegierten Organisationen gehörten etwa die vaterländischen Frauenvereine und die 1902 von ihrem Schwiegervater gegründete Herzog-Georg-Stiftung für Krankenpflegerinnen. Ein engeres Verhältnis zu Land und Leuten hatte Charlotte trotz dieses Engagements nicht entwickelt, da sie sich bloß gelegentlich im Herzogtum aufzuhalten pflegte. Aber nicht nur ihre sporadische Präsenz vor Ort, die in wachsendem Maße ihrer labilen Gesundheit geschuldet war, trug zu ihrer geringen Beliebtheit in Sachsen-Meiningen bei. Zu einem wesentlichen Teil lag dies auch in dem von ihr hervorgekehrten stolzen Preußentum begründet. Ihr arrogantes Auftreten in der Öffentlichkeit, das mit der von Wilhelm II. an den Tag gelegten Großmannssucht korrespondierte, ließ ihre Sympathiewerte nicht gerade steigen. Die Rolle der volkstümlichen Landesmutter lag ihr nicht.

Eine wahre Leidensgeschichte

Spätestens seit ihrem 25. Lebensjahr wurde Charlottes Leben immer mehr von jenen schlimmen Krankheitssymptomen überschattet, für die man inzwischen die Erbkrankheit ‚Porphyrie‘ verantwortlich macht. Diese seltene Stoffwechselerkrankung wurde erst im Verlauf des 20. Jahrhunderts als solche erkannt und benannt. Die der Krankheit zugrundeliegende gestörte Bildung des roten Blutfarbstoffes Häm kann in ihren vielfältigen

Ausprägungen geringe oder lebensbedrohliche Symptome hervorrufen. Der Verdacht von Charlottes Mutter, dass sich hinter den verschiedenen Krankheiten ihrer Tochter eine *„falsche Blutbildung"* verbergen könnte, traf somit zu. Die schweren gesundheitlichen Beschwerden, unter denen die Meininger Erbprinzessin über Jahrzehnte hin litt, machten ausgedehnte Sanatoriums- und Kuraufenthalte an der französischen Riviera, in Baden-Baden oder in Schlesien und Böhmen notwendig. Eine dauerhafte Abhilfe und Heilung war nicht möglich. Immer wieder streckten sie neue Krankheitsattacken nieder. Zeitweilig war ihr Urteilsvermögen durch die Krankheit getrübt.

Porphyrie hatte schon das Leben von Charlottes Ururgroßvater verdüstert. Der britische König Georg III. aus dem Herrscherhaus der Welfen war, wie man inzwischen weiß, wegen dieser Krankheit seit 1810 nicht mehr regierungsfähig. Unter Charlottes preußischen Vorfahren war vermutlich auch König Friedrich Wilhelm I., dessen Mutter eine Welfin gewesen war, an Porphyrie erkrankt. Eine Reihe von Symptomen, die für ihn überliefert sind, sprechen dafür. Bei Charlottes Mutter, der dynamischen Victoria, gibt es ebenfalls Anzeichen dafür, dass sie möglicherweise unter einer solchen Stoffwechselstörung litt.

Charlotte setzten Magen-Darm-Krämpfe, heftige Neuralgien, starke Kopfschmerzen, Schwindel- und Ohnmachtsanfälle, malariaartige Fieberschübe, Lähmungsgefühle und Empfindlichkeitsreaktionen der Haut zu. Flecken im Gesicht und an den Händen ließen öffentliche Auftritte für sie zur Pein werden. Sie verließ ihre Räume dann nur tief verschleiert. Charlotte wies damit alle klassischen Symptome der Porphyrie auf. Später kamen noch außerordentlich schmerzhafte Zahn- und Zahnfleischprobleme hinzu, die operativ behandelt werden mussten. Zunächst sprach ihr Zahnarzt von Knochenhautentzündung, nachher wurden ihre Krankheitssymptome mit einer Form von Skorbut umschrieben. Mit den Wechseljahren hatten sich ihre Symptome weiter verschlimmert, was Charlotte gegenüber der Baronin Heldburg voll Galgenhumor mit *„eine nette Aussicht!!"* kommentierte. 1905 trat bei ihr erstmals dunkelroter

Urin auf. Dass sie die Wintermonate seit damals immer in Cannes verbrachte, erwies sich jedoch als kontraproduktiv: Statt der erhofften Linderung brachte ihr das dortige Sonnenlicht eine zusätzliche Verstärkung ihrer neuralgischen Schmerzen, was seinerzeit aber nicht bekannt war. Allgemein ging man davon aus, dass die Aufenthalte in Cannes gut für sie wären; so schrieb etwa die Freifrau von Heldburg im November 1909 verständnisvoll über Charlottes längeres dortiges Verweilen: *„[...] was ich ihr bei ihrem leidenden Zustand auch nicht verdenken kann"*. Seit 1908 verschlechterte sich ihr gesundheitliches Befinden alarmierend. Im Gegensatz zu früher ließen die unerträglichen Beschwerden nicht mehr nach. Ohne Morphin konnte die verzweifelte und frustrierte Charlotte keinerlei Erleichterung mehr finden.

Seit den 1890er Jahren befand sich Charlotte in Behandlung bei dem berühmten Arzt und Medizinprofessor Ernst Schweninger, der auch Bismarcks Leibarzt war. Bis zu ihrem Tod blieb sie in seiner Obhut und der des badischen Arztes und Psychoanalytikers Georg Groddeck. Mit Schweninger führte die Prinzessin eine aufschlussreiche Korrespondenz, die Einblicke in ihre traurige Krankengeschichte gibt. Einen Eindruck von ihrem jahrzehntelangen Martyrium vermitteln ebenfalls ihre vertraulichen Briefe an die Baronin von Heldburg. Gerne diskutierte die Prinzessin auch mit deren Bruder, Dr. Reinhold Franz, über ihren Fall. In der vergeblichen Hoffnung, eine passende Diagnose oder Kur für ihre Beschwerden zu finden, studierte Charlotte darüber hinaus eifrig medizinische Zeitschriften.

Ihre Verwandten und Freunde, denen der wahre Hintergrund unbekannt blieb, brachten oft kein rechtes Verständnis für Charlottes heimtückisches Leiden auf. Dass ihre Umgebung auf ihre Gesundheitsprobleme mit Skepsis reagierte, belegt zum Beispiel ein Brief ihrer Freundin, der Coburger Herzogin Maria Alexandrowna, vom Mai 1893: *„Ich habe einen langen Brief von Charlie bekommen; sie erzählt mir, dass sie eine neue Krankheit hat, eine Entzündung der Augen, die sie dazu zwingt, sich in einem abgedunkelten Raum aufzuhalten. Sie hatte sogar* *etwas Angst davor, mir das zu erzählen, da sie weiß, dass ich mich immer über ihre vielen Krankheiten lustig mache.*" In der höfischen Gerüchteküche wurde, wie das 1915 unter dem Pseudonym eines Grafen von Schwering veröffentlichte Buch zu berichten weiß, kolportiert, Charlotte habe sich ihre Gesundheit durch fragwürdige Arzneimittelpräparate und Drogen ruiniert, die sie in dem erfolglosen Bemühen genommen habe, ihre Leibesfülle zu reduzieren, zu der sie neigte. Selbst ihre Mutter machte hauptsächlich Charlottes ungesunden Lebensstil dafür verantwortlich.

Tragischerweise vererbte Charlotte diese furchtbare Krankheit ihrem einzigen Kind. Feodora durchlief eine ebenso trostlose Krankheitsgeschichte wie ihre Mutter, die sie dazu zwang, einen großen Teil ihres späteren Lebens in Sanatorien verbringen zu müssen. Sie beging schließlich im Alter von 66 Jahren im August 1945 auf dem schlesischen Schloss Neuhoff Selbstmord. Gewebeproben, die 1997 auf Betreiben der englischen Forschergruppe um den Historiker John C. G. Röhl aus den Gräbern von Charlotte und ihrer Tochter Feodora entnommen wurden, erbrachten den Nachweis der Veranlagung zur ‚Porphyria variegata'.

Niedergang und Tod

Nachdem in Berlin am 9. November 1918 die Republik ausgerufen worden war, kam es auch in Meiningen zum politischen Umschwung. Am Abend des 10. November musste Herzog Bernhard III. auf Druck des sich im Laufe des Tages gebildeten dortigen Arbeiter- und Soldatenrats auf seinen Thron verzichten.

Die Kriegsbegeisterung in der Bevölkerung hatte bereits 1915 nachgelassen. Wegen der schlechten Lebensmittelversorgung, der rapide angestiegenen Steuern und der sich verschärfenden Arbeitsbedingungen war es schon zu ersten Streiks und Demonstrationen gekommen. Mit dem Kriegseintritt der Vereinigten Staaten von Amerika auf der Seite der Entente im Jahr 1917 wurde die militärische Lage immer katastrophaler. In der explosiven Stimmung gegen Kriegsende verlor der monarchische Gedanke rasant an Zuspruch in der Bevölkerung. In seinem starren Konservativismus erteilte Bernhard III. sowohl einer dringend nötigen Wahlrechtsreform eine Absage als auch dem geforderten Verzicht auf seine Steuerprivilegien aus den Domänen.

Der von den Forderungen der Arbeiter- und Soldatenräte überrumpelte Herzog zeigte sich überrascht, dass man seine Abdankung verlangte, da er bisher in dem irrigen Glauben gelebt hatte, in der Bevölkerung einigermaßen beliebt zu sein. Wegen seiner unabhängigen Haltung gegenüber Berlin und seiner Ablehnung der Auswüchse des preußischen Militarismus war er davon ausgegangen, dass er bei den Demokraten wie bei den Linken trotz seiner streng konservativen Einstellung auf Sympathien zählen konnte. Bernhard übersah dabei, dass er auch dank seines schroffen Temperaments alles andere als ein populärer Landesvater war. Seine extravagante Ehefrau konnte mit ihrem überbetonten Preußentum ebenfalls nicht punkten. Resigniert unterzeichnete er schließlich die ihm vorgelegte Abdankungserklärung und setzte neben das Datum die Worte: *„Gott segne das Land Meiningen.“* Ihm war die Tragweite dieses Schrittes durchaus bewusst. Zwei Tage später folgte sein Halbbruder Ernst, der designierte Thronfolger, seinem Beispiel. Das Ende der Monarchie in Meiningen vollzog sich unblutig und ohne Gewaltexzesse.

Das Herzogtum Sachsen-Meiningen hörte nach über 200 Jahren auf zu bestehen und ging 1920 im Land Thüringen auf. Ende 1918 wurde die Abfindung der herzoglichen Familie vertraglich geregelt. Das beträchtliche Domäneneigentum ging in Staatsbesitz über, wofür eine entsprechende vermögensrechtliche Regelung getroffen wurde. Später klagte Bernhard wie alle ehemaligen thüringischen Landesfürsten bzw. deren Erben vor dem Reichsgericht auf Rückgabe des Eigentums oder zumindest auf eine Aufwertung ihrer durch die Inflation entwerteten Renten.

Charlotte musste sich im Gegensatz zu ihren Geschwistern nicht mehr in einer völlig veränderten Welt zurechtfinden. Am

1. Oktober 1919 starb sie im Alter von erst 59 Jahren während einer ihrer unzähligen Kuren in Baden-Baden. Für ihre jüngste Schwester Margarethe stellte ihr Tod *„einen unerwarteten Verlust“* dar, da sie nicht gewusst hatte, dass Charlotte so krank gewesen war. Für Charlotte, die jahrzehntelang schwer unter ihrer angegriffenen Gesundheit gelitten hatte, kam ihr Tod offenbar ebenfalls unvorhergesehen; denn sie war laut Margarethe *„noch voller Pläne“* gewesen. Sie wurde im Juli 1921 im Park des Schlosses Altenstein in Bad Liebenstein in einer schlichten, aber würdigen Feier beigesetzt. Angeblich handelte es sich bei der Grablege um einen Lieblingsplatz der einstigen Herzogin. Mit der Planung und Gestaltung der Grabanlage hatte ihr Witwer den vormaligen Hofbaumeister Karl Behlert beauftragt.

Herzog Bernhard, der bereits seit Jahren kränkelte, vereinsamte nach dem Tod seiner Frau. Mehr oder weniger arrangierte er sich mit seinem unfreiwilligen Dasein als ehemaliger Landesherr. Zeitweise hatte er mit materiellen Sorgen zu kämpfen, trotzdem kam erst nach seinem Tod eine größere Versteigerung jener Kunstobjekte und Wertgegenstände zustande, die einst seine und Charlottes Privaträume schmückten. Der aus Gemälden, Möbeln, Teppichen, Kunstgewerbe und Ostasiatika bestehende Nachlass des Herzogspaares wurde im Oktober 1928 bei dem Berliner Auktionshaus Jacob Hecht versteigert. Bernhard hatte seine letzten Lebensjahre zurückgezogen in Bad Liebenstein und in Meiningen verbracht. Das weiterhin große Interesse der Öffentlichkeit an seiner Person schätzte er nicht sonderlich. Verärgert bemerkte er zu der früheren Herzogin von Braunschweig: *„Erst schaffen sie die Monarchie ab, und nun wird unsereiner beglotzt wie ein wildes Tier hinter Gittern!“* Für die Flucht seines Schwagers Wilhelm II. nach Holland brachte er kein Verständnis auf, dessen Wiederverheiratung im November 1922 hingegen akzeptierte er. Schon 1920 stellte Bernhard kühl fest, dass niemand den Kaiser auf den Thron zurückhaben wolle, *„nicht einmal der blaublütigste Konservative“*. Mit derartigen Verlautbarungen dürfte er sich in Doorn, Wilhelms niederländischem Domizil seit dem Frühjahr 1920, zwar nicht eben beliebt gemacht haben, aber mit den Sozialdemokraten stand er trotz dieser Einsicht nach wie vor auf Kriegsfuß: *„Ein Volk, das sich der Sozialdemokratie ergibt und sich von ihr regieren läßt, begeht Selbstmord."* Wenige Jahre vor seinem Tod gab er seine zynisch-verbitterte Einschätzung der neuen Machtverhältnisse zum Besten, mit denen er sich auch im Jahr 1925 nicht wirklich abfinden konnte: *„Die Koalition von Sozialdemokraten, Jesuiten und Juden beherrscht noch immer das deutsche Volk, diese jammervolle Masse von mit Menschenhaut überzogenen Lebewesen. – Das deutsche Volk liegt auf dem Misthaufen, wo es stinkend vermodert."* Wohin der Weg mit dieser Einstellung gegenüber der Weimarer Republik führen würde, erlebte er nicht mehr. 1928 wurde der am 16. Januar in Meiningen verstorbene letzte regierende Herzog von Sachsen-Meiningen in der von ihm in Auftrag gegebenen Gruft an der Seite seiner Ehefrau bestattet. Mit der kinderlosen Tochter des Herzogspaares endete im August 1945 die Nachkommenschaft von Charlotte und Bernhard.

Heinrich (1862–1929)

Der drittgeborene Heinrich, der später als kaiserlicher ‚Marineprinz' bekannt werden sollte, erhielt seinen Rufnamen nach einem bedeutenden Vorfahren, einem jüngeren Bruder Friedrichs des Großen. Tatsächlich unterschied sich der Kaiserbruder jedoch sehr von diesem Ahnen, dem er weder intellektuell noch als militärischer Führer oder Politiker das Wasser reichen konnte. Während der ältere Heinrich nur zu gerne König Friedrich II. den Platz im Rampenlicht streitig machte, blieb der jüngere Heinrich immer der loyale Bruder von Kaiser Wilhelm II. und gab sich mit einem Leben im Schatten des Älteren zufrieden. Laut dem Grafen Waldersee war es daher ein wahres Vergnügen zu sehen, *„wie die beiden Brüder sich lieben und aneinander hängen. Man sah ihnen beiden die herzliche Freude an, zusammensein zu können, ein besseres Verhältnis zwischen Geschwistern kann es gar nicht geben.“* Heinrichs in ihren Augen zu große Anhänglichkeit an Wilhelm ärgerte allerdings oft seine Mutter. So schrieb sie beispielsweise 1885 an die Queen, dass Wilhelm ihn *„leider ganz und gar in der Tasche“* habe. Während Heinrich dem Bruder im Januar 1890 mit Emphase versicherte, *„daß ich mir als höchstes Ziel gesetzt habe, für Dich zu leben, und will's Gott für Dich zu sterben!“*, brachte Wilhelm ihm gegenüber keineswegs eine ähnlich starke Zuwendung und Loyalität auf. Vor seinem Freund Eulenburg setzte er ihn etwa im Juli 1899 mit dem abschätzigen Urteil herab, dass er *„ein völlig weiblicher, abhängiger Charakter und mit Anglomanie behaftet“* sei.

„Er ist wirklich nicht dumm“ – Kindheit und Jugend

Die Geburt von Albert Wilhelm Heinrich, der am 14. August 1862 im Neuen Palais in Potsdam zur Welt kam, verlief leicht und problemlos. Sein Vater Kronprinz Friedrich Wilhelm war zutiefst beglückt über die Geburt des Kleinen: *„Zwei Söhne, ist* *das denkbar!*“ Am nächsten Tag wurde der königliche Nachwuchs stolz vorgeführt: „*Nachmittags alles, was zum Hausstand gehört im weitesten Sinne, herbestellt, um den lieben Kleinen zu sehen, der seines starken Baues wegen sehr bewundert wird.*“ Mit Heinrich war die Thronfolge in Preußen doppelt abgesichert.

Als neuer Familienzuwachs war Heinrich zunächst der Liebling seiner Mutter. Entzückt verkündete sie, der kleine Junge sehe „*mit seiner schneeweißen Haut*“ aus „*wie ein Amorchen*“. Im September 1863 erschien ihr der etwas über ein Jahr alte Heinrich als „*der klügste von den drei*“ Geschwistern. Diese mütterliche Begeisterung hielt freilich nicht lange an; denn schon bald kamen erste kritische Töne auf und der zweite Sohn schien nicht mehr „*in jeder Beziehung perfekt*“ zu sein. Vorerst erregte nur sein offenbar nicht beeindruckendes Äußeres Victorias Tadel, die an ihre Mutter über den noch nicht ganz vier Jahre alten Sohn schrieb: „*Ich bin sicher, Du wirst dieses arme Kind mögen. Er kann nicht dafür, daß er so häßlich ist. Er ist wirklich nicht dumm und kann auch ganz witzig sein*“. Nachdem er 1866 eine lebensgefährliche Erkrankung an einer Lungenentzündung überstanden hatte, gebärdete sich Heinrich als schwieriges Kind, das die zuvor genossene Aufmerksamkeit wieder einfordern wollte. Unzufrieden berichtete die Kronprinzessin über ihn: „*Er sagte nie die Wahrheit, brüllte stundenlang, wenn ihm auch nur das geringste verweigert wurde*“. Der kleine Junge „*biß und kratzte die Kammerfrauen, wenn sie nicht sofort taten, was er verlangte*“. Der Vater beurteilte Heinrich dagegen weiterhin in der Regel freundlicher als Victoria. So zeigte er sich beispielsweise im August 1867 ganz befriedigt über den Sohn, der „*sich recht zu unserer Freude entwickelt u. Verstand zeigt.*“ Noch als Erwachsener galt Heinrich als das Kind Kaiser Friedrichs III., das ihm im Wesen und Erscheinungsbild am meisten ähneln sollte.

Mehr als sein angeblich wenig attraktives Aussehen belastete die Mutter-Kind-Beziehung alsbald die Tatsache, dass sich Heinrich zum Missfallen Victorias nicht als Geistesathlet entpuppte.

Er teilte auf diese Weise das Schicksal seiner beiden älteren Geschwister Wilhelm und Charlotte, die die hohen Erwartungen seiner Eltern, vor allem seiner anspruchsvollen Mutter, nicht erfüllen konnten. Dies trug sicherlich mit dazu bei, dass diese drei Kinder nicht allein aus Altersgründen ein engeres Verhältnis zueinander hatten als zu den jüngeren Schwestern, die mehr verwöhnt wurden. Im Mai 1874 monierte Victoria etwa, dass der Elfjährige nicht nur *„in allem außerordentlich zurückgeblieben"* sei, sondern zudem noch *„hoffnungslos faul – schwerfällig und träge in seinen Schulstunden"* sei. Immerhin sei er *„ein ausgesprochen freundlicher Junge"*, den jeder möge, *„obwohl es eine furchtbare Herausforderung ist, ihm etwas beizubringen, da er so schrecklich langsam ist"*. Seine schlechten Lernfortschritte, verbunden mit seinem apathischen Desinteresse, sorgten immer wieder für Ärger und Verdruss. Die besorgte Kronprinzessin klagte daher im Juni 1876: *„Seine Rechtschreibung und seine Handschrift haben sich nicht ein bisschen verbessert, und nie liest er – aus eigenem Antrieb! Er verursacht viel Mühe, und da sein Charakter so weich ist, fürchte ich oft, dass er sich, wenn er älter wird, vom rechten Weg abbringen lassen wird – und das macht mich sehr ängstlich."* Er konnte beim besten Willen ihre Erwartungen an ihn nicht befriedigen. Im August 1879 beanstandete sie, Heinrichs wenige Briefe seien *„so selten und so absolut nichtssagend, daß sie mir weder Trost noch Freude bringen. Sie sind gutgemeint, und ich bin dankbar zu wissen, daß es dem lieben Jungen gut geht und daß er glücklich ist – aber das ist auch alles! Mit dem lieben Heinrich einen Verkehr der Gedanken und Gefühle schriftlich aufrechtzuerhalten ist leider unmöglich, er schreibt eine Handschrift, die man nicht lesen kann, er kann keine Rechtschreibung und weiß sich überhaupt nicht auszudrücken!"*

Nicht allein aus Altersgründen stand Heinrich in einer engen Beziehung zu Wilhelm, auch die gemeinsame Schulausbildung stärkte noch zusätzlich seine Bindung an den Bruder. Wie Wilhelm wurde er im September 1866 Dr. Georg Hinzpeter zur Erziehung anvertraut. Die Wahl dieses Mannes durch die Eltern ist eigentlich erstaunlich, bedenkt man, dass Hinzpeter zwar in fachlicher Hinsicht ein guter Pädagoge und Philologe war, in seinen Überzeugungen aber alles andere als liberal genannt werden kann. Nachdem Heinrich von Hinzpeter als *„sehr zurückgeblieben & langsam"* beurteilt worden war, ging der Erzieher bald dazu über, sich mehr mit Wilhelm, dem zukünftigen Thronfolger, zu beschäftigen. Der Ausbildung und Erziehung eines späteren Monarchen maß er wohl mehr Gewicht bei, als sich mit einem wenig versprechenden Schüler abzugeben. Ähnlich verfuhren andere gemeinsame Lehrer, so dass Heinrich meist weniger Beachtung fand als sein Bruder.

Als strenger Calvinist bereitete Hinzpeter den beiden Prinzen einen öden und asketischen Alltag, in dem es keine kleinen Freuden, kaum Mußestunden und nur selten Lob gab. Wilhelm erinnerte sich später an den Erzieher als einen *„pedantischen und herben Mann"*. Hinzpeter neigte dazu, die Jungen mit dem von ihm und der Kronprinzessin entwickelten ehrgeizigen Erziehungsprogramm permanent zu überfordern. Der Unterrichtstag dauerte zwölf Stunden, in die lediglich zwei Pausen für Essen und körperliche Ertüchtigung eingeschoben waren. Die in Hinzpeters Begleitung absolvierten Besuche von Museen und Gemäldegalerien empfanden die Brüder zur Enttäuschung ihrer Mutter bloß als langweilige Pflichtübungen. Dass der Erzieher die beiden Jungen darüber hinaus in Fabriken und Bergwerke führte, damit sie einen persönlichen Eindruck von der industriellen Arbeitswelt und der sozialen Frage erhielten, mutet sehr modern an. Dies entsprach ganz den Wünschen der Eltern; denn Kronprinzessin Victoria legte Wert darauf, dass ihre Söhne *„nützlich und vernünftig nach den Erfordernissen der heutigen Zeit"* erzogen wurden, *„statt nach den absurden Regeln, die vor 100 Jahren gebräuchlich waren"*. Bei Heinrich weckte dies offenbar vor allem ein besonderes Interesse für technische Entwicklungen. Eine Beeinflussung der beiden Prinzen im demokratischen Sinn kam dadurch nicht zustande.

Gemäß alter Hohenzollerntradition lernte Heinrich zwischen 1873 und 1875 ein Handwerk. Er wurde in der Berliner

Hofbuchbinderei Collin in die Technik des Buchbindens eingewiesen. Wilhelm II. entsann sich später: *„Er hat dies Handwerk mit großer Passion betrieben, wie er überhaupt starke Neigung für Bastelei zeigte; so hat er auch später in Kassel drei Jahre lang die Tischlerei gelernt. Damals fiel seine Buchbindekunst, die er im Kronprinzenpalais Unter den Linden ausübte, wegen des damit verbundenen Kleistergeruchs wenig angenehm auf. [...] Mein Bruder hat seine Künste nach Jahrzehnten noch einmal praktisch verwerten können. Als die furchtbare Inflation nach dem Weltkriege die Preise ins ungemessene trieb, hat er auf seinem schleswigschen Gute für die Kinder seiner Angestellten die Schulbücher gebunden.“*

Zu Gleichaltrigen hatten die beiden Prinzen wenig Kontakt, so dass sie aufeinander angewiesen waren. Obwohl Heinrich im Gegensatz zu dem aufgeweckten Wilhelm alles andere als ein geistig reges und fleißiges Kind war, besuchte er auf Wunsch der Eltern seit Herbst 1874 gemeinsam mit dem älteren Bruder das Friedrichsgymnasium in Kassel. Dieser Besuch einer öffentlichen Schule stellte einen eklatanten Bruch mit der Tradition der Hohenzollern dar, was Kaiser Wilhelm I. zunächst nicht bereit war zu erlauben. Erst im August hatte der deswegen heftig vom Kronprinzenpaar bedrängte und regelrecht überrumpelte Kaiser widerwillig zugestimmt. Nicht bloß Kronprinzessin Victoria fiel der Weggang der Söhne schwer, auch Heinrich trennte sich nur höchst ungerne von den Eltern und Geschwistern. Wie bereits früher gewährte Hinzpeter den Prinzen auch in Kassel kaum Freiräume zur persönlichen Entfaltung, sondern achtete auf einen streng geregelten Tageslauf. Dank der ständigen Nähe von Hinzpeter kam Heinrich in Kassel kaum in Kontakt mit seinen Mitschülern.

Im Januar 1877 verließ Heinrich das Kasseler Gymnasium mit der Mittleren Reife, während Wilhelm gleichzeitig mit dem Abitur abschloss. Bevor sein neuer Lebensabschnitt als Seekadett beginnen konnte, wurde Heinrich im März noch gemeinsam mit Schwester Charlotte und Cousine Luise, einer Tochter des Prinzen Friedrich Karl von Preußen, konfirmiert. Passend für sein künftiges Leben bei der Marine erhielt der Prinz den Konfirmationsspruch aus dem 107. Psalm Vers 23, 24 und 31: *„Die mit Schiffen auf dem Meer fuhren und trieben ihren Handel in großem Wasser, die des Herren Werke erfahren haben und seine Wunder im Meer, die sollen dem Herrn danken für seine Güte und für seine Wunder, die er an den Menschenkindern tut."*

Der ‚Marineprinz'

Mit dem Ende der Schulzeit in Kassel trennte sich erstmals Heinrichs Weg von jenem des älteren Bruders. Da er ein praktisch veranlagter Mensch war und sich seit langem für die Marine und das Meer begeisterte, war für ihn eine Karriere bei der Marine vorgesehen. Für die Hohenzollern stellten die Seestreitkräfte bisher kein attraktives Betätigungsfeld dar. Die Flotte des Deutschen Kaiserreichs war noch klein und galt anfänglich nur wenig in Militärkreisen. Selbst in anderen Fürstenhäusern, die mit der See auf vertrauterem Fuß standen als die Hohenzollern, war es damals nicht üblich, eine Marinelaufbahn von der Pike aufwärts zu ergreifen. Nachdem Heinrich an seinem zehnten Geburtstag 1872 von seinem Großvater Wilhelm I. ehrenhalber zum Unterleutnant zur See ernannt worden war, trat der noch nicht 15 Jahre alte Prinz im Frühjahr 1877 in den aktiven Dienst bei der Kaiserlichen Marine ein, die dadurch eine Aufwertung erfuhr.

Gemeinsam mit 36 weiteren Seekadetten begann Heinrich die Seeoffizierslaufbahn als Kadett auf dem Segelschulschiff ‚Niobe'. Seine Einschiffung bot dem Kaiserhaus zugleich die Möglichkeit zu einer wirkungsvollen Inszenierung seiner maritimen Interessen. Weil sich Heinrich *„sehr einsam und verlassen fühlte"*, verbrachte Wilhelm die erste Nacht mit dem Bruder zusammen an Bord. Die einzige Vergünstigung, die Heinrich gegenüber den andern Kadetten genoss, war die ihm zugebilligte eigene Kammer an Bord; ansonsten durchlief er die normale Ausbildung. Der damalige Wachoffizier auf der ‚Niobe', Hans

Hirschberg, berichtete nach Hause, der Prinz *„macht alles mit durch, wie ich es durchgemacht habe, […] ist sehr eifrig bei der Sache"*. Die theoretischen Grundkenntnisse wurden Heinrich anschließend an der Kieler Kadettenschule vermittelt. Als er kurz vor Weihnachten 1877 wieder bei seinen Eltern und Geschwistern eintraf, stellte sein Vater erfreut fest: *„Er ist ein Bischen gewachsen, u. ist geistig entwickelter."*

Nachdem Heinrich am 14. Mai 1878 das Reifezeugnis als Seekadett erhalten hatte, startete er im Oktober zu einer zweijährigen Weltumseglung, die zur Ausbildung als Seeoffizier gehörte. Zusätzlich sollte er an verschiedenen Reisestationen auch repräsentative Aufgaben für das Kaiserhaus übernehmen. Kronprinz Friedrich Wilhelm litt unter der Aussicht auf die lange Trennung von seinem Sohn, wie er in seinem Tagebuch bekannte: *„Es wurde mir unsäglich schwer u. habe ich lange nicht so geweint. Zwei Jahre Trennung! Gott führe uns Alle wieder glücklich zusammen!!!"* Heinrichs Erlebnisse auf der Reise nach Südamerika, in die Südsee und nach Japan wurden propagandistisch geschickt in einem Jugendbuch mit dem Titel ‚Des Prinzen Heinrich von Preussen Weltumseglung' unter das Volk gebracht. Während des Besuchs von Hawaii erreichte den Prinzen die traurige Nachricht vom Tod seines erst elfjährigen Bruders Waldemar, der ihn noch beim Aufbruch zu seiner Weltreise zusammen mit den Eltern in Kiel verabschiedet hatte und über die lange Trennung vom älteren Bruder *„schrecklich betrübt"* gewesen war. Als seine Mutter jetzt die vorzeitige Rückkehr Heinrichs bei Kaiser Wilhelm I. erreichen wollte, lehnte dies ihr Schwiegervater mit dem Hinweis ab, er könne ihr nicht etwas zugestehen, was er anderen Soldatenfrauen bzw. -müttern verweigern müsse. Die meiste Zeit während der Weltumrundung wurde dem Aufenthalt in Japan eingeräumt, wo Heinrich vom Tenno empfangen wurde. Wegen eines Jagdzwischenfalls kam der inkognito reisende Prinz in Suita sogar für eine Nacht ins Gefängnis. Der lange Aufenthalt in Japan schuf die Grundlage für Heinrichs dauerhaftes Interesse an Ostasien. Als er im Herbst 1880 endlich nach Kiel zurückkehrte, gab es ein tränenreiches, vom Schmerz überschattetes Wiedersehen mit den Eltern. Bewegt notierte der Vater in sein Tagebuch: *„Seine Freude uns wiederzusehen, unter seinen Eltern weilen zu können, war rührend.“* Die Mutter fand zwar, dass der Sohn *„wirklich sehr gut“* aussah, und war dankbar ihn wohlbehalten wiederzusehen, trotzdem konnte sie sich einen kritischen Kommentar gegenüber Königin Victoria nicht verkneifen: *„Über Heinrichs Fähigkeiten gibt es wenig zu sagen, wie Du weißt!“* Bereits anlässlich seines 18. Geburtstags, als er nach dem preußischen Familienstatut volljährig wurde, hatte seine Mutter bekannt, dass sie nicht besonders stolz auf ihn sein könne. *„Aber er ist sehr anhänglich und liebenswürdig und findet Freunde wo auch immer er hingeht.“*

Der praktischen Ausbildung Heinrichs während der ersten Weltumsegelung folgte ein einjähriger Kurs an der Marineschule in Kiel. Nach der gut bestandenen Seeoffizierhauptprüfung erhielt er am 17. November 1881 das Patent als Leutnant zur See. Im Oktober 1882 startete seine anderthalb Jahre dauernde Fahrt nach Westindien und Südamerika, was bei seinem Vater *„abermals unausgesetzte bange Sorge wie ehedem“* auslöste. Das eigens sorgfältig *„mit Rücksicht auf die erzieherischen Aufgaben dem jungen Prinzen gegenüber“* ausgewählte Offizierskorps, das sein Examen teilweise mit Belobigung abgelegt hatte, rief Bedenken bei Heinrich hervor, *„mit dessen Schulweisheit es ohne sein Verschulden etwas haperte“*, wie sich der spätere Admiral Georg Alexander von Müller erinnerte, der auf dieser Reise noch als wachhabender Offizier dabei war. Der Prinz hatte auf dieser Fahrt erneut Repräsentationsaufgaben wahrzunehmen. Nach seiner Rückkehr nach Kiel besuchte der mit nur 22 Jahren zum Kapitänleutnant beförderte Prinz mit Unterbrechungen die dortige Marineakademie, um sich auch wissenschaftlich weiterzubilden. Verschiedene Kommandierungen in der Zwischenzeit sorgten für seine praktische seemännische Fortbildung.

Zeitweise verfolgte Kronprinz Friedrich Wilhelm den Plan, Heinrich die Nachfolge im Herzogtum Braunschweig zu verschaffen. Mit dem kinderlosen Tod des letzten Vertreters der älteren Linie des welfischen Gesamthauses im Oktober 1884 wäre eigentlich die jüngere, die hannoversche Linie erbberechtigt gewesen. Da jedoch der Chef des Hauses Hannover, Herzog Ernst August von Cumberland, nicht bereit war, auf seinen Anspruch auf das 1866 von Preußen annektierte Königreich Hannover zu verzichten und so an dem Widerspruch seines Hauses gegen die Reichsgründung von 1871 festhielt, schied er für Berlin als nicht geeignet aus. Im September 1885 wurde Prinz Albrecht von Preußen, ein Neffe Kaiser Wilhelms I., als Regent in Braunschweig eingesetzt. Den Kronprinzen hatten letztlich die mit einer Nachfolge seines Sohnes zusammenhängenden Kosten abgeschreckt. Hinzu kam, dass sich Heinrich der Marine so eng verbunden fühlte, dass er keinerlei Interesse an Braunschweig zeigte.

Als Mitglied des Kaiserhauses durchlief Heinrich bei der Marine eine regelrechte Bilderbuchkarriere: In verhältnismäßig kurzer Zeit stieg er vom Torpedobootkommandanten bis zum Chef der Hochseeflotte, Großadmiral und Generalinspekteur der Marine auf, weil er außerhalb der Normen der Rangliste avancierte. Dank seines bescheidenen und offenen Wesens war er bei den Seeoffizieren und Soldaten dennoch recht beliebt, allerdings dürfte der damalige Stabsoffizier Albert Hopman mit der von ihm vertretenen Ansicht, dass das Bestreben des Prinzen, *„mit allen gut auszukommen“*, sich nicht für Leute in führender Stellung eigne, nicht allein gestanden haben. 1907 bemängelte Hopman an dem ein Jahr zuvor zum Chef der Hochseeflotte ernannten Prinzen, den er als Menschen schätzte: *„Es fehlt ihm doch am nötigen Pflichtgefühl und dem Ernst in der Auffassung seiner Stellung. Der Sport geht ihm über alles, die ernste Arbeit und Pflicht kommt erst in zweiter Linie und nur, wenn sie gerade paßt. Es wird mit ihm auch nicht besser werden, da er die Arbeit und Schaffensfreude, die ihm seine Stellung lieb und wertvoll machen könnten, nicht kennt.“*

Vor allem nach der Thronbesteigung Wilhelms II. erhielten Heinrichs Kommandierungen einen unbeständigen Charakter.

Noch bevor er eine Dienststellung richtig ausgefüllt hatte, bekam er ein neues Kommando. Der Kaiser mit seiner ausgeprägten Marinepassion erhoffte sich hierdurch eine bessere Unterrichtung für sich selbst. So wies er Heinrich etwa an, ihm, wenn er sich Einblick verschafft habe, *„über die eine oder andere der schwebenden Fragen, in welcher die persönliche Erfahrung E.K.H. das Wort giebt, Vortrag zu erstatten"*. Nicht immer zeigte sich der Prinz von Wilhelms Neigung zum persönlichen Eingriff in Marineangelegenheiten angetan. Als es im November 1904 wegen der von der Marine nicht mehr gebrauchten Deckwinker zu einer vorübergehenden Verstimmung zwischen dem Kaiser und den Admirälen kam, vermerkte der kaiserliche Hofmarschall von Zedlitz-Trützschler, dass der dadurch enervierte Heinrich gegenüber einigen Seeoffizieren geäußert haben solle: *„Muß sich denn der Mann immer in alle solche Dinge mischen?"* Das von seinem kaiserlichen Bruder für ihn betriebene rasche Avancement entsprach nicht Heinrichs Geschmack. Mit der für ihn typischen Bescheidenheit widersetzte er sich daher zum Beispiel Wilhelms Vorhaben, ihn bereits 1891 zum General und Admiral zu befördern. Sein Adjutant Albert Freiherr von Seckendorff teilte dem Chef des Marinekabinetts mit, der Prinz sei *„ganz erschüttert, ja vielleicht dauernd an seinem vitalsten Interesse – dem Marineberuf – geschädigt"* zu sein, wenn dieser übereilte Schritt erfolgen sollte. Um Oberflächlichkeit zu vermeiden, liege Heinrich daran, diese Beförderung *„bis zu dem Zeitpunkt zunächst hinauszuschieben, wenn Seine Königliche Hoheit der Tour nach zum General heran ist"*. Als im September 1895 Heinrichs Zeit als Schiffskommandant endete, bedauerte er dies sehr. Seine Kommandantenzeit bezeichnete er später als seine schönsten Jahre bei der Marine. Sein Dienst auf See ging im September 1909 mit seiner Ernennung zum Großadmiral und Generalinspekteur der Marine zu Ende. Das Amt des Generalinspekteurs beschränkte ihn mehr auf repräsentative Funktionen.

Heinrichs Marinelaufbahn fiel überwiegend in die Zeit des nach 1889 einsetzenden Auf- und Ausbaus der deutschen Kriegsmarine zur Schlachtflotte. Der Hohenzollernprinz unterstützte im Jahr 1897 sowohl die Ernennung von Alfred Tirpitz zum Staatssekretär des Reichsmarineamts als auch dessen Plan, eine große Schlachtflotte zu schaffen. Als es im Oktober 1897 um die Einbringung des Flottengesetzes im Reichstag ging, sagte der Prinz Tirpitz zu: *„Meine Hülfe können Sie jeder Zeit versichert sein."* Passend dazu übernahm er die Schirmherrschaft über den 1898 gegründeten Deutschen Flottenverein, der die Öffentlichkeit für die kaiserliche Flottenpolitik begeistern sollte. Heinrich stellte die enorme Rüstung, die aus der deutschen Marine schließlich die zweitgrößte Flotte der Welt nach Großbritannien machte, grundsätzlich nie in Frage. Die verhängnisvollen Folgen des deutsch-britischen Rüstungswettlaufs erkannte er nicht, da ihm dafür der notwendige politische und strategische Weitblick fehlte. Er registrierte allerdings, dass Deutschlands Entwicklung zu einer bedeutenden Seemacht in Großbritannien zunehmend mit Besorgnis gesehen wurde. Anfang des Jahres 1910 führte er deswegen mit Frederick Ponsonby, dem Privatsekretär von König Edward VII., ein Gespräch, in dem er sich dahingehend äußerte, dass Deutschland ebenso wie das Inselreich berechtigt sei, eine eigene Flotte zu haben. Er vermittelte den Eindruck, dass für ihn Kriegsschiffe eine Prestigefrage seien. Ponsonby kam zu dem Schluss, dass der Prinz als Freund Englands versöhnlich zu wirken versuchte. *„Er war durch und durch aufrichtig und schien für machiavellistische Ränke nicht geeignet."*

„Ein kleiner goldener Schatz" – Irene von Hessen und bei Rhein

Seine spätere Ehefrau, die gleichzeitig seine Cousine war, kannte Heinrich schon aus Kindertagen. So wie sich einst Wilhelm für seine schöne hessische Cousine Elisabeth, Ella, begeistert hatte, entdeckte auch der jüngere Bruder in Darmstadt die Gefährtin fürs Leben. Prinzessin Irene, eine jüngere Schwester Ellas, war im Kriegssommer 1866, am 11. Juli, zur Welt gekommen. Sie war die dritte Tochter von Großherzog Ludwig IV. von Hessen und bei Rhein und von dessen Gemahlin Alice, einer Tochter der Queen. Heinrichs Wunsch, Irene zu heiraten, war bei der gemeinsamen Teilnahme an der Hochzeit der britischen Prinzessin Beatrice mit Heinrich von Battenberg im Sommer 1885 auf der Insel Wight entstanden.

Hatte Kronprinzessin Victoria noch das Ansinnen Wilhelms, Ella zu heiraten, zu verhindern gewusst – sie hegte Bedenken wegen der zu nahen Verwandtschaft mit der Tochter ihrer jüngeren Schwester –, konnte sich Heinrich mit seinem Ehewunsch durchsetzen. Bei der Heirat des zweiten Sohnes spielten diese gewichtigen Erwägungen offenbar keine so entscheidende Rolle mehr. Gleichwohl äußerten die Eltern Vorbehalte, wie aus einem Brief des Kronprinzen an seinen Generaladjutanten von Albedyll vom Juli 1886 hervorgeht: *„Schon lange beschäftigt ihn dieser Gedanke, den er uns jedoch erst vor einiger Zeit bekannte, worauf wir ihn ermahnten, sich die Sache reiflich zu überlegen, einmal wegen der nahen Verwandtschaft, dann aber weil die Absicht vorlag, ihn erst nach Ablauf einer selbständigen größeren Seefahrt als Schiffskommandant mit der Gründung seiner Häuslichkeit sich beschäftigen zu sehen."* Neben politischen Einwänden wegen der vom Großherzogtum Hessen im Jahr 1866 eingenommenen Position auf der Seite der preußischen Kriegsgegner weckte hauptsächlich auch die Tatsache, dass Irenes frühverstorbene Mutter eine englische Prinzessin gewesen war, bei Wilhelm I. und vor allem bei Augusta Befürchtungen vor weiterer englischer Beeinflussung. Irene hatte nämlich auf Wunsch der Queen eine sehr englisch geprägte Erziehung erhalten. Die zu diesem Zeitpunkt in Berlin immer noch heftig umstrittenen Heiratspläne für Heinrichs Schwester Victoria mit Alexander von Battenberg (s. hierzu Die Battenberg-Affäre, S. 132ff.) wirkten sich zeitweise ebenfalls negativ auf das Eheanliegen des Prinzen aus. Querschüsse kamen dabei nicht nur von preußischer Seite, sondern genauso von Seiten des Darmstädter Hofes. Irenes Vater, Großherzog Ludwig IV., ließ nämlich im November 1886 verärgert durchblicken, dass Heinrichs bisher wenig freundliche Haltung gegenüber Alexander von Battenberg, der zur näheren hessischen Verwandtschaft gehörte, den Heiratswunsch des Prinzen gefährde; denn Irene sei dadurch so sehr verletzt worden, *„daß sie im Stande ist [ihm] einen Korb zu geben"*.

Letztlich konnte sich Heinrich mit seinem Heiratswunsch durchsetzen. Im Januar 1887 hielt er in Darmstadt um die Hand der Prinzessin an. Die offizielle Verlobung fand am 22. März statt, dem 90. Geburtstag seines Großvaters, wodurch dieses Familienereignis einen besonders großartigen Rahmen erhielt. Eine Hofdame von Heinrichs Mutter konnte beeindruckt feststellen: *„Wir waren nicht weniger als 350 Personen Gefolge! Ein imposanter Anblick, als der Kaiser voran und ihm nach der lange Zug der Fürstlichkeiten den Weißen Saal durchschritten, vorüber an der spalierbildenden Gesellschaft!"* Wie es bei ihrer Einstellung gegenüber der anvisierten Heirat zu erwarten war, zeigte sich Kaiserin Augusta bei dieser Gelegenheit *„kühl"*. Queen Victoria schrieb jedoch ganz zufrieden an Wilhelm I.: *„Nicht ohne Rührung denke ich daran, daß die Kinder meiner beiden lieben Töchter sich vereinigen! Heinrich darf sich glücklich schätzen, eine solche Frau wie meine geliebte Irene zu bekommen!"* Während der schweren Krankheit seines Vaters blieb Irene für ihren Verlobten in der Tat ein Lichtblick. So vertraute er im Januar 1888 Wilhelm an: *„Sie ist ein kleiner goldener Schatz und macht mich zum glücklichsten der Menschen!"*

„... und sein Kopf in Berlin mit Unsinn vollgestopft worden ist"

Im Verlauf der unheilbaren Krebserkrankung seines Vaters machte Heinrich keine gute Figur. Als die unterschwellig schon lange brodelnden Konflikte innerhalb der Kaiserfamilie offen aufbrachen und zu kaum überbrückbaren Frontenbildungen führten, wurde der nicht sonderlich standfeste Prinz zwischen den Fraktionen hin und her gezogen. Meistens stand er dabei auf der Seite Wilhelms und stimmte in den Chor der Anschuldigungen gegen seine Mutter ein. Wie sein älterer Bruder erklärte auch er, sein Vater sei wegen der englischen Ärzte und wegen Victoria verloren. Diese mangelnde Konsequenz in seinen Meinungen veranlasste Mitte November 1887 den mit Prinz Wilhelm befreundeten preußischen Diplomat Philipp zu Eulenburg und Hertefeld zu der kritischen Bemerkung: *„Prinz Heinrich befand sich vollkommen unter dem Einfluß der Mutter, wenn er auch in Gegenwart des Prinzen Wilhelm diesem nicht widersprechen mochte."*

Wegen seiner Position in den erbitterten familiären Auseinandersetzungen reagierte Kronprinzessin Victoria daher zunächst auch alles andere als erfreut, als Heinrich im November 1887 bei den Eltern in San Remo eintraf. Sie vermutete, übrigens nicht zu Unrecht, in ihm *„einen Aufpasser"* zu erhalten. Zwischen Sohn und Mutter kam es zu Konfrontationen. Empört schrieb Victoria am 29. November an die Queen: *„Heinrich behauptet, daß sein Papa durch die englischen Ärzte & mich verloren sei, & daß die Deutschen ihn durch die Operation gerettet hätten!!"* Für den größten Ärger sorgte vor allem ein Brief seines älteren Bruders, den Heinrich mitbrachte und dem Kronprinzen aushändigte. Wilhelm teilte darin dem Vater mit, dass er ermächtigt worden sei, alle offiziellen Dokumente an dessen Stelle zu unterzeichnen, falls Kaiser Wilhelm I. dazu nicht mehr in der Lage sei. Eine diesbezügliche Ankündigung hatte Victoria ihrem kranken Mann bis dahin vorenthalten, der nun entsprechend gereizt reagierte. Die Kronprinzessin, die Friedrich Wilhelm vor unerquicklichen Diskussionen möglichst abschirmen wollte, gab ihrer Mutter gegenüber zu, dass sie ihm bewusst den Ernst seiner Situation nicht in aller Drastik vor Augen führen wollte: *„Du weißt, wie empfindlich und ängstlich, wie argwöhnisch und verzagt Fritz von Natur aus ist. Umso falscher und in der Tat gefährlich (abgesehen von der Grausamkeit) ist es, zu wünschen, daß er das Schlimmste denken soll."* Heinrichs Auftreten in San Remo verärgerte Victoria auch weiterhin, so dass sie Anfang Dezember 1887 ihrer Mutter mitteilte: *„Er ist voller Vorurteile und glaubt alles besser als seine Mama und die Ärzte* *hier zu wissen; er ist überzeugt, daß wir nicht die Wahrheit sagen!! Es läßt mich manchmal ganz bitter werden!"*

Heinrichs Briefe aus Italien, die er an den älteren Bruder richtete, zeichnen tatsächlich ein ziemlich unerfreuliches Bild von ihm, wenn er etwa seinen Vater mit einem Hund vergleicht, der hinter dem Arzt Mackenzie herlaufe. Während er Mackenzie als einen *„erz Hallunken"* und *„Schweinehund"* bezeichnet, verunglimpft er gar den Arzt Dr. Krause gegenüber Wilhelm als *„ein[en] ganz unausstehliche[n] u. widerwärtige[n] Judenjunge[n]"*. Durch die tägliche Beobachtung des Vaters kam der Prinz im Januar 1888 zu dem Schluss, dass sich dieser *„nie und nimmer erholen könne"*.

Nachdem sich die ersten Aufgeregtheiten gelegt hatten, kam es zu einer Annäherung zwischen Mutter und Sohn, so dass Victoria über ihn berichten konnte, dass er sich *„jetzt beträchtlich beruhigt"* habe und *„sich angenehm"* mache. Wohlweislich habe sie mit ihm nicht über die väterliche Krankheit, die Ärzte oder das Verhalten der Leute in Berlin gesprochen, um erneuten Auseinandersetzungen aus dem Weg zu gehen. Das Problem mit ihm sei, dass er sich zu leicht beeinflussen lasse: *„Er ist immer nett, wenn er eine Zeitlang bei uns gewesen ist, aber nicht, wenn er von anderen aufgehetzt und sein Kopf in Berlin mit Unsinn vollgestopft worden ist."* Nach der im Februar 1888 durchgeführten Tracheotomie bei ihrem Mann räumte die unter hoher innerer Anspannung stehende Victoria ein, dass Heinrich *„sehr nett"* zu ihr gewesen sei. Seinem Bruder Wilhelm meldete er: *„Es war ein entsetzlicher Tag voller Unruhe und nervöser Aufregung; als die Operation vorbei war athmeten wir Alle erleichtert auf!"* Von der mütterlichen Haltung war er beeindruckt: *„Mama beweist viel Charakter und Nerven, und lasse ich momentan jedwede ‚Discussion' fort, da mich jetzt nur ein Gedanke erfüllt, zwar der, ihr nach Kräften beizustehen und sie moralisch zu heben! Dieser Schlag hat sie furchtbar getroffen, doch zeigt sie es der Außenwelt, und selbst uns kaum!"*

Als sich Heinrich nach dem Tod des Großvaters und während der kurzen Regentschaft seines Vaters als Kaiser Friedrich III.

wieder auf die Seite Wilhelms, des künftigen Herrschers, schlug, quittierte seine Großmutter Victoria dies mit dem wütenden Vorschlag, man solle ihn *„zur See schicken"*.

Eine Hochzeit mit Trauerrand

Kurz vor dem Tod seines vom Krebsleiden bereits schwer gezeichneten Vaters fand am 24. Mai 1888, dem Geburtstag von Queen Victoria, Heinrichs Hochzeit mit Irene im Berliner Schloss Charlottenburg statt, wo sowohl die standesamtliche Eheschließung als auch die kirchliche Trauung vonstattengingen. Die Hochzeit fiel in bescheidenerem Rahmen als sonst aus, da aus Rücksicht sowohl auf das Trauerjahr für den am 9. März verstorbenen Kaiser Wilhelm I. als auch auf den Gesundheitszustand von Kaiser Friedrich III. Abstriche am herkömmlichen Festprogramm vorgenommen wurden. Aus diesem Grund entfielen die feierliche Einholung der Braut und der traditionelle Fackeltanz. Weil Friedrich III. nicht wusste, wie lange er noch zu leben hatte, er aber unbedingt an der Trauung seines Sohnes teilnehmen wollte, wurde die Hochzeit so früh nach dem Tod seines Vaters anberaumt. Der Kaiser kümmerte sich selbst um viele Details der Festivität, die zugleich die letzte Familienfeier zu seinen Lebzeiten werden sollte.

Obwohl die allgemeine Hoftrauer für diesen Tag eigens abgelegt wurde, war Heinrichs Hochzeit trotzdem von Trauer und Melancholie überschattet. Sein Bruder Wilhelm erinnerte sich später, dass er *„nie wieder eine Hochzeit wie diese mitgemacht"* habe, *„auf der statt der Freude alle Herzen Trauer erfüllte."* Nicht so sehr das junge Brautpaar stand im Mittelpunkt der Aufmerksamkeit, sondern der todkranke Vater des Bräutigams zog die Blicke auf sich. Für Friedrich III. wurde es sein letzter Auftritt als Kaiser in der Öffentlichkeit, wie dies seine Ehefrau bitter vermerkte. Sie, die bei dieser Gelegenheit zum ersten und einzigen Mal die preußischen Kronjuwelen trug, verfolgte voll innerer Anspannung die Feierlichkeiten. Victoria machte sich nicht allein Sorgen, ob ihr Mann den Gottesdienst ohne Hustenanfall durchstehen würde, sondern auch um die Seelenverfassung ihrer Tochter Victoria. Statt wie erhofft selbst vor den Traualtar mit Alexander von Battenberg treten zu können, wurde sie nun Zeugin der Hochzeitsfeierlichkeiten ihres Bruders. Der stark geschwächte Friedrich III., der zur Trauung in der Schlosskapelle in voller Uniform erschien und mit all seinen Orden geschmückt war, stand die Zeremonie auf einen Stock gestützt nur mühsam durch. Erschüttert beschrieb der preußische Generalstabschef Helmuth von Moltke seinem Bruder das Geschehen: *„Die Braut mit der Krone auf dem Haupt und bedeckt mit den Kronjuwelen sah reitzend aus. Mitten in den Glanz u. die Pracht der Versammlung wurde die alte Kaiserin Augusta auf ihrem Rollstuhl hinein geschoben, ganz schwarz, ohne jeden Schmuck. Mir traten die Tränen in die Augen, als ihre Enkelkinder vor ihr nieder knieten ihr die Hand zu küssen. Dann trat der Kaiser ein. Die hohe, stattliche Figur ungebeugt, mit freundlichem Lächeln die Versammlung begrüßend. Nur die Augen scheinen mir erloschen und die Athmung schnell und sehr schwer. Es ist herzzerreißend ihn mit unerschöpflicher Geduld und Freundlichkeit gegen sein schweres Schicksal ankämpfen zu sehen; mit einem Fuß auf dem Thron, mit dem andern im Grabe."* Auf den Bruder der Braut, Erbgroßherzog Ernst Ludwig von Hessen und bei Rhein, wirkte die seit einem Schlaganfall auf den Rollstuhl angewiesene Augusta dagegen *„wie ein schwarzes Gespenst"*. Der sonst eher wenig zartbesaitete Herbert von Bismarck zeigte sich hingegen wie Moltke äußerst berührt von Kaiser Friedrichs Auftritt: *„Rührend war, wie nach der Ceremonie S. M. den Sohn innigst umarmte u. ihm zum Schluß, wie zum letzten Segen, die Hand secundenlang aufs Haupt legte. S. M. sah dabei so innig u. zugleich tief schwermüthig aus: farewell for ever!"* Friedrich versicherte dem Sohn zusätzlich auf einem Zettel: *„Du hast mir keinen Augenblick Kummer gemacht."* Die zierliche Irene, die *„fast vom Gewicht des Brautschmucks, besonders der Krone erdrückt"* wurde, war *„sehr bewegt"*.

Familienleben in Kiel

Das junge Ehepaar, das seine Hochzeitsreise nach Schloss Erdmannsdorf im schlesischen Riesengebirge unternahm, musste vorzeitig zurück an das Sterbebett von Friedrich III. kehren. Nach dem Tod des Vaters stellte Heinrich für seine Mutter zunächst keine große Stütze dar, da er mit dem von Wilhelm II. eingeschlagenen Kurs konform ging, den Victoria als Affront empfand. Die Kaiserwitwe stellte trotzdem bei einem Vergleich der beiden Söhne Ende August 1888 fest, dass sie zwar die gleichen in ihren Augen unerfreulichen politischen Ansichten teilten, aber der Jüngere habe *„gewiß mehr Gefühl & ist weniger verwöhnt & egoistisch & rücksichtslos!“*

Prinz Heinrich besaß seit seiner Volljährigkeit eine eigene Hofhaltung mit einem Hofmarschall und zwölf Bediensteten im Kieler Stadtschloss. Seit sie 1871 zum Reichskriegshafen geworden war, hatte sich die Stadt an der Ostsee zur bedeutendsten Marinestadt des Kaiserreichs entwickelt. Das Stadtbild wurde von da an von der Marine und den Werften geprägt. Kiel diente dem Prinzen als Dienstsitz wie auch als Residenz. Obwohl er über keinerlei politische Befugnisse oder Ämter verfügte, wurde Heinrich für die Stadt wie auch die Provinz Schleswig-Holstein zu einer preußischen Integrationsfigur. Erst mit seiner Heirat begründete der Prinz seinen eigentlichen Hofhaushalt in der von Hofbaurat Albert Geyer 1887/88 eigens grundlegend und repräsentativ umgebauten Schlossanlage.

Finanziell stand der junge Ehemann sehr gut da. Von seinem Großvater hatte er erheblichen Grundbesitz, dessen ganzes Silber und die Bibliothek vermacht bekommen. Hinzu kam noch das ihm von seinem Vater hinterlassene Erbe. Heinrich gehörten seitdem die Güter Paretz, Uetz und Falkenrede. Die Kosten für seinen Hofstaat konnte er aus der Nutznießung des Fideikommisses Opatow-Swiba und der Burg Rheinstein bestreiten. 1909 teilte der Minister des königlichen Hauses, Graf August zu Eulenburg, Wilhelm II. daher mit, sein jüngerer Bruder zähle dank dieses Güterbesitzes zu denjenigen Prinzen, *„welche mit* *ihrem Lebensunterhalt nicht ausschließlich auf die Apanage angewiesen sind"*.

Bei seinem Einzug in die festlich herausgeputzte Stadt Kiel am 10. August 1888 wurde das Prinzenpaar von der Bürgerschaft begeistert begrüßt. Als Vermählungsgeschenk der Stadt erhielten Heinrich und Irene einen aufwendig gestalteten Brunnen für ihren Wohnsitz. Die monumentale Anlage, die der aus Kiel gebürtige Bildhauer Eduard Lürssen geschaffen hatte, konnte jedoch erst 1890 im Innenhof des Kieler Schlosses aufgestellt werden. Den Brunnen zierte eine überlebensgroße Bronzefigur der Kilia, seinen Sockel schmückten neben Putten und Wasserspeiern die Porträts und Wappen des Prinzenpaares.

Als Repräsentanten des Kaiserhauses in Kiel wurde von Heinrich und Irene erwartet, dass sie ihren gesellschaftlichen Verpflichtungen nachkamen und entsprechend Hof hielten. Vor allem während der glanzvoll begangenen Kieler Woche mussten sie zahlreiche Repräsentationsveranstaltungen absolvieren. Die aus England stammende Fürstin von Pless befand allerdings dieses Ereignis im Vergleich zu Cowes als eintönig, besonders für die vornehmen weiblichen Gäste; *„denn während der ganzen Kieler Woche bekam man nie einen Mann zu sehen, weder Ehemänner noch Junggesellen, weder zum Diner noch für eine Bootsfahrt oder sonstige Geselligkeit, sie mußten immer zu den sogenannten Bierabenden im Kieler Yacht-Klub gehen. Prinzessin Heinrich von Preußen [...] gab eine Gesellschaft (für die Frauen, deren Männer verhindert waren), bei der wir kindische und langweilige Spiele spielten, weil einfach nichts anders übrigblieb."* Außer höfisch-gesellschaftlichen Glanz bot das Prinzenpaar der Stadt aber auch soziales Engagement. Im November 1895 initiierte Heinrich die Einrichtung eines Seemannsheims. Das Geld für den Erwerb der Immobilie stellten er und seine Ehefrau zu einem großen Teil privat zur Verfügung. Dieses Heim sollte Marinemannschaften und Unteroffizieren eine Unterkunft bieten, wenn sie nicht an Bord wohnen konnten, und sie von den Gefährdungen im Hafen- und Rotlichtmilieu fernhalten. Das Haus wartete daher mit Schreib-, Lese-, Billard- und Restaurationsräumen, Badeeinrichtungen und Kegelbahnen auf.

Obwohl er seinen Wohn- und Dienstsitz in Kiel hatte, war Heinrich als Hohenzollernprinz dazu verpflichtet, zu allen wichtigen höfischen und militärischen Ereignissen und bedeutsamen Staatsakten nach Berlin zu kommen. Auch von seiner Ehefrau Irene wurde dies erwartet, wenngleich es das Paar vorzog, sich möglichst wenig am Berliner Hof zu zeigen. Generell setzte Wilhelm II. den Bruder gerne als seinen Repräsentanten bei anderen Höfen und als seinen Stellvertreter bei all jenen Zeremonien ein, bei denen er selbst nicht erscheinen konnte. In dem 1915 unter dem Pseudonym eines Grafen Axel von Schwering von einem Insider veröffentlichten Buch über den Berliner Hof unter Wilhelm II. wurde eigens hervorgehoben, dass der Kaiser lieber den Bruder als seinen Sohn, den Kronprinzen Wilhelm, schickte, zu dem er kein ausnehmend gutes Verhältnis hatte.

Die von Heinrich und Irene geführte Ehe galt als ausgesprochen glücklich und harmonisch, war indessen wohl nicht immer ganz leicht für die Prinzessin, wie ihr Bruder, der hessische Großherzog Ernst Ludwig, anmerkte, *„weil besonders im Anfang mein Schwager Heinrich unberechenbar war, und da mußte sie Streitigkeiten immer schlichten. Es ging aber stets gut aus, weil sein Gentleman-Gefühl und sein gutes Herz ihn zuletzt zur Einsicht leiteten."* Sicherlich hatten nicht nur gleiche Interessen wie etwa die Freude am gemeinsamen Musizieren einen positiven Effekt auf ihre eheliche Gemeinschaft, sondern auch die ähnliche Prägung, die sie beide als Enkel der englischen Königin Victoria erfahren hatten. Wie stark sich diese Prägung sowohl bei Heinrich wie auch bei Irene auswirkte, belegt die Tatsache, dass die tägliche Umgangssprache zwischen ihnen bis zum Ersten Weltkrieg ausschließlich Englisch war. Kaiserin Friedrich, die das Paar oft in Kiel besuchte, schätzte ihre Schwiegertochter sehr, da sie ihr einen günstigen Einfluss auf Heinrich zuschrieb. Ihrer Meinung nach war der Sohn, der sie vor allem während der schweren Krankheit des Vaters mit der Parteinahme für ihre Kritiker tief verletzt hatte, seit seiner Heirat viel umgänglicher geworden. Ende 1890 konnte sie Tochter Sophie aus Kiel zufrieden mitteilen: *„Heinrich und Irene waren so nett, und das Schloss macht einen so sauberen, gepflegten und behaglichen Eindruck. Sie sind so glücklich miteinander, ihr Heim ist so friedlich und harmonisch, denn sie sind weit entfernt von Berlin und dem dortigen Unfrieden."* Selbstverständlich störte sich seine Mutter weiterhin daran, dass er zu wenig Interesse an Kunst, Kultur und Büchern zeigte. Auch dass weder er noch Irene der Zeitungslektüre nachgingen, löste heftiges Missbilligen bei ihr aus. Diese mütterliche Anschauung stimmte indes nicht so unbedingt; denn der preußische Gesandte Raschdau bemerkte im Januar 1897 verdutzt, dass die von Maximilian Harden herausgegebene politische Zeitung ‚Zukunft', die die Politik Wilhelms II. scharf kritisierte, offenbar auch von dem Prinzen gelesen wurde: *„Prinz Heinrich, der angeblich keine Zeitungen hält, erklärte dem Oberstallmeister Wedel, er müsse diese Wochenschrift lesen. Tatsächlich ist es vermöge der Maßlosigkeit seiner Sprache das frechste Organ, das je gedruckt worden, und schon darum für viele erwünschter Stoff."*

Der von Victoria als positiv empfundene Einfluss Irenes auf ihren Ehemann wurde in preußischen Hofkreisen weniger gerne gesehen. Hier unterstellte man der scheuen Hessin wegen Heinrichs inzwischen größer gewordenen Distanz zum Kaiser eine negative Einwirkung auf den Prinzen. So vertrat etwa Admiral Gustav von Senden-Bibran 1893 die Meinung, der Wunsch des Prinzenpaares nach Unabhängigkeit gehe in erster Linie auf Irenes Konto, die in Darmstadt und England unter gänzlich ‚unpreußischen' Bedingungen aufgewachsen sei. Dass Heinrich nicht mehr wie ehedem rückhaltlos auf der Seite seines Bruders stand, sondern ins ‚andere Lager' gewechselt war, hatte im April 1892 bereits der Diplomat Bernhard von Bülow festgestellt: *„Prinz Heinrich soll in Darmstadt und England auch in das allgemeine Schimpfkonzert gegen unseren allergnädigsten Herrn eingestimmt haben."* 1897 wurde der Prinz gar zu jenen Persönlichkeiten innerhalb der preußischen Herrscherfamilie gezählt, die den Kaiser unter Kuratel stellen wollten.

Tragisch wirkte es sich auf Heinrichs Familienleben aus, dass Irene unglücklicherweise, wie einst ihre Mutter Alice sowie ihre jüngste Schwester, die letzte russische Zarin Alexandra, eine Überträgerin der Hämophilie, der Bluterkrankheit, war. An dieser seltenen erblichen Blutkrankheit können nur die männlichen Familienmitglieder erkranken, während die Frauen selbst zwar keine Symptome der Krankheit zeigen, aber das unheilvolle Erbe an ihre Söhne weitertragen. Die Gefahr, dass selbst kleinste Verletzungen bei Blutern zum Verblutungstod führen können, war beim damaligen Stand der Medizin überaus hoch. Von den drei Söhnen des Prinzenpaares litten zwei an dieser Krankheit. Der am 20. März 1889 geborene älteste Sohn Waldemar wie auch der am 9. Januar 1900 geborene jüngste Sohn Heinrich waren von der Erbkrankheit betroffen.

Als das erste Kind von Irene und Heinrich zur Welt kommen sollte, reiste Kaiserin Friedrich nach Kiel, um ihrer Schwiegertochter, deren Mutter nicht mehr lebte, bei der Entbindung beizustehen. Irene versetzte ihr bei ihrem Eintreffen in Kiel allerdings einen Schock, weil sie weder einen Schal noch ein Tuch trug, um ihre Schwangerschaft zu verbergen. Victoria erschien es *„völlig unverständlich, warum & wie die jungen Damen von heute sich so benehmen möchten“*. Ihrer sehr ‚viktorianischen‘ Meinung nach präsentierte man sich als Dame so *„vor allem nicht in Gegenwart von Gentlemen & Kindern & Fremden.“* Victorias Hofmarschall Hugo von Reischach empfand das Paar als *„liebenswürdige Wirte. Der Prinz [...] war ein aufrichtiger Mensch, im allgemeinen ruhig, konnte sich aber leicht erregen, so daß man immer in Angst war, es könnte zwischen Mutter und Sohn zu einer Szene kommen, obgleich sich beide sehr liebten. Wegen des Tages der Niederkunft hatte man sich in Kiel schwer verrechnet, und der später geborene Prinz Waldemar ließ lange auf sich warten. Die Freude der Eltern und Großmutter war groß, als es ein Sohn war.“* Waldemar, der nach Heinrichs jung verstorbenen Bruder benannt wurde, litt von klein auf an heftigen Blutungen und war wiederholt ans Bett gefesselt. Als Kind musste er oft getragen werden, da seine Fußknöchel blau anliefen. Er stellte *„eine stete Sorge“* für seine Eltern dar. Im August 1891 versuchte sich Kaiserin Friedrich damit zu trösten, dass der Enkel *„so ein ruhiges, ausgeglichenes Temperament“* besitze, worin sie einen Vorteil sah. Für ihn wurde eine ‚Schlossklasse‘ mit sechs weiteren Jungen eingerichtet. Dank des medizinischen Fortschritts verhalfen ihm häufige Bluttransfusionen zum Überleben. Dieses Glück sollte sein jüngster Bruder Heinrich nicht haben, der gleichfalls an der Bluterkrankheit litt. Als er zur Welt kam, befand seine englische Urgroßmutter, die von Irenes Wunsch nach einer Tochter wusste, dass es *„allzu viele Prinzen in Preußen“* gebe. Wie einst Irenes kleiner Bruder Friedrich Wilhelm, Fritty, starb der kleine Heinrich nach einem Sturz. Bei seinem Tod am 26. Februar 1904 war er gerade vier Jahre alt. Was diese furchtbare Wiederholung für die Mutter bedeuten mochte, kann man sich denken. Heinrich war beim Spielen mit seinen Brüdern von einem Stuhl gestürzt und an den Folgen einer nicht stillbaren Hirnblutung gestorben. Als dies passierte, war Prinzessin Irene in Berlin. Kurz vor Beginn eines Hofballs, bei dem sie ihre Schwägerin, die Kaiserin Auguste Victoria, vertreten sollte, erreichte sie die Nachricht von seinem Sturz. Um keine Schwierigkeiten zu verursachen, absolvierte Irene noch ihre höfischen Verpflichtungen, bevor sie eilig nach Kiel abreiste. Unter dem Eindruck dieses schweren Schicksalsschlages gründete die Prinzessin, die den Tod ihres Jüngsten nie überwand, nach dem Vorbild des von ihrer Mutter ins Leben gerufenen Alice-Hospitals in Darmstadt 1906 die erste Kinderklinik in Kiel. Das Heinrich-Kinderhospital bekam etwas später eine eigene Schwesternschaft, als Irene die ‚Heinrich-Kinder-Hospital-Schwesternvereinigung‘ gründete. Seit 1921 gehört das Heinrich-Kinderhospital zum Kieler Universitätsklinikum.

Nur der mittlere der drei Söhne des Prinzenpaares, der am 27. November 1896 in Kiel geboren wurde, war gesund. Wie schon sein älterer Bruder erhielt auch Sigismund seinen Namen zum Andenken an einen früh verstorbenen Bruder seines Vaters. Nach Sigismunds Erinnerungen war Prinz Heinrich als Familienvater *„streng, jedoch liebevoll"*. Für den Zweitgeborenen wurde ebenfalls eine Prinzenklasse eingerichtet, allerdings nicht im Schloss, sondern in der städtischen Oberrealschule. Der nicht übermäßig begabte Schüler trat im Herbst 1914 in die Marine ein. Die Revolution beendete freilich die angestrebte Seeoffizierslaufbahn.

Heinrichs Refugium: Hemmelmark

Im Sommer 1896 erwarb Heinrich das Gut Hemmelmark bei Eckernförde als Landsitz und Sommerrefugium für sich und seine Familie. Für den Kauf dieser Liegenschaft sprach überdies, dass sie nicht weit weg von seinem Kieler Dienstsitz lag. Den Grundstock zum Erwerb des Anwesens bildete das Erbe, das ihm seine 1890 verstorbene Großmutter Augusta hinterlassen hatte. Seine Mutter zeigte sich bei ihrem ersten Besuch von dem neuen Besitztum recht angetan: *„Es ist ein schöner großer Besitz, mit Scheunen und Kuhställen, mit einigen Wäldern und einer großen Wasserfläche, aber sehr feucht und tief gelegen. […]. Heinrich und Irene sind ganz begeistert von dem Fleck, und der Gedanke, dass er ihnen ganz allein gehört, macht ihn ihnen besonders liebenswert. Sie genießen dort vollkommene Freiheit und leben à la Robinson Crusoe."*

Zwischen 1901 und 1904 konnte sich Heinrich die Gutsanlage dank des Bargeldes, das ihm seine Mutter testamentarisch vermacht hatte, nach seinen eigenen Vorstellungen aus- und umbauen lassen. Die Pläne dazu lieferte der kaiserliche Hofarchitekt Ernst Eberhard von Ihne. Ein neues, großzügig bemessenes Herrenhaus im Stil eines englischen Landhauses ersetzte den aus der Barockzeit stammenden Vorgängerbau. In seiner komfortabel-schlichten Ausstattung war das Cottage ganz auf die Bedürfnisse des Prinzen und seiner Familie ausgerichtet. Auf höfische Pracht wurde in den durchgängig hellen Räumlichkeiten kein Wert gelegt. Wichtig war dem Bauherrn, der allem Neuen auf dem Gebiet der Technik aufgeschlossen gegenüberstand, dagegen sowohl eine moderne Heizungs- und Sanitäreinrichtung als auch eine vollständige Elektrifikation nach den neuesten Entwicklungen auf dem Gebiet.

Sport- und Technikenthusiast

Wenngleich Heinrich in den Augen seiner Mutter zu wenig Interesse an Kunst und Kultur an den Tag legte, beherrschte er immerhin zwei Instrumente, nämlich Violine und Klavier, auf denen er gerne musizierte, und besaß ähnlich wie Victoria ein ansprechendes Zeichen- und Maltalent. Darüber hinaus betätigte er sich bei Liebhaberaufführungen mit Vergnügen als Schauspieler. Seine wahre Passion galt aber dem Sport und der Technik.

Seine enge Verbundenheit mit dem Meer fand ihren Niederschlag in dem von ihm mit großem Eifer betriebenen Segelsport. Bereits 1881 nahm er an der ersten kleinen Regatta teil, die auf der Kieler Förde stattfand. Bei dem von Marineangehörigen gegründeten Kieler Marine-Regatta-Verein übernahm Heinrich folgerichtig das Protektorat. Als sich der Verein 1891 in ‚Kaiserlicher Yacht-Club' umbenannte, wurde der Kaiserbruder der Vize-Kommodore, in dessen Verantwortlichkeit die Organisation der ‚Kieler Woche' mit ihren Segelwettbewerben lag. Die von ihm bei zahlreichen Gelegenheiten getragene Mütze, die auf die blaue Kopfbedeckung des Vereins zurückgeht, erinnert als Prinz-Heinrich-Mütze noch heute an ihren Träger. Außer dem Segeln widmete er sich als begeisterter Sportler obendrein dem Golf- und Polospiel.

Heinrich zeichnete außerdem ein großes Interesse an den technischen Errungenschaften seiner Zeit aus. Er erkannte früh den praktischen Wert technischer Neuerungen. Der Einsatz von U-Booten und Flugzeugen fand in ihm einen wichtigen Fürsprecher. Als eifrigem Förderer der Technik wurde ihm in einer außerordentlichen Sitzung des Senats der Technischen Hochschule zu Berlin am 9. Januar 1900 die *„akademische Würde eines Doktor-Ingenieurs ehrenhalber"* verliehen.

Um das deutsche Flugwesen in seiner Entwicklung besser vorwärtsbringen zu können, erlernte er selbst das Fliegen, da er sich nur so *„mit der Sache gründlich vertraut zu machen"* glaubte. 1910 erwarb er den Pilotenschein und war damit einer der ersten Deutschen mit Fliegerpatent überhaupt. Seine Erlebnisse beim Fliegenlernen schilderte der Prinz in der ‚Allgemeinen Automobil-Zeitung' vom Januar 1911. Er bekannte, dass er die Lehrmaschine bei seinen ersten selbstständigen Versuchen doch *„mit einigem Herzklopfen"* erklomm. Zwar betrieb er danach den nicht gerade ungefährlichen Flugsport selbst bloß wenig, hingegen übte er vielfach die Schirmherrschaft für Flugzeugausstellungen und Flugwettbewerbe aus. Seine Nichte Victoria Luise erinnerte sich später: *„Ich hatte das Glück, daß er mich damals gelegentlich zu Flugveranstaltungen mitnahm. Das war für mich immer ein großes Erlebnis."* 1912 übernahm Heinrich den Ehrenvorsitz bei der neu gegründeten Wissenschaftlichen Gesellschaft für Luftfahrt, den er bis 1927 innehatte.

Zu seinen wahren Leidenschaften zählte auch der Automobilsport. Sein erstes Fahrzeug, ein Dampfkraftwagen, ein sogenanntes Lokomobil, kaufte er 1902 auf seiner Amerikareise und ließ es nach Deutschland verschiffen. Heinrich war damit das erste Mitglied der kaiserlichen Familie, das ein solches Fahrzeug besaß. Wilhelm II. betrachtete den Enthusiasmus seines Bruders für diesen Wagen zunächst als wenig standesgemäß. Erst als dieses neue Straßengefährt in anderen europäischen Fürstenhäusern Einzug hielt, schaffte sich auch der Kaiser einen Wagen an. Im Gegensatz zu Wilhelm, der sich entsprechend seinem hohen Rang chauffieren ließ, steuerte Heinrich seinen Wagen mit Begeisterung selbst. Von Anfang an sah er im Automobil das Fahrzeug der Zukunft. Seit 1904 fuhr er Modelle der Firma Benz mit Verbrennungsmotor, deren Weiterentwicklung er aufmerksam verfolgte. Er wurde zu einem leidenschaftlichen Automobilrennfahrer und beteiligte sich an den sogenannten Herkomer-Fahrten. Diese Tourenwagenrallyes in Deutschland hatte 1905 der technik- und fortschrittbegeisterte Maler Hubert von Herkomer ins Leben gerufen. Der Prinz initiierte nach dem

Vorbild dieses Wettbewerbs als Nachfolge die ‚Prinz-Heinrich-Fahrt', die in drei Fahrten von 1908 bis 1910 als Rallye ausgetragen wurde, wobei es sich in erster Linie um Zuverlässigkeitsprüfungen handelte. Den von Heinrich gestifteten Siegerpokal gewann Ferdinand Porsche als Gesamtsieger. Wie dies schon bei den Herkomer-Fahrten der Fall gewesen war, ging es auch dem Prinzen darum, das Kraftfahrzeugwesen generell zu fördern. Da Heinrich mit den bisher auf dem Markt befindlichen Reinigern für die Frontscheiben der Autos unzufrieden war, entwickelte er selbst einen handbetriebenen Scheibenwischer, den er sich 1908 patentieren ließ. Für seine Verbesserungen erhielt er 1912 und 1913 jeweils ein weiteres Patent.

„Eine gerade und ehrliche Natur mit einem sehr guten Herzen"

Im Gegensatz zu Wilhelm II. erfreute sich Prinz Heinrich wegen seiner umgänglichen und bescheideneren Art zeitlebens großer Beliebtheit im weiten Verwandtenkreis. Bereits die Queen stellte im Sommer 1877 befriedigt fest, dass ihr Enkelsohn *„immer der gleiche liebe kleine Kerl"* sei, *„was ihn zum Liebling aller mache"*. Im Darmstädter Fürstenhaus, in dem wegen des unguten Verlaufs der Battenberg-Affäre einige Vorbehalte gegenüber dem preußischen Familienkreis bestanden, wurde der Prinz anders als der bombastisch und herrisch auftretende Kaiser geschätzt. Heinrichs Schwager, der hessische Großherzog Ernst Ludwig, hob hervor: *„Eine gerade und ehrliche Natur mit einem sehr guten Herzen. Nicht wie die anderen Hohenzollern, denen Herz ein Luxusgegenstand ist. [...], aber er hatte eine Dosis des Hohenzollern-Hochmutes geerbt, welche wir mit Irene ihm langsam austrieben. Wem er ein Freund war, so war er ihm ein echter."* Sympathie wurde ihm auch am russischen Zarenhof entgegengebracht. Nicht nur Zarin Alexandra, die ihren Vetter Wilhelm nicht übermäßig mochte, schätzte ihn; auch Nikolaus II. empfand für ihn freundschaftliche Gefühle. Heinrich erzählte selbst Bernhard von Bülow, dass Wilhelm dem Zaren zwar imponiere, aber diesem *„bisweilen auf die Nerven"* gehe. Er riet dem Reichskanzler daher, den Kaiser dazu zu bringen, den Zaren *„freundlich und höflich"* zu behandeln, dabei jedoch *„vor allem ihn in Ruhe zu lassen"*. Der Herzog von Windsor, der ehemalige König Edward VIII., betonte noch in der späten Rückschau seine Wertschätzung für diesen Hohenzollernprinzen. Offenbar hatte er, als er 1913 als junger Mann zur Verbesserung seiner Deutschkenntnisse zu Besuch an die verwandten deutschen Höfe geschickt wurde, ein besonders positives Bild von Heinrich gewonnen: *„Ich weiß nicht, ob es an seinem seemännischen Äußeren oder an seiner beweglicheren und sympathischeren Lebensanschauung lag – jedenfalls machte er mir von all meinen deutschen Verwandten den größten Eindruck."*

Dank seines guten Verhältnisses zu Wilhelm wurde Heinrich von Verwandten gerne als Vermittler bei dem kaiserlichen Familienoberhaupt in Anspruch genommen, so etwa von Prinz Friedrich Leopold von Preußen, einem Vetter Heinrichs und Wilhelms, und dessen Ehefrau Luise Sophie, einer Schwester der Kaiserin Auguste Victoria. Das Prinzenpaar hatte bereits früher durch ungehöriges Benehmen und abfällige Bemerkungen den Kaiser gegen sich aufgebracht. Als 1903 der Prozess eines Angestellten gegen Friedrich Leopold im Raum stand, war Heinrich trotz des Zerwürfnisses zwischen dem Paar und dem Chef des Hauses Hohenzollern bereit, die Vermittlerrolle zu übernehmen. Sein vorsichtiges Taktieren zeigt, dass er den Charakter seines Bruders und dessen Handlungsweise sehr gut kannte und mit dem zu Rate gezogen Hausminister übereinstimmte, *„daß nämlich der Kaiser unvorbereitet zu sofortigen Entschlüßen sich herbeilaßen könnte"*. Zugleich verrät sein Brief vom 18. Dezember an den Vetter deutlich seine Einstellung zu den Pflichten eines Mitglieds des Hauses Hohenzollern. Dringend riet er Friedrich Leopold von dessen Absicht ab, das gerichtliche Verfahren der Öffentlichkeit zugänglich zu machen: *„Ueberlege Dir auch, daß Du ein Mitglied unseres Hauses bist und somit die Verpflichtung hast allen Schmutz der Oeffentlichkeit vorzu-*

enthalten." Heinrich bemühte sich jedoch vergeblich zu vermitteln, da Wilhelm dies ablehnte.

„… im Irrgarten der Politik fand er sich schwer zurecht"

Heinrichs Agieren auf dem glatten politisch-diplomatischen Parkett galt nicht immer als glücklich und wurde nicht selten als ‚unreif' bezeichnet. Mit seinen mitunter mehr als unpassenden Reden und Äußerungen in der Öffentlichkeit trat er allerdings nur in die Fußstapfen seines kaiserlichen Bruders, dessen öffentliche Verlautbarungen sich ebenfalls oft als desaströs für die deutsche Politik erwiesen. Keinerlei politisches Feingefühl und vorausschauende Klugheit bewies Heinrich etwa, als er vor der versammelten Mannschaft seines Schiffes einen an ihn gerichteten Brief Wilhelms vom April 1897 verlas, in dem sich dieser über die Abgeordneten des Reichstags echauffierte, die entgegen dem kaiserlichen Wunsch die erhöhte Marinevorlage um zwölf Millionen Mark kürzten. Wilhelm ließ sich dabei über das „*Verhalten jener vaterlandslosen Gesellen*" aus, „*die die Anschaffung der notwendigsten Schiffe zu hintertreiben wissen*". Dass der Kaiser darüber hinaus durchblicken ließ, dass er diesen Beschluss aufheben werde, koste es, was es wolle, machte in der Öffentlichkeit – verbunden mit der Beleidigung des Reichstags – zusätzlich einen verheerenden Eindruck.

Noch im selben Jahr verstörten beide Brüder die Zeitgenossen mit ihren Reden bei der Einschiffung der Strafexpedition nach China. Nach der Ermordung zweier deutscher Missionare, die als Vorwand für die Annexion der Kiautschou-Bucht diente, erhielt Heinrich den Auftrag, drei Schiffe zur Verstärkung der Kreuzerdivision am neuen deutschen Stützpunkt in Ostasien zu führen. Beim Abschiedsdinner im Kieler Schloss am 15. Dezember 1897 wurden diese „*wenig glücklichen Reden*" gehalten, wie es der damalige Adjutant des Prinzen, Georg Alexander von Müller, vornehm umschrieb. Wilhelm II. forderte dabei seinen

Bruder in einer stark nationalistisch und militaristisch gefärbten Rede auf, „*mit gepanzerter Faust*“ dazwischen zu schlagen, und Heinrich verstieg sich dazu passend zu der Erklärung, „*er werde das Evangelium der geheiligten Person Sr. Majestät verkünden allen, die es hören wollten und auch denen, die es nicht hören wollten*“. Das kaiserliche Wort von der ‚gepanzerten Faust‘ bot für viele Jahre eine Steilvorlage, um aus Wilhelm II. „*einen neuen Dschingis-Chan*“ zu machen. Weitaus negativer beurteilte der damalige Staatssekretär im Auswärtigen Amt von Bülow jedoch die Antwort Heinrichs, die er als „*eine fürchterliche Entgleisung*“ ansah. Im Grunde schätzte er den Prinzen, den er als „*eine durch und durch noble Natur*“ bezeichnete. „*Er hatte ein goldenes Herz. [...] Es fehlte dem Prinzen Heinrich auch keineswegs an gesundem Menschenverstand. Aber sein argloser und schlichter Sinn rechnete nicht immer mit der Schlechtigkeit der Menschen und der Welt, und im Irrgarten der Politik fand er sich schwer zurecht.*“ Kaiserin Friedrich betrachtete Heinrichs Rede gleichermaßen als „*sehr töricht*“. Das in- und ausländische Presseecho fiel entsprechend katastrophal aus. Heinrichs Schwester Charlotte vermutete allerdings hinter dieser vor Byzantinismus strotzenden Erwiderung des Bruders mit einiger Berechtigung die Handschrift Wilhelms.

In seinen Denkwürdigkeiten hob Bülow später hervor, dass die Briefe des Prinzen Heinrich, die er von seiner Fahrt nach dem fernen Osten an den Kaiser richtete, hingegen „*sehr verständig*“ waren. Mit seiner Ankunft in China übernahm der Prinz das Kommando über das gesamte ostasiatische Geschwader. Allem martialischen Auftreten zum Trotz zeigte er sich von China beeindruckt, wie aus einem Brief vom November 1898 an Bülow hervorgeht: „*Man mag über China und die Chinesen denken, wie man will, man steht einem dreitausend Jahre alten Kulturvolk gegenüber, das noch wenig oder gar nicht von europäischer Kultur beeinflußt worden ist und bei welchem gelegentlich der Verhandlungen wohl zu überlegen ist, wann der Augenblick des Brüskierens und wann der Milde und des Nachgebens am Platze ist.*“ Heinrich, der als erster europäischer Prinz aus einem regierenden Haus am chinesischen Kaiserhof empfangen wurde, machte sich große Hoffnungen auf Deutschlands Zukunft in Ostasien und der Südsee. Gegenüber seiner Mutter vertrat er in einem Brief vom Februar 1899 die Meinung: *„Ich bezweifle nicht, daß Deutschlands Zukunft im Osten liegt."* Wilhelm II. versuchte er den Erwerb der Insel Formosa schmackhaft zu machen, wofür dieser aber nicht zu gewinnen war. Die Kommandierung war nach zwei Jahren beendet, so dass Heinrich im Januar 1900 die Heimreise antrat.

Trotz der Tatsache, dass Wilhelm II. dem Bruder im Allgemeinen kein großes politisches Urteilsvermögen zuschrieb, beauftragte er ihn hin und wieder mit diplomatischen Aufgaben. Um sich beispielsweise von der bedenklichen politischen Entwicklung in Russland ein persönliches Bild zu verschaffen, wurde Heinrich 1905, mit entsprechenden Instruktionen versehen, auf politische Mission geschickt. Durch die revolutionsartigen Unruhen nach den verheerenden Niederlagen der russischen Armee im Krieg gegen Japan und den Tod des Großfürsten Sergius, des Generalgouverneurs von Moskau, bei einem Bombenattentat im Februar 1905 zeigte sich für Berlin die Zukunft der russischen Dynastie in einem düsteren Licht. Wegen Heinrichs freundschaftlicher Beziehungen zum Zarenhof erschien es daher sinnvoll, dass er die Beisetzungsfeierlichkeiten nutzte, um mit seinem Schwager Nikolaus II. zu sprechen. Reichskanzler Bülow war sich nur zu bewusst, dass der Zar dem Prinzen im Gegensatz zum deutschen Kaiser Freundschaft und Vertrauen entgegenbrachte. Heinrich lieferte Wilhelm einen beunruhigenden Lagebericht: *„Mein Gesamteindruck ist der, daß Zustand nach innen wie nach außen vollkommen hoffnungslos. Rußland treibt seinem unabwendbaren Geschick entgegen. Gründe: Gänzliches Versagen der Person des Souveräns, der den Verhältnissen in keiner Weise gewachsen; ferner ebensolches Versagen der Minister, welche jegliche Verantwortung scheuen. Selbst nächste Verwandte sehen keine Hoffnung und sind verzweifelt."* Seine Versuche, den Zaren aus seinem lethargisch-fatalistischen Zustand zu reißen, waren erfolglos geblieben. Der Prinz hatte bereits beim Ausbruch des Russisch-Japanischen Kriegs 1904 laut dem kaiserlichen Hofmarschall Zedlitz-Trützschler *„große Besorgnisse für die Russen"* geäußert. Auch im Januar 1905 hatte er gegenüber hohen Marineoffizieren davon gesprochen, die Lage in Russland werde sich *„ohne völlige Änderung des Systems"* nicht verbessern. Besonders störte Heinrich die Abgehobenheit der russischen Großfürsten. Gegenüber dem späteren Vizeadmiral Albert Hopman kritisierte er im Februar 1905, *„daß sie in dem Gefühl erzogen seien, sie wären was anderes und besseres als die übrigen Menschen. Das sei für alle Fürstenhäuser grundverkehrt."*

Als kaiserlicher Propagandist in Amerika

Da die Vereinigten Staaten von Amerika am Berliner Hof als aufsteigende Weltmacht und als machtpolitischer Konkurrent wahrgenommen wurden, schickte Wilhelm II. seinen Bruder im Februar und März 1902 auf eine diplomatische Werbetour nach Amerika. Ursprünglich sollte Heinrich gemäß seinen Vorstellungen eine Verbesserung in den gegenseitigen Beziehungen bewerkstelligen oder wenigstens ein Zusammengehen zwischen den USA und Großbritannien verhindern. Außerdem sollte er sich für einen Vertrag zwischen dem deutschen Reeder und Generaldirektor der Hapag Albert Ballin und dem amerikanischen Unternehmer J. P. Morgan zur Regelung des nordatlantischen Dampferverkehrs einsetzen. Selbst die heikle Frage nach einer deutschen Einflusssphäre in Süd- und Zentralamerika sollte von ihm behandelt werden. Der Kaiser glaubte fest daran, mittels persönlicher Beziehungen und huldvoller Gunstbezeugungen die amerikanische Politik beeinflussen zu können. Als äußerer Anlass für die Reise dienten Taufe und Stapellauf der in New York gebauten neuen kaiserlichen Segelyacht ‚Meteor III'. Heinrich sollte ihn bei diesen Festlichkeiten offiziell vertreten. Aus diplomatischem Kalkül hatte der Kaiser bewusst den Auftrag zum Bau des Schiffs an eine amerikanische Werft vergeben. Reichskanzler von Bülow und die Beamten des Außenministeriums zeigten sich von dieser Idee wenig entzückt, weil sie dem Prinzen nicht die dafür erforderlichen diplomatischen Fähigkeiten zutrauten und sich davon mehr Schaden als Nutzen für Deutschland erwarteten. Sie sorgten deshalb dafür, dass Heinrichs Reise bloß den Charakter einer Höflichkeitsvisite erhielt, die trotzdem politische Bedeutung besaß, da sie der Verbesserung der gegenseitigen Beziehungen dienen sollte. Bülow wies den Preußenprinzen vor der Abreise eigens nachdrücklich darauf hin, dass seine Aufgabe in Amerika lediglich darin bestehe, zu einer Verbesserung des politischen Klimas beizutragen, weshalb es alle heiklen politischen Themen zu vermeiden gelte. Er sollte *„seine Augen offen und seinen Mund geschlossen"* halten. Auf Heinrichs Wunsch hin begleitete ihn sein ehemaliger Adjutant Georg Alexander von Müller, der inzwischen Abteilungsvorstand im Marinekabinett geworden war, auf dieser politischen Propagandareise. In Müllers Zuständigkeitsbereich fiel dabei die Pressearbeit. Recht bezeichnend für Heinrichs etwas naive Sicht der Amerikaner ist die Art und Weise, wie er diesem seine Aufgabe umschrieb: *„Meine Verdienste bitte ich Sie hierbei über das Maß dessen was Sie und ich für anständig halten, zu erheben und die Angelegenheit mit Schlagworten so zu behandeln, wie sie in den Augen eines Yankee-Lesers würdig erscheinen dürfte. – Diesmal Schorsch muß ‚geklingelt' werden, so sehr ich dergleichen hasse! Der Zweck muß dies abscheuliche Mittel heiligen!"*

Heinrich absolvierte ein umfängliches Besuchsprogramm auf seiner 18-tägigen Tournee durch die Staaten. Die Harvard-Universität verlieh ihm dabei den Ehrendoktor. Sein freundlich-umgängliches Auftreten bescherte dem Prinzen ein positives Echo in der kritischen amerikanischen Presse, die dem Deutschen Reich gegenüber sonst eher misstrauisch eingestellt war. Zufrieden war man auch in der Heimat mit Heinrichs Aufgabenbewältigung. Noch rückblickend vermerkte Bülow beifällig: *„Die aufrichtige, natürliche, gerade und ehrliche Art des*

Prinzen gefiel den Amerikanern. Wo es nötig war, ergriff er das Wort, er sprach frei von der Leber weg, aber ohne je zu entgleisen. [...] Daß er Englisch wie ein Engländer sprach, kam dem Prinzen natürlich zustatten. Prinz Heinrich machte seine Sache vortrefflich". Generalfeldmarschall von Waldersee, der gegenüber Wilhelm II. und seinem Herrschaftsstil inzwischen eine kritische Haltung einnahm, zeigte sich gleichfalls von dem vorläufigen Resultat der Amerika-Reise des Prinzen angenehm überrascht: *„Prinz Heinrich ist in der Tat in Amerika in einer Weise gefeiert worden, die alle Erwartungen weit überschritten hat; er muß seine Sache wirklich gut gemacht haben. Sein ruhiges Temperament und das offene Auftreten ohne alle Neigung zur Mache sind augenscheinlich für das dortige Publikum das Richtige gewesen. Leider verfallen nun viele Zeitungen bei uns wieder in den Ton, den Kaiser als Urheber der Reise, als den Mann von klarem Blick und großen Gesichtspunkten in überschwenglicher Weise zu feiern.*" Trotz aller wohlwollenden Reaktionen, die Heinrich mit seinem unprätentiösen Gebaren in den Vereinigten Staaten hervorrief, brachte die Reise keine wirkliche dauerhafte Verbesserung in den bilateralen Beziehungen, sondern blieb nur ein Augenblickserfolg. Immerhin zeitigte die strapaziöse Rundreise den Kooperationsvertrag zwischen Ballin und Morgan, wie sich auch generell die deutsch-amerikanischen Geschäftsbeziehungen verstärkten.

Der Erste Weltkrieg

Nach der Ermordung des österreichischen Thronfolgers Franz Ferdinand und seiner Gattin Sophie am 28. Juni 1914 herrschte, wie Kabinettschef Rudolf von Valentini über ein Gespräch zwischen Mitgliedern der kaiserlichen Familie am 30. Juli im Neuen Palais in Potsdam vermerkte, bei Wilhelm II. und Heinrich *„noch entschieden die Hoffnung vor, daß das Äußerte vermieden werden könnte, bei Prinz Heinrich basierte die Hoffnung auf einem Eintreten Englands zugunsten einer Loka-*

lisierung des Streites zwischen Oesterreich und Rußland". Zu dieser Fehleinschätzung der Lage hatte auch ein kurzes Gespräch beigetragen, das Heinrich wenige Tage zuvor mit seinem Cousin König George V. – wohl auf Wunsch des Kaisers – über die Haltung des Königreichs in einem bevorstehenden europäischen Krieg geführt hatte. Als Resultat dieser etwa achtminütigen Unterhaltung am 26. Juli im Londoner Buckingham Palast setzte sich dank Heinrichs sicherlich wohlmeinender, aber unverantwortlich verschleiernder Berichterstattung beim Kaiser der Eindruck fest, Großbritannien würde im Kriegsfall nicht auf der Seite von Frankreich und Russland stehen. Als Kernaussage Georges brachte Heinrich folgende Feststellung mit: *„Wir werden alles versuchen, was wir können, um uns herauszuhalten, und wir werden neutral bleiben."* Heinrich vertrat gegenüber seinem Bruder die Auffassung, dass *„diese Äußerung ernst gemeint war."* Er zweifelte immerhin selbst daran, ob England *„dies jedoch auf die Dauer wird können [...] wegen des Verhältnisses zu Frankreich."* Man unterstellte ihm später, die Ausführungen Georges absichtlich falsch wiedergegeben zu haben. Heinrich räumte rückblickend ein, einen großen Fehler begangen zu haben. George V. habe keinesfalls die Neutralität versprochen. Wilhelm II., der Heinrichs Mitteilungen mehr Gewicht als jedem anderen Bericht beimaß, verstand die spontane und zögerliche Aussage des britischen Monarchen jedenfalls als eine offizielle Neutralitätserklärung. Eigentlich hätte dem Kaiser klar sein müssen, dass der beiläufigen Äußerung eines konstitutionellen Monarchen kein allzu hoher Stellenwert beigemessen werden konnte.

Bereits im Dezember 1912 war Heinrich in ähnlicher Mission nach Großbritannien gereist. In Anbetracht der kriegerischen Ereignisse auf dem Balkan wollte Wilhelm II. schon damals wissen, wie sich Großbritannien verhalten würde, wenn sich die Auseinandersetzungen auf dem Balkan nicht örtlich begrenzen ließen. Wie während der Julikrise 1914 verließ er sich nicht allein auf die Mitteilungen seiner Diplomaten, sondern schickte den Bruder zu George V. nach England. Die Antwort des Königs fiel nicht wesentlich anders als 1914 aus, dass nämlich England bei einem Krieg gegen Russland und Frankreich nicht außen vor bleiben, sondern auf deren Seite treten würde. Nach den von George genannten *„gewissen Umständen“* fragte der Kaiserbruder nicht nach. Bereits seinerzeit verharmloste Heinrich die Antwort des britischen Monarchen gegenüber dem Bruder, der danach von einer englischen Neutralität ausging. Der sehr anglophil eingestellte Prinz verschloss offensichtlich nur zu gerne die Augen vor der wenig deutschenfreundlichen Stimmung. Nach einem längeren Gespräch mit Heinrich, *„der überall ausposaunte, in England gäbe es außer den Regierungsleuten keinen Menschen, der Animosität gegen Deutschland hege“*, stellte der im Reichsmarineamt tätige Marineoffizier Hopman im Januar 1912 nüchtern fest: *„Er ist und bleibt doch ein naives Kind.“* Angesichts des geringen Vertrauens, das Wilhelm II. sonst für die politischen Fähigkeiten des Bruders verspürte, erstaunt es, dass er ihn mit solch wichtigen Aufträgen betraut und den von ihm übermittelten Ergebnissen ein derartiges Gewicht beigelegt hatte. Die dynastische Privatdiplomatie erwies sich einmal mehr als nicht ideal.

Dass Großbritannien im ausbrechenden Krieg auf die Seite der Gegner Deutschlands trat, traf Heinrich schwer. Betroffen schrieb er seinem Schwager und Cousin, dem hessischen Großherzog Ernst Ludwig, am 3. Oktober 1914: *„Mit Dir weiß ich mich eins, dass diesen Krieg nichts so bitter für uns macht als der Gedanke, dass England gegen uns steht! – dieses England, das wir gewohnt waren, wohl als Rivalen, aber als Freund und zweite Heimat zu betrachten.“* Über die falsche Einschätzung der englischen Position vor dem Kriegsausbruch durch seinen Onkel äußerte sich der deutsche Kronprinz Wilhelm im Februar 1915 entsprechend abschätzig. Dieser habe *„bis zum letzten Moment auf seinen lieben Freund* [König George V.] *geschworen“* und sei *„dann geradezu zusammengebrochen“*.

Mit dem Beginn des Ersten Weltkriegs, von dem er anfänglich offen begeistert war, wurde Heinrich zum Oberbefehlshaber der Ostseestreitkräfte ernannt. Seine Berufung auf den eigens neugeschaffenen Posten war wegen seiner bescheidenen Führungseigenschaften nicht ganz unumstritten. Der Chef des Marinekabinetts, Admiral von Müller, sprach sich sehr dagegen aus. *„Der Kaiser erkannte das an, sagte aber, er befände sich dem Prinzen gegenüber in einer Zwangslage (er hatte ihm wohl schon ein Versprechen gegeben), auf dem Ostseekriegsschauplatz käme es nicht so drauf an. Der Prinz könne ja einen guten Stab bekommen. Das geschah dann auch.“* Heinrich folgte im Allgemeinen wirklich den Vorschlägen seiner Untergebenen. Müller räumte später ein, *„daß unter dem Prinzen die Kriegführung in der Ostsee […] in durchaus zufriedenstellender Weise gehandhabt worden ist.“* Obwohl er mit den ihm zur Verfügung stehenden geringen Mitteln der russischen Ostseeflotte weit unterlegen war, gelang es ihm, die russischen Streitkräfte bis zur Revolution 1917 weitgehend in die Defensive zu drängen. Seine Aufgabe auf diesem eher unbedeutenden Kriegsschauplatz bestand darüber hinaus noch vor allem darin, den unbehelligten Transport der benötigten schwedischen Eisenerze nach Deutschland sicherzustellen und ein Eindringen englischer Schiffe in die Ostsee zu verhindern. Dass der Prinz gelegentlich längere Zeit von seiner Kommandostelle in Kiel fernblieb, um sich im kaiserlichen Hauptquartier aufzuhalten, verärgerte jedoch Admiral von Müller. Ende Januar 1916 wies er Heinrich darauf hin, *„daß es seinem Ansehen schade, wenn er so lange von Kiel […] fortbleibe“*. Nachdem mit der Unterzeichnung des deutsch-russischen Friedensvertrags am 3. März 1918 keine Kampfhandlungen in der Ostsee mehr stattfanden, wurde die Dienststelle ‚Oberbefehlshaber der Ostsee' aufgelöst. Ohne eigene aktive Tätigkeit unternahm Heinrich seitdem mehrere Besuche an der Westfront, wobei er allerdings nur wenig vom tatsächlichen Geschehen erfuhr.

Seine Ehefrau Irene kümmerte sich in diesen Jahren um die Lazarette in Kiel. Für sie wie auch für Heinrich stellte der Weltkrieg einen tiefen Einschnitt in ihr bisheriges persönliches Leben dar, da ihre engen Kontakte zu der Verwandtschaft in

England und Russland abgeschnitten wurden. Wenngleich er nicht immer alle Entscheidungen guthieß, stellte sich der Prinz während des ganzen Kriegs jedoch nie öffentlich gegen Wilhelm II. und die leitenden Köpfe. Für ihn blieb sein Bruder *„ein großer Mann und ein großer Charakter“*, wie er im April 1915 gegenüber seinem Neffen, Kronprinz Wilhelm, ausführte.

Revolution und Nachkriegszeit

Bis zum 4. November 1918 lebte Heinrich zusammen mit seinem Hofstaat im Kieler Schloss. Als die Meutereien auf der im Hafen liegenden kaiserlichen Schlachtflotte auf die Garnison und die beträchtliche Arbeiterschaft der Stadt übergriffen, fürchtete er um das Wohlergehen seiner Familie. An dieser ‚unerfreulichen' Entwicklung bei der Flotte wies Vizeadmiral Albert Hopman dem Prinzen ein gerüttelt Maß an Mitschuld zu. Anfang November 1918 zählte er ihn in einem Brief an seine Frau zu jenen Leuten, *„die nicht die geringste Verehrung bei der Mannschaft genossen haben“*. Der Prinz war seiner Ansicht nach mitverantwortlich für den Niedergang der einst vom Kaiser großzügig geförderten Marine; denn mit *„Flottenparaden, Rekrutenvereidigungen, Kieler Wochen und anderem Klimbim gewinnt man keine Seelen und Herzen der Leute.“*

Angesichts der kritischen Zuspitzung der Lage in Kiel erschien es Heinrich dringend angeraten, sich mit seinen Angehörigen in Sicherheit zu bringen und auf sein Gut Hemmelmark zu flüchten. Was die meuternden Matrosen, Soldaten und Arbeiter eigentlich genau wollten, wartete er nicht ab. Dass die revolutionären Ereignisse in Kiel in keinem gewaltigen Blutbad enden würden, konnte er zu diesem Zeitpunkt nicht wissen. Mit seinem vorsichtshalber wenigstens zeitweise rot beflaggten Automobil setzte er sich heimlich ab. Seine überstürzte Flucht wurde von manchem Kieler Bürger als ein Mangel an Standhaftigkeit bewertet. Obwohl der Wagen bei der Levensauer Hochbrücke am Nord-Ostsee-Kanal von aufständischen Matrosen beschossen wurde, gelangten die Insassen unbeschadet nach Hemmelmark. Heinrich zog es dann allerdings vor, mit seiner Familie noch weiter nach Schloss Grünholz zu fliehen, das Herzog Friedrich Ferdinand zu Schleswig-Holstein-Glücksburg gehörte. Von dort ging es nach etwa achttägigem Aufenthalt wieder zurück nach Hemmelmark.

Seit dem Ende des Ersten Weltkriegs und der Monarchie in Deutschland lebte Heinrich mit seiner Familie zurückgezogen und weitgehend unbehelligt auf seinem Gut Hemmelmark, das nun sein ständiger Wohnsitz wurde. Es wurde ihm schon bald gestattet, sein privates Inventar aus dem Kieler Schloss zu holen. Auf seine Anfrage hin durfte er 1923 sein einstiges Hochzeitsgeschenk, die Brunnenfigur der Kilia, für die die Stadt keine Verwendung mehr hatte, nach Hemmelmark überführen. Am 10. August 1919 wurde Heinrich auf eigenen Antrag vom Posten des Generalinspekteurs der Marine, den er seit Oktober 1909 innehatte, enthoben und schied damit endgültig aus der Marine aus. Persönlich stand er mit der neu aufgestellten Marine der Weimarer Republik weiterhin in Kontakt.

Die Nachkriegszeit gestaltete sich für ihn nicht einfach. Sein Gut war kein profitabler Betrieb, da die Landwirtschaft bereits seit langem verpachtet war. Durch die Zeichnung von Kriegsanleihen war Heinrichs finanzielle Lage zudem stark belastet. Die ihm gehörende Burg Rheinstein bei Bingen war im Unterhalt genauso kostspielig wie Schloss Paretz bei Potsdam, weil beide Besitzungen wegen ihrer musealen Nutzung keine Einnahmen erbrachten. Das Fideikommiss Opatow-Swiba in Polen war durch die deutsche Niederlage im Krieg verloren gegangen.

Zu den positiven Ereignissen in diesen Jahren zählten die Heiraten seiner beiden Söhne. Sigismund ehelichte im Juli 1919 Prinzessin Charlotte Agnes von Sachsen-Altenburg. Der ehemalige U-Boot-Offizier arbeitete inzwischen als landwirtschaftlicher Praktikant auf dem Sophienhof bei Preetz, bevor er dann eine kaufmännische Ausbildung aufnahm. Sein älterer Bruder Waldemar, der als Bluter nicht kriegsdiensttauglich gewesen war, sondern stattdessen als Kommandeur des Kaiserlichen

Kraftfahr-Korps eingesetzt wurde, war als studierter Jurist bei der Regierung in Schleswig beschäftigt. Im August 1919 schloss er mit Prinzessin Calixta Agnes zur Lippe die Ehe.

Die erste Zeit nach der Revolution war von Sorgen um das Schicksal seines Bruders überschattet, der ins holländische Asyl gegangen war. Die Siegermächte versuchten allerdings nicht nur die Auslieferung Wilhelms II. zu erreichen, um ihn vor ein Kriegstribunal zu stellen, sondern auch Prinz Heinrich selbst sah sich auf einer von der Entente zusammengestellten Liste von Kriegsverbrechern aufgeführt, die vor einen alliierten Gerichtshof zitiert werden sollten. In einem ‚Offenen Brief an König Georg V.' appellierte Heinrich im August 1919 an den Monarchen, von einer Auslieferung und Vorgerichtstellung des Kaisers abzusehen. Gegenüber seinem Freund Krogmann betonte der Prinz in einem Brief vom 10. Januar 1920, dass *„ein Sichfreiwilligstellen gleichbedeutend sein würde mit einem Eingestehen der Schuldfrage"*. Seiner Ansicht war es der Entente *„mit der Auslieferungsfrage bitter ernst"*. Aus diesem Grund sei er auch bei der *„uns wohlgesonnene[n] Hearstpresse in Amerika"* auf *„ein sogenanntes, wohl vorbereitetes und wohldurchdachtes ‚Interview' eingegangen"*. Heinrich bemühte sich also, die ehedem in den USA angeknüpften persönlichen Beziehungen nutzbar zu machen. Nachdem die niederländische Regierung das Auslieferungsbegehren der Alliierten für Wilhelm II. abgelehnt und die Reichsregierung die Aburteilung sogenannter Kriegsverbrecher vor dem Leipziger Reichsgericht durchgesetzt hatte, wo alle Prozesse dann letztlich im Sande verliefen, beruhigte sich die Lage allmählich wieder. Laut den Erinnerungen der Hofdame Leonore von Oertzen arbeitete der Prinz *„fast die ganzen Tage im Garten, er baute eine Rosen-Pergola und bepflanzte sie. Dann baute er ein Häuschen für die Gartengeräte usw."* Heinrich legte außerdem einen Japanischen Garten im Park von Hemmelmark an. Auch dem geliebten Segelsport konnte er sich wieder widmen. Erfolgreich beteiligte er sich seit 1920 an den Ausgleichswettfahrten der neu ins Leben gerufenen Kieler Woche. Der Flug-

und Automobilsport fand genauso wieder sein Interesse. Sobald sich die Verhältnisse stabilisiert hatten, kamen auch wieder mehr Verwandte und Gäste nach Hemmelmark. So besuchten ihn etwa seine Schwestern Sophie und Margarethe mit ihren Kindern. Die übrige hessische Verwandtschaft seitens seiner Frau hielt sich ebenfalls gerne auf seinem Gut auf. Umgekehrt unternahm Heinrich auch selbst wieder Reisen. Dass die Finanzierung derartiger Touren für ihn im Gegensatz zur Vorkriegszeit nicht immer ganz leicht war, verrät ein Brief an Wilhelm vom April 1927, in dem er sich bei diesem überschwänglich für einen Zuschuss zu einer Fahrt zu Sophie nach Florenz bedankte. Zutiefst gerührt stellte er fest, dass man diese Beihilfe gar nicht als solche bezeichnen könne, *„denn die Summe übertrifft weit Jene, welche ich hierzu benötige, da ich jegliche Ortsunterkunft in Hotels pp., ängstlich vermeide! Aber die Empfindung des ‚platt' und ‚starr' seins, wird weit übertroffen durch die Empfindungen wärmsten Dankes, dass Du überhaupt den Gedanken gehabt hast mich geldlich zu unterstützen […], aber Du ahnst nicht im Entferntesten eine wie grosse Hilfe Du mir hast angedeihen lassen, und wie glücklich Du Deinen kleinen Bruder gemacht hast!"*

Mehrfach besuchte Heinrich ihn im Exil. Vor allem zu dessen Geburtstag reiste er immer an. Seine Nichte Victoria Luise hob deshalb in ihren Erinnerungen bewegt seine *„Treue und Anhänglichkeit"* hervor, *„die so recht in der Zeit des Unglücks, als mein Vater im Exil lebte, zutage getreten sind."* Von der kaiserlichen Umgebung wurde das gegenseitige Verhältnis der Brüder aufmerksam beobachtet. Der Flügeladjutant Wilhelms, Sigurd von Ilsemann, glaubte zunächst dank der Anwesenheit Heinrichs einen positiven Effekt auf den Exmonarchen feststellen zu können: *„Das Verhältnis der Brüder ist hervorragend. Prinz Heinrich erweist ihm noch dieselben Ehren wie einst dem regierenden Kaiser. Der Prinz ist immer frisch und vergnügt, hat für alles, was der Kaiser liest oder tut, Interesse, ja, arbeitet sogar jeden Morgen mit im Garten […]. Und was dem Kaiser so gut gefällt, ist sein Optimismus* *trotz der unglücklichen Lage des Vaterlandes. Der Prinz hat einen unerschütterlichen Glauben an die Deutschen und ist fest davon überzeugt, daß wir als Volk bald wieder auferstehen werden.*" Der Leibarzt des ehemaligen Kaisers, Alfred Haehner, urteilte kritischer. Die gleichsam unendliche Verehrung des Bruders würde von Wilhelm nicht entsprechend gewürdigt. Der Kaiser sehe Heinrich „*gar nicht als voll*" an, sondern betrachte ihn vielmehr „*als absolutes politisches Kind, auf dessen Meinung er gar nichts gäbe*". Von einem echten brüderlichen Umgang könne keine Rede sein. Theodor Eschenburg, Wilhelms Generaladjutant, kam 1928 zu einer ähnlichen Auffassung: „*Es fehlt an Wärme, auch an Natürlichkeit.*" Der kaiserliche Flügeladjutant Ilsemann zog später gleichfalls ein ernüchterndes Resümee: „*Nie könnte der hohe Herr einen besseren Bruder haben. [...] Bruder Heinrich hat um dieses Vertrauen gerungen und hat es auch diesmal nicht erreicht, er wird es nie erreichen. Glücklich, daß er nicht weiß, daß der kaiserliche Bruder sich hie und da über ihn mokiert und Bemerkungen über seine Schwächen den Herren der Umgebung gegenüber macht.*"

Obwohl ihn Wilhelm auf politischem Gebiet meist nicht für voll nahm, blendete Heinrich im Gegensatz zu ihm die Wirklichkeit nicht aus. Anders als der Kaiser lebte er allerdings auch nicht im Exil und war mehr als dieser mit den deutschen Realitäten konfrontiert. Während er im November 1920 noch eine „*Rückkehr des Kaisers als Monarch sehr wohl für möglich*" hielt und die Wahl des Kronprinzen oder eines anderen Kaisersohns als „*unrichtig*" ansah, glaubte Heinrich später im Unterschied zu Wilhelm nicht mehr an eine Wiederaufrichtung der Monarchie unter dessen Führung. Im Februar 1928 stellte er daher bedauernd fest, dass der Kaiser „*in allen politischen Ansichten noch dreißig Jahre zurück*" sei.

Heinrichs Loyalität gegenüber dem Bruder dokumentiert sich auch in seiner Zustimmung zu dessen zweiter Heirat mit Prinzessin Hermine von Schönaich-Carolath. Weil der Tod von Auguste Victoria erst anderthalb Jahre zurücklag, waren nicht nur viele Mitglieder der kaiserlichen Familie, sondern auch zahlreiche deutsche Monarchisten mit dieser relativ raschen Wiederverheiratung nicht einverstanden. Trotz anfänglicher Bedenken billigte Heinrich die Entscheidung. Seine Nichte Victoria Luise, die den Heiratsplan ihres Vaters ablehnte, reagierte mit Unverständnis auf den schnellen Stimmungswechsel: *„Daß Onkel Heinrich dem Papa ein paar nette Worte sagt, das würde ich verstehen. Daß er nun aber auf einmal so völlig umfällt und alles schön und herrlich findet, das verstehe ich nicht!“* Der treue Bruder gehörte schließlich zu den wenigen aus Deutschland angereisten Gästen bei der im bescheidenen Rahmen gefeierten Hochzeit im November 1922. Beim Hochzeitsessen redete Heinrich die Braut sogar als *„Ihre Majestät die Kaiserin und Königin“* an. Hermine empfand diese offizielle Begrüßung als richtig. Dass sich manche Zeitgenossen nicht zu Unrecht genau dran stießen – schließlich gab es keinen Kaiser mehr und folglich auch keine Kaiserin –, störte weder sie noch Heinrich. Beide waren in diesem Punkt nicht bereit, die veränderten Zeitumstände zu akzeptieren. Dass Hermine seinen Bruder in seinen unrealistischen Wunschträumen bestärkte, ärgerte Heinrich später allerdings.

In vielerlei Hinsicht lagen die Brüder in ihren politischen Einstellungen nicht weit auseinander. Selbstverständlich brachte der Hohenzollernprinz – ebenso wie der einstige Kaiser – der Weimarer Republik keinerlei Sympathie entgegen. Angesichts der 1925 anstehenden Neuwahl des Reichspräsidenten stellte er fest, man müsse *„als Angehöriger dieses Staatengebildes, das man nicht anerkennt seiner Pflicht als Wähler nachkommen um zu versuchen das Beste herauszudrücken“*. In der Öffentlichkeit vermied Heinrich aber so gut wie jede politische Parteinahme. Wie Wilhelm interessierte er sich für den Nationalsozialismus, weil er sich davon eine Restauration der Monarchie versprach. Im März 1924 äußerte er sich freilich kritisch über deren Wert im Hinblick auf diese Wiederherstellung: *„Die Deutsch-Völkische Bewegung ist der National-Sozialistischen verzweifelt ähnlich; Letztere besteht zum grossen Teil* *aus Gesindel und bedient sich des ‚Nationalen' als Mantel!! [...] Man wird also gut tun der Deutsch-Völkischen Bewegung mit Misstrauen gegenüber zu stehen, ebenso wie den Hitler-Sozialisten, die einschliesslich ihres Führers gänzlich versagten, zumal dann, wenn es knallte."* An dem antisemitischen Charakter des Nationalsozialismus dürfte er sich dagegen weniger gestoßen haben; denn schon im Dezember 1920 schrieb er an den Publizisten Franz Sontag: *„Es unterliegt wohl kaum mehr einem Zweifel, dass Juda an allem Unheil die Hauptschuld trägt [...] Unser Volk muss auf die politische Gefahr des Semitentums aufmerksam gemacht und dahin belehrt werden, dass der Jude ein Ausländer, ein fremdstämmiges Individuum ist."* Seine anschließenden Ausführungen erinnern geradezu fatal an die spätere Judenverfolgung im Dritten Reich: *„Ich denke mir die weitere Entwicklung [...] dahingehend, dass auf gesetzgeberischem Wege, wie ehedem, gegen diese Auslandsrasse vorgegangen wird: Aberkennung der deutschen Bürgerrechte, Einzwängen in bestimmte Viertel und Ortschaften, Aufhebung der Freizügigkeit, Verbot der Teilnahme an irgend welchen öffentlichen Ämtern, sowie des Studiums an irgend welchen Hochschulen. – Strenge Massnahmen gegen eheliche Verbindungen mit Jüdinnen; gründliche Reinigung der arischen Rasse. Zur Durchführung dieser Massnahmen wird es der Generationen bedürfen, auch muss eine antisemitische Mehrheit in der Regierung und dem Parlament vorhanden sein, aber der Anfang muss gemacht werden, wenn wir nicht verderben sollen."* Auch in ihrem erschreckenden Judenhass ähnelten sich die Brüder.

Für Erbitterung gegenüber dem gewandelten Umfeld sorgte bei Heinrich auch die Tatsache, dass Sohn Sigismund für sich keine echten Zukunftschancen mehr in Deutschland sah. Er ging mit seiner Familie nach Guatemala, wo er die Leitung einer Kaffeeplantage übernahm. Sein Vater erblickte darin zwar *„eine Lebensmöglichkeit, sowie eine ersprießliche Entwicklungsmöglichkeit"*, doch glücklich war er darüber nicht. Auf einer im Herbst 1926 nach Südamerika unternommenen Reise besuchte ihn Heinrich auf der Plantage. 1927 wanderte Sigismund mit seiner Familie nach Costa Rica aus. Prinzessin Irene holte 1934 ihre Enkelin Barbara nach Europa, um ihr hier eine Ausbildung zu ermöglichen. Dieser vererbte sie den Familienbesitz Hemmelmark. Sigismund starb im November 1978 in Costa Rica.

Krankheit und Tod

Im Juni 1928 wurde bei Heinrich, der an einer hartnäckigen Heiserkeit litt, eine Erkrankung an Kehlkopfkrebs festgestellt. Für das immer wieder plötzlich ausbrechende Fieber hatte man zunächst den Ursprung in einer zurückliegenden malariahaften Erkrankung vermutet. Heinrich war jedoch zeitlebens ein Kettenraucher gewesen. Da ein chirurgischer Eingriff nicht mehr möglich war, kam stattdessen eine Radiumbehandlung mit mehrmaligen Bestrahlungen zur Anwendung. Seit Dezember setzte ihm diese Therapie so stark zu, dass er, wie er Wilhelm Mitte Januar 1929 schrieb, *„sehr herunterkam und qualvolle Wochen"* hinter sich hatte. Aus diesem Grund musste er auf den üblichen Geburtstagsbesuch bei dem Bruder in Doorn verzichten. Aus dem erhofften Besuch im März oder April in Holland wurde nichts mehr, weil sich Heinrichs Gesundheitszustand im Frühjahr rapide verschlechterte. Eine zusätzliche Lungenentzündung setzte seinem schweren Leiden ein Ende. Er starb am 20. April 1929 in seinem Herrenhaus in Hemmelmark. An seiner Beisetzung in dem 1904 dort errichteten Familien-Mausoleum konnte Wilhelm II. zwar nicht teilnehmen, setzte dem Bruder im Park von Doorn aber einen Gedenkstein. Seine Frau Irene überlebte ihn um Jahrzehnte und musste am Ende des Zweiten Weltkriegs noch den Tod ihres kinderlosen Sohns Waldemar erleben. Geschwächt von den Strapazen der Flucht aus Niederschlesien erlag dieser im Mai 1945 in Tutzing am Starnberger See den Folgen seiner mit den Jahren schlimmer gewordenen Erbkrankheit, da es für ihn keine Blutkonserven gab. Irene starb erst im November 1953 in Hemmelmark.

Sigismund (1864–1866) und Waldemar (1868–1879)

Den Brüdern Sigismund und Waldemar kam innerhalb des Geschwisterkreises eine Sonderrolle zu. Wegen ihres frühzeitigen Todes wurden die beiden Jungen, die an gefürchteten Kinderkrankheiten starben, für ihre Eltern immer mehr zu verklärten Idealgestalten. Ihre beiden älteren, am Leben gebliebenen Brüder Wilhelm und Heinrich konnten mit ihnen allein schon aus diesem Grund nicht wirklich konkurrieren, da die Eltern mit ihren toten Lieblingen keine ernsthafteren Enttäuschungen verbanden, wie sie sich sonst im Laufe der Jahre in einer Eltern-Kind-Beziehung meist einstellen.

„Mein kleiner Liebling" – Sigismunds kurzes Leben

Als Sigismund am 15. September 1864 im Neuen Palais in Potsdam zur Welt kam, stellte sein Vater erfreut fest, dass er *„fast noch kräftiger als Heinrich"* sei. Voll Stolz notierte der Kronprinz außerdem in seinem Tagebuch: *„3 Söhne! Ich fasse es kaum."* Die Thronfolge in Preußen war damit mehr als gesichert. Dieses Baby, das bei seiner Taufe die Namen Franz Friedrich Sigismund erhielt, konnte Kronprinzessin Victoria trotz des heftigen Widerstands bei Hofe endlich selbst stillen. Bei den drei älteren Kindern hatte sie sich mit ihrem dringenden Wunsch, dies zu tun, nicht durchsetzen können. Allerdings hatte sich nicht nur Victorias Schwiegermutter, Königin Augusta, diesem Vorhaben widersetzt, sondern auch ihre Mutter zeigte sich zutiefst darüber entsetzt, dass ihre älteste Tochter aus freien Stücken *„die tierische Seite unserer Natur"* nicht vermied. Entgegen ihren sonstigen Klagen über die rückständige Stellung von Frauen in Preußen gab sich die normalerweise politisch und intellektuell so hoch ambitionierte Kronprinzessin Victoria bei

Sigismund begeistert ganz ihrer Mutterrolle hin. Zufrieden stellte sie Anfang November 1864 fest: *„Ich kann gar nicht sagen, wie glücklich ich mit ihm bin und was für eine Freude das Stillen ist. Ich glaube wirklich, daß ich noch nie so selig war & ich habe gewiß keines der anderen so sehr geliebt …Es ist zu seltsam, daß gekrönte Häupter dieser sehr unschuldigen Beschäftigung solche Feindschaft geschworen haben."* Sigismund wurde im Zimmer neben seiner Mutter untergebracht. Abends wusch sie ihn selbst und zog ihn um. Verärgert und ohne größeres Verständnis für das tief empfundene Mutterglück ihrer Tochter bemerkte Königin Victoria, dass diese durch das Stillen die öffentlichen und gesellschaftlichen Pflichten einer preußischen Kronprinzessin vernachlässige, wodurch sie *„den König & die Königin und die gesamte Gesellschaft zu Recht gegen sich aufbringen"* werde.

Während sich der Streit Preußens und Österreichs um die Verwaltung der beiden durch den Deutsch-Dänischen Krieg von 1864 erlangten Herzogtümer Schleswig und Holstein wie auch um die Notwendigkeit einer Reform des Deutschen Bundes im Sommer 1866 im Deutschen Krieg entlud, hinter dem sich der schon lange schwelende Konflikt zwischen den beiden Mächten um die Vorherrschaft in Deutschland verbarg, spielte sich in der Familie des preußischen Kronprinzen eine private Tragödie ab. Friedrich Wilhelm war bereits in das preußische Hauptquartier abgereist, als Sigismund plötzlich an Meningitis erkrankte. Eine Gehirnhautentzündung stellte für ein Kleinkind in der zweiten Hälfte des 19. Jahrhunderts ein so gut wie sicheres Todesurteil dar. Nachdem ihn per Telegramm die Nachricht von den Gehirnkrämpfen seines Sohnes erreicht hatte, hielt der Kronprinz am 15. Juni daher besorgt in sein Tagebuch fest: *„Gottes Wille geschehe, aber ich bin ganz gebrochen. Mein armes, armes Frauchen so ganz allein in dieser Angst und Not, niemand von Freunden bei ihr, und ich kann und darf nicht hin!"* Kurz vor Ausbruch der Kämpfe konnte er beim besten Willen nicht aus dem Hauptquartier abreisen, um in diesen schweren Stunden bei seiner Frau und seiner Familie zu sein. Der verzweifelten

Victoria standen in dieser hochkritischen Situation jedoch auch nicht wie gewohnt die Hofärzte zur Seite, da diese alle zum Kriegseinsatz abberufen waren. Hilflos und weitgehend auf sich allein gestellt, musste sie dem Leiden ihres Lieblings zusehen. Nach fünf qualvollen Tagen, in denen sich der Kleine *„in den entsetzlichsten Krämpfen"* wand, starb er am 18. Juni 1866 im Potsdamer Neuen Palais. Der erst 21 Monate alte Sigismund war das erste der insgesamt 42 Enkelkinder der englischen Königin Victoria, das starb. Später wurde gelegentlich diskutiert, ob es sich bei Sigismunds Erkrankung nicht vielleicht doch weniger um eine echte Meningitis, sondern um meningitische Blutungen gehandelt haben könnte. Wenn der Junge tatsächlich an den Folgen einer versteckten Hämophilie gestorben wäre, wäre auch seine Mutter Victoria eine Überträgerin der Bluterkrankheit gewesen, wofür freilich keinerlei eindeutige Beweise vorliegen. Tief getroffen von dem traumatischen Erlebnis, ein Kind so zu verlieren, schrieb die Kronprinzessin an ihren abwesenden Mann: *„Danke Gott, mein Mann, daß Du in dem letzten furchtbaren Augenblick nicht da warst, O, nie, nie werde ich den Schrei vergessen – u. das verzerrte Antlitz – das war das letzte, dann die eisige Ruhe!"* Friedrich Wilhelm, der die Todesnachricht per Telegramm erfahren hatte, war ebenfalls äußerst erschüttert über den Verlust seines Kindes und klagte darüber, dass er *„das liebe Gesichtchen niemals wiedersehen"* würde und ihm *„keinen Kuß aufdrücken"* könnte.

Victoria suchte emotionalen Halt bei ihrer fernen Mutter: *„Mein kleiner Liebling, der mir gnädig eine kurze Zeit lang gegeben war, um mein Stolz, meine Freude, meine Hoffnung zu sein, ist von mir gegangen, dorthin, wo meine leidenschaftliche Liebe ihm nicht folgen, von wo ihn meine Sehnsucht nicht zurückrufen kann."* Verbittert musste sie feststellen, dass der Tod eines kleinen Kindes für die Mehrzahl der Leute offenbar keinen enormen Verlust darstellte. Der tote Sigismund entwickelte sich für sie dagegen geradezu rasant zum ‚Idealkind', das seine lebenden Geschwister in jeder Hinsicht überstrahlte: *„Wie habe ich den Kleinen geliebt! Vom ersten Augenblick seiner Geburt* *an bedeutete er mehr für mich als seine Brüder und Schwestern. Er hatte sich so prachtvoll geistig und körperlich entwickelt, er war so klug, viel klüger als die anderen, und ich hoffte, er würde wie sein Papa werden.*"

Der Kronprinz blieb zu Vickys großem Unverständnis bei seinen Soldaten an der Front. Obwohl die Entscheidungsschlacht von Königgrätz am 3. Juli für Preußen siegreich verlaufen war, vermerkte er düster in seinem Tagebuch: *„Siege ersetzen nicht den Verlust eines Kindes, vielmehr bricht der bohrende Schmerz unter solchen gewaltigen Eindrücken sich erst recht Bahn."* Seine Ehefrau musste die Beisetzungsfeier für den Sohn allein arrangieren und durchstehen. Friedrich Wilhelm konnte auch an der Trauerfeier nicht teilnehmen. Ihrer Mutter schrieb Vicky: *„Für ihn ist es ein wahrer Segen, daß seine Gedanken mit anderen Dingen beschäftigt sein müssen. Ich will nicht schwach werden, sondern meine Pflicht tun und nichts vernachlässigen – Tätigkeit und Beschäftigung sind die einzigen Dinge, die meinem Sinn das Gleichgewicht erhalten, ohne meine Trauer betäuben oder mein leeres Herz füllen zu können. Keine, keine Zeit wird das vermögen, das süße kleine Gesicht wird immer um mich sein, und meine Sehnsucht wird niemals schlafen."* Sigismund wurde zunächst am 21. Juni in der Sakristei der Friedenskirche zu Potsdam bestattet.

„Nie werde ich den Schmerz überwinden"

Jahre später vertraute Victoria ihrer inzwischen erwachsenen Tochter Sophie an, dass sie nach Sigismunds Tod vor Kummer fast den Verstand verloren habe. Besorgt verfolgte ihre Umgebung, dass die Kronprinzessin eine nach dem Vorbild des toten Kindes geformte Wachsfigur in sein Bettchen legte, neben dem seine Schuhe standen. Sigismunds Rassel und sein Ball wurden vor das Bett platziert, als ob sie ihm jederzeit wieder zum Spielen dienen sollten. Von Depressionen gequält und einem Nervenzusammenbruch nahe, wandte sich die Kronprinzessin schließlich der Kriegshospitalhilfe zu. Um ihren Kummer zu ersticken, erschien ihr dies als sinnvoller Ausweg. Sie richtete in Berlin und im Riesengebirge Lazarette für die Kriegsopfer ein. Das weiterhin nahezu unaufhörliche Wehklagen ihrer Tochter über den Tod von Sigismund konnte Königin Victoria bald nicht mehr ertragen, wiewohl sie sich selbst nach dem Tod ihres Ehemannes Albert als eine ‚wahre Meisterin' im ausufernden viktorianischen Totenkult erwiesen hatte. Sie erinnerte ihre Tochter überaus eindringlich daran, nicht *„so sehr bei dem zu verweilen, was Du nicht wieder bekommen kannst ... wo Du doch so viele blühende Kinder um Dich hast, und vor allem und so wertvoll wie 20 Kinder, Deinen lieben, guten Ehemann"*. Die mahnenden mütterlichen Worte hatten nur wenig Effekt. Im Sommer 1868 rief sich Victoria wieder den Verlust von Sigismund vor Augen: *„Ich habe diesen Kleinen geliebt, ich habe keine Worte dafür es zu beschreiben – dann fühle ich bittere Schmerzen; wenn meine Tränen anfangen zu fließen, kann ich ihren Lauf nicht stoppen."*

Unter der Lücke, die der Tod seines Sohnes in die Familie gerissen hatte, *„unserem Unglück"*, litt auch der Kronprinz unsagbar. Für Fritz war die von Erfolg gekrönte Heimkehr aus dem Krieg Anfang August überschattet. Fatalistisch trug er in sein Tagebuch ein: *„Alles war schwarz im Gegensatz zu dem Jubel der draußen wogenden Menge, aber im Einklang mit meinem blutenden Herzen, dem kein Sieg, keine Auszeichnung, kein Jubel den heimgegangenen lieben Sohn wiedergeben kann. Gott war mit uns, ihm sei die Ehre. Sein Wille geschehe."* Wie bei seiner Frau blieb für ihn das frühe Ableben des Kindes ebenfalls eine offene Wunde. *„Nie werde ich den Schmerz überwinden."* Immer wieder wurde der Verlust des Sohnes in den kommenden Jahren von ihm beklagt. Selbst wenige Tage nach der glücklichen Geburt von Sophie, seinem siebten Kind, zeigte sich der Kronprinz untröstlich: *„Es wird mir mit jedem Jahre schwerer, mich an den Verlust zu gewöhnen."*

Wilhelm II. erkannte erst später, dass der kleine Bruder tiefere Liebe, vor allem seitens der Mutter, erfahren hatte als er. In seinen Erinnerungen hielt er dazu fest: *„Dieser Verlust hat meine Eltern schwer erschüttert, sie haben ihn nie verwunden.“* Sigismunds Tod hatte außerdem den zusätzlichen Effekt, dass sich die Geschwister allein durch den dadurch hervorgerufenen Altersabstand von vier Jahren in zwei Gruppen aufteilten.

Waldemar – der „mit Abstand“ Begabteste

Die Geburt des Prinzen Waldemar keine zwei Jahre später erschien beinahe wie ein ‚Trostversprechen', denn er half seinen Eltern bis zu einem gewissen Grad über den Tod von Sigismund hinweg. Er erblickte in den ersten Tagesstunden des 10. Februar 1868 im Berliner Kronprinzenpalais das Licht der Welt. Glücklich notierte sein Vater, dass er *„groß u. recht entwickelt“* sei. Die Mutter des Kleinen war von der Geburt aber so erschöpft, *„daß sie sich nicht so zu freuen vermochte wie sie's gewünscht“*, hielt Friedrich Wilhelm in seinem Tagebuch fest, *„weil auch alle Glieder bei ihr wie zerschlagen waren. Gottlob daß sonst alles gut und normalmäßig vor sich ging! Ein Sohn! Fast wie eine Art Ersatz für unseren lieben Siggie“*. Das auf die Namen Joachim Friedrich Ernst Waldemar getaufte Kind entwickelte sich rasch zum neuen erklärten Liebling seiner Eltern.

Das hübsche Kind zeichnete sich durch eine schnelle Auffassungsgabe aus, lernte gerne und erwies sich als guter Schüler. Zufrieden hielt sein Vater 1876 an Waldemars achtem Geburtstag in seinem Tagebuch fest: *„Möge seine Gewissenhaftigkeit u. sein Lern-Eifer zunehmen wie bisher! Trotz u. Gutherzigkeit sind ächt knabenhaft in ihm vereint, u. machen ihn zu einem lieben Jungen!“* Kronprinzessin Victoria glaubte in diesem Kind zu ihrer großen Freude gar Ähnlichkeiten mit ihrem über alles bewunderten und vergötterten Vater, Prinz Albert, zu entdecken, obgleich dieser extrovertierte und fröhliche Junge in Wirklichkeit doch wohl eher wenig Gemeinsamkeiten mit dem ernsten und mitunter steif anmutenden Großvater hatte. Im Gegensatz zu Wilhelm und Heinrich entsprach Waldemar scheinbar ganz den Wunschvorstellungen seiner Mutter an einen Sohn. Hoch befriedigt berichtete sie etwa Ende Juni 1876 nach England: *„Waldy lernt so gut, und es macht so viel Freude, den Jungen zu unterrichten. So ein gutes Gedächtnis. Er ist mit Abstand der begabteste von den Jungen und hat den meisten Elan und das meiste Arbeitsvermögen. Er ist manchmal sehr ungebärdig – und eigenwillig, aber er hat solch eine offene, aufrichtige Natur und ist so sensibel und selbständig, dass ich darauf vertraue, dass er dereinst ein richtiger Mann werden wird"*. An seinem elften Geburtstag teilte sie ihrer Mutter beglückt mit: *„Er ist so ein liebes Kind, & obwohl er temperamentvoll und manchmal nicht leicht zu bändigen ist, ist er so zuverlässig und ehrlich."* Auch sein Erzieher, der Historiker und spätere Reichstagsabgeordnete Hans Delbrück, bezeichnete ihn im Rückblick als *„Knabe von starkem Willen und goldenem Gemüt"*.

Waldemar, der sich als Spaßvogel der Familie entpuppte, spielte seinen Geschwistern mit Vergnügen Streiche. Schon früh interessierte er sich für Amphibien und besaß ein Aquarium. Für die Vergrößerung seiner Reptiliensammlung gab der Junge sein ganzes Taschengeld aus. Seiner besonderen Zuneigung erfreute sich ein kleines Krokodil namens Bob, das er zur wenig großen Freude der Umgebung gerne in einer Tasche mit sich herumtrug. So nahm Waldemar einmal, als er sich langweilte, bei einem sonntäglichen Familiendinner im Berliner Kronprinzenpalais, an dem seine Großeltern, Kaiser Wilhelm I. und Kaiserin Augusta, teilnahmen, sein Krokodil aus der Tasche und ließ es über den Esstisch laufen. *„Die Aufregung der Kaiserin und das Entsetzen der Lakaien war unbeschreiblich"*, erinnerte sich seine Schwester Victoria später, *„aber Waldy war ein so süßes Kind, daß niemand ihm lange böse sein konnte."* Auch seine Großmutter mütterlicherseits war, wie seine Schwester Victoria in ihren Memoiren zu berichten wusste, von dem frei herumspazierenden Bob, den er mit ihrer Erlaubnis in den Buckingham Palast mitbringen durfte, wenig entzückt: *„Waldemar war überglücklich und überzeugt, daß die Königin seinen Liebling auch bezaubernd finden würde; so ließ er das Krokodil* *eines Tages bald nach seiner Ankunft in ihrem Zimmer heimlich frei. Ihre Majestät las gerade und entdeckte Bob plötzlich zu ihrem größten Schrecken dicht neben ihrem Fuß; nun hatte sie den größten Widerwillen vor allen Reptilien, und hatte Waldemar nur erlaubt, das Tier mit nach London zu bringen, um ihn ein wenig zu verwöhnen. Das aber war zuviel; sie schrie auf, worauf sogleich Dienstboten erschienen, die eine Jagd veranstalteten, sich aber fürchteten, Bob, der nach ihnen schnappte, anzufassen, und ihn auch nicht totzuschlagen wagten, da er das Lieblingstier meines Bruders war. Waldemar schrie vor Lachen, als er den Erfolg seines gewagten Scherzes sah, und dehnte die Jagd so lange aus, bis er es für besser hielt, Bob zu ergreifen und in seinen Kasten zu tun. Meine Großmutter fing zu schelten an, was den Jungen aber nur wenig rührte.“*

Nicht nur innerhalb der eigenen Familie versprach man sich von Waldemars guten Anlagen einiges für die Zukunft. Auch andere Persönlichkeiten, die dem Kronprinzenpaar nahestanden, setzten offenbar Hoffnungen in ihn, was angesichts des noch sehr jugendlichen Alters des Prinzen doch etwas verwundern muss. Der badische Staatsrat Johann Heinrich Gelzer notierte Ende April 1877 nach einem Gespräch mit dem badischen Politiker Franz von Roggenbach immerhin in sein Tagebuch: *„Von Prinz Waldemar, dritten Sohn des Kronprinzen, erwarte er am meisten.“*

Waldemars Tod

Diese Hoffnungen zerschlugen sich jedoch bereits kurz nach dem elften Geburtstag Waldemars, als er am 24. März 1879 an Diphtherie erkrankte. Während der Proben zu einer Aufführung des Märchens ‚Schneewittchen und die sieben Zwerge‘, bei der er einen der Zwerge spielen sollte, beklagte sich der Junge über Halsschmerzen. Rasch nahm die Erkrankung einen bedrohlichen Verlauf. Tragischerweise waren erst wenige Monate zuvor die Lieblingsschwester der Kronprinzessin, die hessische Großherzogin Alice, und deren jüngste Tochter Marie der Diphtherie erlegen. Besorgt schrieb Victoria daher sofort an ihre Mutter: *„Du kannst Dir meine Angst vorstellen & wer & was mir ständig im Kopf herumgeht"*. Trotz der hohen Ansteckungsgefahr bei dieser gefährlichen Infektionskrankheit pflegte die Kronprinzessin, die sich immer selbst um ihre kranken Kinder kümmerte, ihren Lieblingssohn selbst. Sie zog zum Schutz einen Regenmantel über ihre Kleidung und ließ sich hinterher gründlich mit Karbolsäure desinfizieren. Am 25. März berichtete sie, dass Waldemars Rachenmandeln so enorm angeschwollen seien, dass er *„überhaupt kaum schlucken oder seinen Mund schließen"* könne. Der Junge wurde zudem von schlimmen Erstickungsanfällen gequält. Kurzfristig schien sich zwar eine Besserung einzustellen, doch schon drei Tage nach dem Krankheitsausbruch verstarb der Elfjährige in den frühen Morgenstunden des 27. März im Neuen Palais in Potsdam. Noch an seinem Todestag teilte eine völlig verzweifelte Victoria ihrer Mutter den schweren Verlust mit: *„Mein heißgeliebter Liebling, mein süßer Waldie, der liebste und netteste und vielversprechendste meiner Jungen ist fort. Er hatte eine solch feine, aufrichtige, noble, anständige, tapfere Natur, war so viel mehr begabt als seine Brüder."*

Waldemar wurde wohl noch tiefer betrauert als sein Bruder Sigismund. Seine Eltern sollten über seinen Tod nie hinwegkommen. Wilhelm II. erinnerte sich später, dass das Leid seiner Eltern über den Verlust *„unsagbar"* gewesen sei. *„Dem dahingeschiedenen Bruder die Totenwache in der Friedenskirche zu halten, war das einzige, was ich ihm an Liebe noch erweisen konnte."* Bei Waldemars Beerdigung warf sich Friedrich Wilhelm vom Schmerz überwältigt auf den kleinen Sarg seines jüngsten Sohnes. Wie Sigismund fand auch Waldemar zunächst in einer Seitenkapelle der Potsdamer Friedenskirche seine letzte Ruhestätte. Tiefverletzt reagierte die Kronprinzessin darauf, dass Reichskanzler Bismarck am Abend der Beisetzung eine riesige Soirée gab, zu der alle Abgeordneten des Reichstags eingeladen waren.

Damit der Kronprinz nach diesem harten Schicksalsschlag wieder im normalen Leben Fuß fassen konnte, wurde er zur Kur nach Bad Kissingen geschickt. Pessimistisch schrieb er im Mai 1879 seiner Frau von dort: „*Ich empfinde weder Interesse, noch halte ich's der Mühe wert, für die paar Jahre, die ich noch existieren mag, mich mit Plänen und Politik zu befassen ...*" Victoria, die seit Waldemars Tod an Schwindelanfällen, schwerem Rheumatismus und Neuralgien litt, vergrub sich ebenfalls in ihre eigene düstere Welt. Auf ihr höfisches Umfeld machte sie einen total gebrochenen Eindruck. Prinzessin Katherina Radziwill fand, dass Victoria nicht mehr dieselbe sei, und verglich sie mit *„einer Mater Dolorosa"*. Schließlich wurde entschieden, dass sie zur Erholung in ein Kurbad nach Tirol gehen sollte. Danach hielt sich die Kronprinzessin ein Dreivierteljahr in Italien auf, wohin sie ihre jüngeren Töchter gegen den anfänglichen Widerstand ihres Schwiegervaters mitnahm. Victorias Neigung, sich ihrer Trauer nach dem Vorbild ihrer Mutter ganz zu ergeben, stieß am nüchtern-kühlen Berliner Hof auf wenig Verständnis. Im November 1879 teilte sie ihrer Mutter mit, dass sie die Trauerkleidung nun ablegen werde, obwohl sie sich dafür hasse: *„Natürlich trage ich ausschließlich schwarz und werde das noch ein paar Monate tun. Ich erzähle Dir dieses kleine Detail, weil Du ... genauso über die Trauer denkst, die man für die Liebsten trägt! Das alles ist mir heilig!"* Gegenüber dem Prinzen Friedrich Karl von Preußen, dem Cousin ihres Mannes, bekannte Victoria in einem Brief, dass sie sich mit der Tatsache von Waldemars Tod kaum abfinden könne, *„die Wirklichkeit ist zu bitter!"* Kaiser Wilhelm I. brachte für die tiefe und lange Trauer seines Sohnes und seiner Schwiegertochter bloß sehr bedingt Verständnis auf, weshalb sich der Kronprinz, der seine Frau und die Kinder nach Italien begleitet hatte, am 24. November 1879 in seinem Tagebuch beklagte: *„Abends ganz unvorbereitet einen Brief von S.M. erhalten mit der Aufforderung jetzt heimzukehren und bis zum Beginn der carneval Feste in Berlin zu bleiben; da ich noch Trauer trüge wolle er mich von dem Beiwohnen der Winterfeste dafür entbinden, so daß ich also Ende Januar wieder hierher zu* *den Meinigen könnte!!! So muß ich also von Frau und Kindern fort, aus diesem mir so wohl thuenden Clima in das rauhe von Berlin zurück, u. werde weder den 14. Dez^br noch Weihnachen noch Neujahr nach unserem Unglück mit Frau und den 3 Mädchen zubringen können!!!"*

Dass die Potsdamer Friedenskirche nicht der endgültige Ruheplatz für die beiden unvergessenen Söhne bleiben sollte, war offenbar von Anfang an der Wunsch der Eltern. Im April 1879 bestanden noch Überlegungen, den Antikentempel beim Neuen Palais für diesen Zweck als Grabkapelle einzurichten, doch kurz darauf wurde eine andere Anordnung getroffen: *„Wir beschlossen, zunächst nur einen Marmor-Sarkophag für unseren Waldie anfertigen und in der Sigismund-Kapelle* [in der Potsdamer Friedenskirche] *aufstellen zu lassen als Provisorium, bis wir später etwas Ganzes ausführen können"*. Im August 1879 notierte Kronprinz Friedrich Wilhelm: *„Heute wurde unser Waldie in den marmornen Sarkophag gestellt, der aus demselben Stück, welches für Siggie gebraucht ward, gearbeitet ist, und stehen nun diese beiden lieben Kinder, die sich im Leben nie gesehen, im Tode geeint, nebeneinander in der Kapelle der Friedenskirche."* Erst nach dem Tod Kaiser Friedrichs III. fiel eine endgültige Entscheidung, als seine Witwe ein Mausoleum für ihn, die beiden Söhne und sich selbst bauen ließ. 1890 ließ Victoria die Särge der beiden Prinzen in das von dem Architekten Julius Carl Raschdorff errichtete repräsentative Mausoleum an der Friedenskirche überführen. Die von Reinhold Begas geschaffenen Sarkophage für Waldemar und Sigismund zieren Marmorbüsten der beiden Kinder, die auf Entwürfen Victorias beruhen.

„Wie reizend wären diese beiden Brüder jetzt"

Beide Söhne blieben für ihre Eltern unvergesslich. Vor allem mit Waldemars Tod setzte für Victoria und Friedrich Wilhelm ein quälend-schmerzvoller und meist tränenreicher Ritus ein, der ganz dem jährlichen Gedenken der Geburts- und Sterbetage ihrer Söhne gewidmet war. So schrieb Victoria etwa im Juni 1883, als der 19. Geburtstag von Sigismund bevorstand, an ihren Ehemann: *„Ach wie viele bittere Gedanken erfüllen mein Herz! Wie reizend wären diese beiden Brüder jetzt – die nun dort in der kleinen Kapelle schlummern!"* Noch im Jahr vor ihrem eigenen Tod teilte Kaiserin Friedrich ihrer Mutter mit, dass die Erinnerung an Waldemar an seinem Geburtstag gerade besonders lebendig sei. Sein von dem bekannten Maler Heinrich von Angeli posthum gestaltetes Porträt, das im Schlafzimmer ihres Witwensitzes Schloss Friedrichshof hing, hatte sie in ihrer Todesstunde vor Augen.

Für das früher so erfreuliche Familienleben im Hause des Kronprinzen wirkte es sich in den kommenden Jahren in hohem Maße ungünstig aus, dass den beiden verlorenen Kindern ein Ausmaß an Perfektion zugeschrieben wurde, das die lebenden Kinder beim besten Willen niemals erlangen konnten. Die beiden älteren Brüder hatten gegenüber dem verstorbenen Waldemar so gut wie keine Chance zu bestehen, wie ein Brief ihrer Mutter an die britische Großmutter belegt: *„Ich habe mein Leben lang davon geträumt, einen Sohn zu haben, der unserem geliebten Papa ähnelte, ein richtiger Enkelsohn von ihm; in seinem Wesen und im Denken aber ein Enkelsohn von Dir. Waldie machte mir Hoffnung, seine Anlagen ließen hoffen, daß er nach seinem Großvater gerät, ich war so stolz und froh und dachte, ich könne ihm eines Tages von Nutzen sein. Er ist von uns gegangen. Heinrich kann ich nur in manchen Dingen nützen und Wilhelm überhaupt nicht."* Den Grund für die in ihren Augen nachteilige Entwicklung ihrer drei ältesten Sprösslinge machte die Kronprinzessin nicht sehr rational in der Tatsache aus, dass sie diese nicht selbst stillen durfte, sondern Ammen übergeben musste. Die Kinder seien so *„vollkommene Preußen"* geworden. Diese sonderbare Erkenntnis gab sie im September 1879 auch an ihren Gatten weiter: *„Ach, wie stolz wäre ich auf meine 4 Söhne gewesen, besonders auf die 2 Jüngsten, die von Natur aus so schön ausgestattet waren u. die ich selbst genährt hatte!"* Dass sich die drei älteren Kinder und vornehmlich Wilhelm infolgedessen immer mehr von den Eltern und speziell von der Mutter distanzierten, verwundert daher kaum. Mit ihren übersteigerten Reaktionen auf den Tod von Sigismund und besonders von Waldemar trugen Friedrich Wilhelm und Victoria selbst ein gerüttelt Maß zum Scheitern ihrer Beziehung zu ihrem Erstgeborenen bei. Es muss außerdem fraglich bleiben, ob sich Waldemar, wäre er älter geworden, wirklich entsprechend den elterlichen Wünschen so viel fehlerloser und damit ‚besser' als Wilhelm und Heinrich entwickelt hätte. Diese Verklärung ihres Lieblings blieb ihrer Umgebung selbstverständlich nicht verborgen. Über den Tod ihres Mannes verzweifelt und über ihre Behandlung verbittert, klammerte sich die Kaiserwitwe an Trostworte, die ihre Sichtweise bestätigten, wie ein Brief an ihre Mutter im Oktober 1888 belegt: *„Du weißt nicht, was ich alles zu erdulden gehabt habe. Der gute kleine Dr. Delbrück sagte gestern, daß, wenn unser lieber Waldi am Leben geblieben und jetzt 21 Jahre wäre, er alle, sogar den Kanzler selbst, herausfordern würde, wenn seine Eltern verächtlich behandelt werden würden. Ich bin sicher, daß er dies getan hätte, er war aufrecht und voller Zuneigung."*

Victoria (1866–1929)

Das Leben der zweitältesten Schwester Kaiser Wilhelms II. erinnert über weite Strecken an Herz-Schmerz-Romane und an rührselige Kinoromanzen, freilich ohne deren übliches Happyend. Die Lieblingstochter von Kaiserin Victoria wurde in ihrer Jugend als gänzlich unpolitische Person in eine der großen Staatsaffären ihrer Zeit hineingezogen. Nach Ansicht ihrer Nichte, der Kaisertochter Victoria Luise, war ihre Tante *„zwischen die Mühlsteine der Politik der Großmächte“* geraten und letztlich *„hieran zugrunde gegangen.“*

„Unser herziges reizendes gescheites Vickychen“

Das fünfte Kind des Kronprinzenpaares wäre wegen seines unerwartet frühen Erscheinens am 12. April 1866 fast im Zug auf der Fahrt von Berlin nach Potsdam zur Welt gekommen. Kronprinzessin Victoria schaffte es gerade noch in das Neue Palais, wo jedoch nichts vorbereitet war. Die kleine Prinzessin erhielt in der Taufe am 24. Mai die Namen Friederike Amalia Wilhelmine Victoria. Ihre englische Großmutter und Patin zeigte sich gegenüber ihrer Tochter *„sehr erfreut & gerührt“*, dass die Enkelin ihren Namen tragen würde; *„denn ich kann nicht verhehlen, wie sehr es mich schmerzte, daß 4 Kinder geboren und nicht eines nach Deiner Mutter oder Deinem Vater benannt wurde. Allerdings weiß ich, daß Du nichts dafür konntest.“* Wegen ihrer dunklen Haare und ihres brünetten Teints wurde die Kleine in liebevoller Anspielung auf ein ‚Mohrengesicht‘ in der Familie ‚Moretta‘ genannt.

Die ersten Lebenswochen der kleinen Prinzessin wurden von dem im Sommer 1866 ausgebrochenen Deutschen Krieg überschattet, der sich vordergründig an dem schwelenden Konflikt Preußens mit Österreich über die Verwaltung der Herzogtümer Schleswig und Holstein entladen hatte. Tatsächlich ging es um die Frage der Vorherrschaft in Deutschland, die Preußen für sich entscheiden konnte. Während Kronprinz Friedrich Wilhelm bei seinen Truppen weilte, überlagerte in seiner zurückgebliebenen Familie ein persönliches Drama das kriegerische Geschehen: Der noch keine zwei Jahre alte Sigismund starb am 18. Juni 1866. Das neugeborene Baby Victoria musste als Trost für die verzweifelte Mutter dienen: *„Ich denke mitunter meine kleine Tochter Victoria sei Siggy und ich habe es bloß geträumt, dass ich ihn verloren und sie bekommen habe!"* Das kleine Mädchen entwickelte sich rasch zu ihrer Lieblingstochter. Mitte Juli 1866 bekannte die Kronprinzessin: *„Wenn ich nicht ständig daran erinnert würde, was wir verloren haben, würde ich so viel Vergnügen an ihr haben und so stolz auf sie sein. Ich glaube, dass sie aufgeweckt und nicht so ein kleines ‚Dummerchen' wie Ditta sein wird."* Im Juni 1868 wusste ihre Mutter über Victoria nach England zu berichten: *„Sie ist das einzige von unseren Kindern, das nicht deutsch spricht; sie will nicht ein einziges deutsches Wort sagen. Sie würde dich amüsieren, ich bin sicher – sie ist so possierlich. Ich wünschte nur, dass sie weniger scheu wäre."* Auf die übrigen Kinder des Kronprinzenpaares hatte der andauernde Umgang mit englischen Kindermädchen offenbar nicht den gleichen Effekt. Auch Kronprinz Friedrich Wilhelm zeigte sich von seiner Tochter angetan; denn an ihrem vierten Geburtstag 1870 notierte er über *„unser herziges reizendes gescheites Vickychen"* in seinem Tagebuch: *„Möge sie sich wie bisher entwickeln, dann wird sie einst das Ebenbild ihrer lieben Mutter!"*

Victoria verlebte eine glückliche Kindheit. Zusammen mit ihren jüngeren Schwestern Sophie und Margarethe bildete sie ein Trio, das den Eltern immer nahe stand. In einem Anflug von Kritik vertrat die Prinzessin gegen Ende ihres Lebens allerdings die Auffassung, dass ein Aufwachsen fern vom höfischen Leben wohl *„eine reichere Jugend"* mit sich gebracht hätte. *„Freiheit in der Jugend macht die Menschen für das Leben tauglicher, während ein kaiserlicher Hof eine enge, kleine, zwar angenehme, aber sehr abgeschlossene Welt bedeutet."* Obwohl sie keine sonderlich wissbegierige Schülerin war, beeinflusste dies in ihrem Fall nicht die mütterliche Zuneigung, die gerade bei den älteren Kindern häufig fehlende Bildungserfolge heftig beklagte. Victoria bekannte später offen, dass sie sich *„bedeutend mehr für das Leben im Freien und den Sport"* interessiert habe als für Studien. Freude bereitete der Prinzessin darüber hinaus das Theaterspielen mit dem dazugehörigen Verkleiden, besonders wenn sie eine lange Schleppe tragen konnte. Anlässlich ihrer Konfirmation im Frühjahr 1878 zeigte sich ihre Mutter ganz begeistert von dem jungen Mädchen: *„Sie hat Takt und Umsicht weit über ihr Alter hinaus. [...] Man kann ihr überall vertrauen."* 1884 besuchte Victoria, die ansonsten das übliche Erziehungsprogramm junger Prinzessinnen absolvierte, die von ihrer Mutter unterstützte Berliner Koch- und Haushaltungsschule der beiden Sozialreformerinnen Hedwig Heyl und Henriette Schrader-Breymann. Dieser Schulbesuch der Tochter passte zu dem Einsatz der Kronprinzessin für Frauenerwerb und Frauenbildung.

Die Battenberg-Affäre

Selbstverständlich stand von vorneherein eine ‚standesgemäße', sprich: ebenbürtige Ehe für Victoria als Ziel fest. Mit dem Plan, die junge Prinzessin mit dem Prinzen Alexander von Battenberg, dem zeitweiligen Fürsten von Bulgarien, zu verheiraten, begann nicht nur ein mehrjähriger erbittert geführter Streit innerhalb der kaiserlichen Familie, sondern er belastete auch die internationalen Beziehungen. Die ‚Battenberg-Affäre' mündete für Berlin 1888 in eine veritable Staatskrise. Im Verhältnis zur tatsächlichen Relevanz dieses Heiratsprojekts erklärt sich die heftige Auseinandersetzung darüber nur durch die schon vorher bestehenden schwerwiegenden Differenzen und gespannten Beziehungen zwischen den Beteiligten; die langwierigen Querelen über den Heiratsplan vertieften bloß noch die Gräben. Prinzessin Victoria wurde dabei zu einem Spielball der widerstreitenden Interessen und *„als ganz unpolitisches Wesen der Mittel-*

punkt einer großen politischen Affäre". Ihr wurde, wic sie später bekannte, damals erst richtig klar, was es bedeutete, Mitglied einer königlichen Familie zu sein. Selbst im Rückblick wies sie darauf hin, dass sie das Ganze nicht „*einfach vergeben*" könne.

Das Battenberger Heiratsprojekt nahm seinen Anfang mit einem Aufenthalt des Prinzen in Berlin im Frühjahr 1883. Der gut aussehende und liebenswürdige junge Mann regierte seit 1879 als Fürst in Bulgarien. Dieser neue, aus dem Osmanischen Reich herausgelöste Staat war 1878 auf dem Berliner Kongress errichtet worden. Das Fürstentum, das gegenüber der Pforte tributpflichtig blieb, umfasste das Land zwischen Donau und Balkan. Der andere Teil des von Bulgaren bewohnten Gebietes, südlich des Balkangebirges gelegen, wurde als autonome türkische Provinz Ostrumelien einem christlichen Statthalter unterstellt. Auf russischen Vorschlag hin hatte im Frühjahr 1879 die bulgarische Nationalversammlung in Sofia den Prinzen Alexander von Battenberg, einen Neffen des russischen Zaren Alexander II., zum Fürsten gewählt. Außer seiner Verwandtschaft mit dem russischen Kaiserhaus hatte für den Prinzen auch seine Teilnahme am Russisch-Türkischen Krieg gesprochen, der die Grundlagen für den bulgarischen Staat geschaffen hatte.

Der am 5. April 1857 geborene Alexander entstammte der morganatischen Ehe des Prinzen Alexander von Hessen und bei Rhein mit der Gräfin Julie Hauke, der einstigen Hofdame der russischen Zarin Maria Alexandrowna. Alexander trug daher den Namen der nichtebenbürtigen Mutter, die seit 1858 den Titel einer Prinzessin von Battenberg führte. Alexander und seine Geschwister bildeten somit eine neue Nebenlinie des großherzoglichen Hauses Hessen. Der Prinz, der im familiären Kreis ‚Sandro' genannt wurde, hatte zunächst eine militärische Laufbahn eingeschlagen. Er diente dabei als Offizier sowohl in Deutschland als in Russland. Mit seiner Wahl zum ersten Fürsten von Bulgarien änderte sich sein Leben völlig. Politisch unerfahren agierte der junge Fürst nicht immer geschickt in dem eigentlich nur halbsouveränen Bulgarien, das in allen Regierungsbelangen den Weisungen aus Russland zu folgen hatte. Die bulgarische Innenpolitik erwies sich als schwierig. Schon bald versuchte Fürst Alexander aus seiner Rolle als Marionette der Russen auszubrechen; denn als russischer Statthalter wollte er nicht fungieren. Er zog sich damit zunehmend den Zorn des seit 1881 regierenden Zaren Alexander III. zu.

Bei seinem Berliner Aufenthalt im Frühjahr 1883 beeindruckte Fürst Alexander die 17-jährige Prinzessin Victoria tief. Deren Mutter unterstützte diese Entwicklung und bestärkte ihre Tochter in dem Glauben, Sandro sei ihre große Liebe. Der Fürst hatte bereits bei einem früheren Besuch in Berlin einen äußerst positiven Eindruck bei der deutschen Kronprinzessin hinterlassen. *„Er ist tatsächlich so ein sehr netter, charmanter, guter junger Mann"*, hatte sie ihrer Mutter Ende Mai 1879 mitgeteilt, *„so anziehend und liebenswert, natürlich, offen und schlicht und voll der besten Bestrebungen."* Es verwundert daher nicht, dass sie 1883 in ihm einen passenden Ehemann für ihre Lieblingstochter sah. Dass die Kronprinzessin unzweifelhaft als treibende Kraft hinter dieser Romanze zu gelten hatte, war deshalb eine weitverbreitete Ansicht. Mit besonders giftigem Unterton äußerte diese Meinung etwa Staatssekretär Herbert von Bismarck, der Sohn des Reichskanzlers: *„Die Kronprinzeß wollte, wie manche Mütter im gewöhnlichen Leben, den ihr an's Herz gewachsenen Battenberger als Schwiegersohn um sich haben, da ein anderer titre nicht möglich war. Zu dem Zweck wurde der Roman von der Neigung der Prinzeß Victoria zurecht gemacht."* Zwischen Prinzessin Victoria und dem jungen Fürsten kam es zu einer heimlichen Verlobung, die allerdings von Letzterem später des Öfteren während seines politischen Überlebenskampfes bestritten wurde. Wann diese ‚inoffizielle' Verlobung vonstattenging, lässt sich nicht eindeutig klären.

Kronprinzessin Victoria betrachtete diese Heirat ihrer Tochter als eine Chance, die Mächte West- und Mitteleuropas gegen das autokratische Russland zu einen und den russischen Einfluss auf dem Balkan einzudämmen. Überschwänglich schrieb sie im August 1885 an ihren Mann: *„In der schönen Aufgabe den Orient der Civilisation zuzuführen, finde ich kann Deutsch-*

land Ersprießliches leisten, ... An und für sich kann ich es einer deutschen Prinzessin durchaus nicht unwürdig finden, dort Souveränin zu sein." Sie träumte schließlich sogar von einer Zukunft, in der ihre drei jüngeren Töchter auf die Throne von Bulgarien, Rumänien und Griechenland gelangten. In einem Brief vom September 1885 malte sie ihrem Mann diese Vision aus: *„3 deutsche protestantische Prinzessinnen hätten dort keine schlechte Aufgabe, u. Deutschland gewänne einen bestimmenden Einfluß, welches es über Russland nie könnte. Freilich wäre die Bedingung hierzu dass Russland dies nicht als Feindseligkeit ansähe.*" Diese Idee zeugt von wenig politischem Realitätssinn, da eine Ausdehnung der deutschen Machtstellung auf dem Balkan weder von den Russen noch von den Österreichern akzeptiert worden wäre.

Kronprinz Friedrich Wilhelm brachte hingegen keine rechte Begeisterung für das Heiratsprojekt auf. Der stolze Hohenzoller störte sich besonders an der unebenbürtigen Herkunft des jungen Fürsten, die in seinen Augen ein *„schwer zu überwindender Stein des Anstoßes*" blieb. Er war kein Freund fürstlicher Mesalliancen, weshalb er 1885 wie viele andere Mitglieder der Hohenzollernfamilie auf die Heiratsankündigung seiner Schwägerin, der englischen Prinzessin Beatrice, mit Prinz Heinrich von Battenberg, dem jüngeren Bruder von Fürst Alexander, mit tiefstem Missfallen reagierte. Die Queen nahm diese ablehnende Haltung ihres Berliner Schwiegersohns in einem Brief vom 7. März 1885 verärgert auf: *„Der liebe Fritz spricht von Liko als von einem, der nicht von Geblüt sei – ein wenig so, als ginge es um Tiere.*"

Letztendlich ließ sich die ‚Verlobung' von Prinzessin Victoria mit dem Fürsten Alexander nicht geheim halten. Im April 1884 wurde das Heiratsprojekt in Berlin bekannt. Zu den mächtigsten Gegnern dieser Verbindung gehörten Kaiser Wilhelm I. und Reichskanzler Bismarck. Sie vermuteten dahinter nicht ganz zu Unrecht den britischen Versuch, einen Keil zwischen Russland und Deutschland zu treiben. Großbritanniens Beziehungen zu Russland waren seit längerem schon angespannt. Für Bismarck steckten deshalb hinter dem Heiratsvorhaben nicht romantische Herzenswünsche, sondern handfeste britische Machenschaften, die darauf abzielten, das Deutsche Kaiserreich auf einen antirussischen Kurs zu bringen. Als ‚Strippenzieherin' dieser Intrige machte er Queen Victoria aus. Seiner Meinung nach liebte es die Monarchin *„wie alle alten Frauen, Ehen zu stiften, und sie hat wohl den Prinzen Alexander für ihre Enkelin ausgesucht, weil er ein Bruder ihres Schwiegersohns, des Gatten ihrer Lieblingstochter Beatrice, ist. Aber offensichtlich sind ihre Hauptgründe politischer Art – eine dauernde Entfremdung zwischen uns und Russland –, und würde sie zum Geburtstag der Prinzessin hierher kommen, so bestünde die grösste Gefahr, dass sie ihren Willen durchsetzen würde. In Familiendingen ist sie keinen Widerspruch gewöhnt, und sie würde gleich den Pfarrer in ihrer Reisetasche, den Bräutigam in ihrem Koffer mitbringen, und die Heirat würde sofort zustande kommen."* Gute Beziehungen zu Russland waren jedoch der Dreh- und Angelpunkt der deutschen Außenpolitik unter Bismarck. Der Kanzler fürchtete um das 1873 geschlossene Dreikaiserabkommen mit Russland und Österreich, das Frankreich isolieren sollte. Deutschland hielt sich deswegen ganz bewusst aus sämtlichen Angelegenheiten des Balkans heraus. Bismarck war darum fest entschlossen, das seit dem Berliner Kongress schwieriger gewordene deutsch-russische Verhältnis nicht weiter zu belasten. Im Falle einer bulgarischen Heirat von Prinzessin Victoria rechnete der Kanzler mit der Einbeziehung Deutschlands in die Auseinandersetzungen auf dem Balkan. In einem Schreiben an Kaiser Wilhelm I. vom 3. Mai 1884 hob Bismarck dies eigens hervor und führte aus: *„Wir würden stets der Gefahr ausgesetzt sein, wählen zu müssen, ob wir die Tochter unsres Kronprinzen in bösen und vielleicht unwürdigen Lagen, im Stiche lassen, oder mit Aufwendung von Macht und Geld für sie eintreten wollen. Der ganz große Vorzug unsrer unbetheiligten Stellung zu den Fragen im Orient würde verloren gehen."*

Wenig später erhielt Friedrich Wilhelm einen Brief seines Vaters, in dem er dem Kronprinzenpaar strikt verbot, dieses Heiratsprojekt weiterzuverfolgen, und wies es an, sich dem bulgarischen Fürsten gegenüber bei dessen bevorstehendem Berliner Aufenthalt entsprechend reserviert zu verhalten. In deutlichen Worten setzte Bismarck dem Fürsten Alexander am 12. Mai nachdrücklich auseinander, dass ihm Deutschland keine diplomatische Stütze gegenüber Russland gewähren könne, weil dies den deutschen Interessen völlig zuwiderliefe. Was seine Heiratspläne beträfe, könne er ihm nur raten, eine reiche griechisch-orthodoxe Braut zu suchen. Zynisch fügte der Kanzler an, dass dies die Stellung des Fürsten in Bulgarien befestigen würde, *„denn im Orient regieren, heißt schmieren, und dazu gehört Geld."* Zu dem Gerücht, dass der Fürst eine preußische Prinzessin heiraten wolle, erklärte Bismarck rigoros: *„Ich halte das politisch für ganz unmöglich und würde in solchem Falle – wenn ich überhaupt dann im Dienst bleiben könnte – genöthigt sein, unsere Politik noch schärfer anti-bulgarisch einzurichten, um den Verdacht abzuwenden, als ob wir dort Jalon's* [Absteckpfähle] *zu einer dynastischen Verbindung aufstellen wollten. Außerdem würde er seine Gemahlin unglücklich machen, da weder er noch sie Vermögen hätten, die Prinzessin an reiche, sichere und civilisirte Verhältnisse gewöhnt wäre; beide gingen in solchem Falle der unglücklichsten Ehe entgegen"*. Laut Bismarck habe Alexander daraufhin versichert, *„er habe nie davon gehört, bis er nach Darmstadt gekommen, nie ein Wort darüber gesprochen und nie die Absicht gehabt."*

Die Heirat wurde am Berliner Hof nicht allein aus politischen Motiven abgelehnt; vielmehr formierte sich mächtiger Widerstand auch aus dynastischen Gründen. Nicht nur Kaiser Wilhelm I. empfand den Fürsten Alexander *„mit den recht bedenklichen Antecedentien* [Vorleben] *seiner Eltern und mit einem Kammerdiener als Urgroßvater"* als gänzlich unpassenden Ehemann für seine Enkelin. Der Adel der Haukes, von denen Alexanders Mutter abstammte, war erst wenige Jahrzehnte alt. Kaiserin Augusta, die sonst selten einer Meinung mit ihrem Mann war, verachtete wie dieser die Battenberger als unebenbürtig. Ihrer festen Überzeugung nach war es vordringliche

Aufgabe der alten Herrscherhäuser, das Prinzip der Legitimität aufrechtzuerhalten. Der Ansicht des Kaiserpaares schloss sich dessen einzige Tochter, Großherzogin Luise von Baden, an. Zum vehementesten Gegner des Heiratsprojekts wurde jedoch Prinzessin Victorias ältester Bruder Wilhelm, was dessen schwieriges Verhältnis zu seiner Mutter noch mehr vergiftete. Der Prinz verstieg sich in diesem Zusammenhang zu so heftigen Erklärungen gegen seine Mutter, dass selbst Generalfeldmarschall Graf Waldersee, der nur wenig Sympathien für die Kronprinzessin hegte, besorgt vermerkte: *„Der Prinz ist sehr rücksichtslos und namentlich unvorsichtig in Äußerungen über seine Mutter."* Wilhelm sah durch die morganatische Herkunft des Battenbergers einen Schandfleck für das Prestige seines gloriosen Hauses drohen. Für Wilhelm waren die Battenbergs lediglich *„verdammte Pollacken"*. Außer Wilhelm leisteten noch zwei weitere Geschwister von Victoria, nämlich Heinrich und Charlotte, Widerstand gegen den Heiratsplan.

Die englische Königin, die für die Frage der Ebenbürtigkeit wesentlich weniger Interesse aufbrachte als die Hohenzollern, hatte dagegen von Anfang an für den attraktiven Prinzen Alexander eine große persönliche Vorliebe. *„Ich finde ihn sehr faszinierend"*, bekannte sie gegenüber ihrer Tochter Victoria, *„und so wunderbar gut aussehend (wie im Fall des geliebten Papas)."* Die Monarchin verwandte sich deshalb im September 1884 eigens für ihn, indem sie Generalmajor Sir Howard Elphinstone nach Berlin schickte, der bei Wilhelm I. für das Heiratsprojekt werben sollte. Diese Mission schlug erwartungsgemäß fehl. An Weihnachten 1884 schrieb daher eine deprimierte Prinzessin Victoria an ihre englische Großmutter: *„Dies ist das erste Weihnachten, an dem ich schwermütig bin. Meine Gedanken sind heute Abend nicht hier, sondern weit entfernt, wo sie immer sind. [...] Oh, wenn ich nur einen Blick auf ihn erhaschen könnte. Ich bin so niedergeschlagen, und es scheint keine Hoffnung zu geben. Wenn die liebe Mama nicht wäre, die mich ständig aufbaut, ich weiß nicht, was aus mir werden würde."* Wie tiefgehend die Gefühle zwischen der Hohenzollernprinzessin und dem schmucken Fürsten auch in Wirklichkeit gewesen sein mögen – im April 1885 versicherte Alexander von Battenberg in einem Brief an Kaiser Wilhelm I., dass er keine Verbindung mit seiner Enkelin beabsichtige. Zumindest offiziell war die Romanze damit beendet.

Als noch am Kaiserhof über den Prinzen Alexander von Battenberg als Heiratskandidaten für Prinzessin Victoria gestritten wurde, tauchte als ernsthafte Alternative 1885 vorübergehend der portugiesische Kronprinz Dom Carlos auf. Während Kronprinzessin Victoria diesen portugiesischen Heiratsplan als unberechtigte Einmischung in ihre Familienangelegenheiten empfand, befürwortete ihn Bismarck gegenüber Kaiser Wilhelm I., da es sich hier um eine ebenbürtige Heirat handle, was für das monarchische Prinzip von Wichtigkeit sei. Dass sich der alte Kaiser als Familienoberhaupt nicht zu einem energischen Eingreifen in dieser Sache entschließen konnte, ärgerte Graf Herbert Bismarck, der diese Handlungsweise *„nach kleinbürgerlichen Grundsätzen“* beklagte. Das portugiesische Projekt scheiterte aber am Ende ohnehin an der konfessionellen Frage.

Im September 1885 führte ein Aufstand in Ostrumelien zu dessen Vereinigung mit dem Fürstentum Bulgarien, obwohl dies gegen den Berliner Vertrag verstieß. Angesichts seiner schwierigen Position in Bulgarien blieb Fürst Alexander nicht viel anderes übrig, als sich an die Spitze der nationalen Bewegung zu setzen. Die Krise verschärfte sich noch, als das benachbarte Serbien für diese bulgarische Gebietsvergrößerung eine Kompensation forderte und Bulgarien den Krieg erklärte. Mit seinen Siegen über die Serben bei Slivnitsa und Pirot im November 1885 erzwang Alexander zwar einen Frieden auf der Grundlage des Status quo, doch konnte dies letztlich sein Scheitern ein Jahr später nicht aufhalten.

Mit diesen Aktivitäten erregte Fürst Alexander immer mehr den Zorn von Zar Alexander III., der ihn auch persönlich nicht mochte. Im August 1886 wurde der Fürst bei einem von Russland unterstützten Putsch prorussischer Offiziere gefangengenommen und zur Abdankung gezwungen. Queen Victoria zeigte sich von seinem Schicksal tief berührt und vertrat gegenüber ihrem Premierminister Salisbury die Ansicht, dass Großbritannien dies nicht einfach akzeptieren dürfe. Dank eines Gegenputsches konnte Alexander nochmals auf den bulgarischen Thron zurückkehren, doch im Grunde war für ihn an ein weiteres Regieren ohne wirksamen Beistand der Großmächte nicht mehr zu denken. Von Zweifeln geplagt richtete der Battenberger ein versöhnliches Telegramm an den Zaren, das er mit dem naiven Anerbieten beendete: *„Da mir Rußland meine Krone gegeben hat, bin ich bereit, sie auch in die Hände seines Souveräns zurückzulegen."* Alexander III. reagierte anders als sein Cousin erwartet hatte. Er nahm umgehend das lediglich als Höflichkeitsgeste gedachte Abdankungsangebot offiziell an. Der Vater des Fürsten, Prinz Alexander von Hessen, war entsetzt: *„Die Depesche war ein großer politischer Fehler, der ihn vor seinen Anhängern kompromittierte und die Feinde zu neuen Attentaten anstachelte! Jetzt bleibt nur ein baldiger, möglichst ehrenhafter Rückzug."* Am 7. September 1886 dankte Alexander zum zweiten Mal ab und verließ Bulgarien endgültig. Er ging nach Hessen zurück. Zu seinem Nachfolger in Bulgarien wurde ein Jahr später Ferdinand von Sachsen-Coburg aus der Koháry-Linie gewählt.

Am Hof des deutschen Kronprinzen herrschte enorme Aufregung über diese Vorkommnisse. *„Wir sind mehr als entrüstet"*, hielt Kronprinzessin Victoria in den ersten Septembertagen 1886 fest, *„unser armes Möhrlein war tief erschüttert von der Behandlung, die dem unglücklichen Sandro zuteil geworden ist … Selten habe ich mich so empört gefühlt als beim Lesen dieser haarsträubenden Einzelheiten!!"* Die englische Königin empfand die Antwort des russischen Herrschers ebenfalls als infam. Im Gegensatz zu ihrer Tochter hielt sie mittlerweile aber das Battenberger Eheprojekt, das ihrer Ansicht nach vor zwei Jahren für den Prinzen von großem Nutzen gewesen wäre, eigentlich nicht mehr für durchsetzbar. Der Diplomat Friedrich von Holstein hatte als guter Kenner der Berliner Szenerie jedoch bereits Mitte November 1885 festgestellt, dass diese Heirat zu einem alles entscheidenden Streitobjekt zwischen dem Kronprinzenpaar und den beiden Bismarcks geworden war: *„Für beide Teile ist das jetzt eine Frage der Eitelkeit geworden: heiraten oder nicht heiraten."* Die junge Victoria wurde auf diese Weise immer mehr instrumentalisiert. Dass der Verlust des bulgarischen Throns die Kronprinzessin nicht schmerzte, hatte Holstein schon im April 1884 vermutet: *„Gerade letzteres soll, sagt man, die Kronprinzeß wünschen, damit er hier eine Gardekavalleriebrigade bekommt und dann mit der Gattin – ebenso wie der Meininger – unter dem Fittig von belle maman* [Schwiegermutter] *lebt."* Kronprinzessin Victoria hielt in der Tat eisern an dem Eheprojekt fest, das sie nach der Thronbesteigung ihres Mannes unbedingt Wirklichkeit werden lassen wollte. Gerne ließ sie daher bei passender Gelegenheit Bemerkungen über die traurige Lage ihrer Tochter Victoria fallen. Von der unglücklichen Liebe der Prinzessin zu dem Battenberger war allerdings nicht jeder bei Hofe wahrhaftig überzeugt. Bernhard von Bülow erinnerte sich an eine Einladung ins Neue Palais in Potsdam im Frühjahr 1887, wo er die Prinzessin im Garten mit einigen Herren des Hofes beim Tennisspielen sah: *„Während sich die Prinzessin diesem schönen Spiel mit derselben Anmut und jedenfalls mit dem gleichen Eifer hingab wie einst die Phäakenprinzessin Nausikaa dem Ballspiel, klagte mir die Kronprinzessin ihr Leid. Ihr armes Töchterlein sei so verzweifelt, daß sie weder essen noch schlafen könne. Sie gräme sich Tag und Nacht […]. Sie würde entweder Selbstmord begehen oder vor Kummer sterben. Da gerade in dem Augenblick, wo ich diese Klagen hörte, Prinzeß Viktoria mit einem meisterhaften Schlage ihres Rackets unter lautem Jubel die Partie gewann, konnte ich der Frau Kronprinzessin mit gutem Gewissen erwidern, daß ihre Tochter mir noch nicht ganz so unglücklich zu sein schiene wie Ophelia oder Julia."*

Nach dem Tod Kaiser Wilhelms I. im März 1888 erfuhr die seit Jahren schwelende Battenberg-Affäre eine abermalige Zuspitzung. Weil absehbar war, dass der neue Kaiser Friedrich III. wegen seiner tödlichen Krebserkrankung keine lange Regierungszeit haben würde, erschien es seiner Frau geboten, rasch zu handeln, um das Heiratsprojekt in ihrem Sinne zu einem erfolgreichen Ende bringen zu können. Kaiserin Victoria war klar, dass ihnen nicht viel Spielraum blieb: *„Die Leute betrachten uns im Allgemeinen nur als vorüberhuschende Schatten, die bald durch die Realität in der Gestalt Wilhelms ersetzt werden."* Geradezu obsessiv hielt sie an dem fatalen Heiratsplan fest, obwohl ihre Mutter sie darauf hinwies, dass dies angesichts des heftigen Widerstands in Berlin nicht opportun wäre. Warnend schrieb die Queen an ihre starrköpfige Tochter: *„Ich kann verstehen, daß Du aufgrund der schmerzlichen Unsicherheit, die der Gesundheitszustand des lieben Fritz Dir bereitet, gern alles, was wichtig ist, regeln und in Ordnung bringen möchtest. Aber ändere die Dinge nicht zu plötzlich, und vor allem tue nichts, was in direktem Widerspruch zu den Wünschen des lieben Kaisers steht, der von uns gegangen ist. Ich denke zum Beispiel an die Heirat von Moretta und Sandro. Vor allem verschwende nicht einmal einen Gedanken an einen solchen Schritt, wenn Wilhelm nicht völlig einverstanden damit ist. Du mußt mit ihm rechnen, denn er ist der Kronprinz, und es würde sich absolut nicht gehören, eine Heirat zu arrangieren, mit der er nicht einverstanden ist. Es würde Deiner Tochter und Sandro nur Elend bescheren."* Dass mit Wilhelms Zustimmung auf keinen Fall zu rechnen war, musste angesichts seiner bisherigen feindseligen Haltung gegenüber dem Prinzen eigentlich klar sein. Er hatte sich in seine Abneigung so hineingesteigert, dass er gegenüber Herbert von Bismarck im Oktober 1886 sogar die Überlegung äußerte, notfalls *„schlage"* er den Battenberger *„schließlich tot"*.

Durch Victorias beharrliche Versuche, die Verbindung ihrer Tochter mit dem Battenberger Prinzen unter allen Umständen zu realisieren, kam es zu höchst unerfreulichen Auftritten innerhalb der kaiserlichen Familie, die natürlich nicht unbekannt blieben. Der vehemente Einsatz Vickys für den Battenberger stieß dabei vielfach auf Kritik. Die Berliner Salonnière Baronin Hildegard Spitzemberg sparte in ihrem Tagebuch nicht mit

Hohn und Spott, als sie notierte, dass die Kaiserin *„diese Liebelei ihrer mannsüchtigen, unerzogenen Tochter"* betreibe, *„wie man es bei Kammerzofen, nicht aber bei vornehmen Frauen gewöhnt ist."* Bismarck glaubte dagegen hinter dem fanatischen Kampf der Kaiserin für den Heiratsplan ganz andere Motive als Mutterliebe am Werk zu sehen. Er unterstellte ihr im April 1888, selbst in den Prinzen verliebt zu sein, und faselte von *„blutschänderischen Gedanken"*. Selbst der liberale Abgeordnete Ludwig Bamberger, der die Kaiserin zu unterstützen versuchte, stellte im Mai 1888 fest, dass sie *„ganz versessen auf diese Heirat"* sei und dies *„nach aller Aussage mehr als die Prinzessin und als der Fürst Alexander!"*

Der hart umkämpfte Ehekandidat selbst hatte zu diesem Zeitpunkt offensichtlich kein ernsthaftes Interesse mehr an einer Heirat mit der Kaisertochter. Im Grunde kannte er sie kaum, so dass auch keine tieferen Gefühle zu ihr bestanden. Bereits früher hatte er durchblicken lassen, dass es in erster Linie die Mutter der Prinzessin war, die energisch die Verlobungspläne verfolgte. Gegenüber dem österreichischen Gesandten Ludwig Maximilian Freiherr von Biegeleben äußerte er schon im Februar 1885, dass er nie um die Hand der Prinzessin angehalten habe, *„nachdem wir uns allerdings […] sehr gefallen haben."* Im Frühjahr 1888 war bei ihm definitiv kein Heiratswunsch mehr vorhanden. Im April wusste der englische Militärattaché Oberst Swaine nämlich zu berichten: *„Als er noch Fürst von Bulgarien war, hatte er gute politische Gründe für sie; während er den russischen Einfluß abzuschütteln versuchte, war er bemüht, mit Hilfe dieser Heirat sich der deutschen Hilfe zu versichern. Das ist aber alles vergangen und er soll jetzt mit einer Angehörigen der Schauspielkunst ein zärtliches Verhältnis haben."* Bei dieser Stimmungslage des Prinzen mutet es geradezu grotesk an, wenn sich Kaiserin Victoria zu einem völlig unverantwortlichen Schreiben an ihn hinreißen ließ, in dem sie von einer geheimen Hochzeit, einer Flucht aus Deutschland und einem Eintritt Alexanders in die österreichisch-ungarische Armee sprach.

Kaiserin Victorias maßgebender Gegenspieler in dem Kampf um das Heiratsprojekt blieb weiterhin Reichskanzler Bismarck, der es auch jetzt noch aus Gründen der Staatsräson ablehnte. Obwohl Prinz Alexander nach seiner Abdankung wieder als Privatmann zu gelten hatte, wurde von seinen Gegnern in Berlin nach wie vor behauptet, Russland würde durch eine solche Heirat mit der Kaisertochter verärgert. Der Kanzler drohte deshalb gar mit seinem Rücktritt. In Wirklichkeit bekundete Russland zu diesem Zeitpunkt ein ziemliches Desinteresse an der Battenberg-Ehe. Kennern der Materie entging dies nicht, so vermerkte beispielsweise der im Auswärtigen Amt tätige Diplomat Friedrich von Holstein am 31. März 1888: *„Andererseits ist die Gefahr der Heirat, was Rußland anlangt, nicht so groß, wie der Kanzler sie macht. Der Kanzler will diese Gelegenheit benutzen, um sich bei dem Kronprinzen wieder die frühere Vertrauensstellung […] zurückzuerobern."* Auch anderen Beamten des Auswärtigen Amtes erschien, wie sich der Diplomat Raschdau erinnerte, *„die Behandlung der Frage über ihre wahre Bedeutung übertrieben"*. Erfolgreich wehrte sich Bismarck gegen den Plan des neuen Kaiserpaares, dem Battenberger einen militärischen Rang oder eine militärische Auszeichnung zu verleihen. Selbst wenn keine direkte Bedrohung mehr für die deutsch-russischen Beziehungen bestand, witterte der Kanzler doch in der Person des Prinzen grundsätzlich einen politischen Störenfried und Konkurrenten, durch den sich die politischen Gewichtungen verschieben würden. Gereizt ließ er sich am 8. April 1888 gegenüber dem deutschen Botschafter Hans Lothar von Schweinitz über die *„Gefahren englisch-battenbergischer Zettelungen"* aus. Für ihn war Alexander nur ein *„dreister Streber"*. Schon 1884 hatte Bismarck den Battenberger gegenüber dem deutschen Gesandten Heinrich VII. Prinz Reuß in Wien ähnlich unfreundlich beurteilt und hinter ihm sich überdies *„ein neues Thor für polnische Intriguen […] eröffnen sehen"*. In ihren Erinnerungen mokierte sich Alexanders Schwester, die spätere Fürstin Marie zu Erbach-Schönberg, über die *„merkwürdige ‚fixe Idee' Bismarcks […] in bezug auf das Polengespenst, das er in*

Das Prinzenpaar Victoria und Friedrich Wilhelm bei einem Spaziergang im Park von Schloss Windsor während ihrer Flitterwochen im Januar 1858. – Fotografie, 1858.

Die künstlerisch begabte Kronprinzessin Victoria malte, angeregt durch ein Kostümfest im Berliner Kronprinzenpalais mit dem Motto „Der Hof der Mediceer", ihre älteste Tochter Charlotte in einem Kostüm im Stil der Renaissance. – Gemälde, um 1875. Hessische Hausstiftung Museum Schloss Fasanerie, Eichenzell bei Fulda.

Prinzessin Charlotte mit ihrem Ehemann, dem Erbprinzen Bernhard von Sachsen-Meiningen, der eine erfolgreiche Militärkarriere im Kaiserreich durchlief. – Fotografie, 1879.

Die Meininger Erbprinzessin Charlotte mit ihrer Tochter Feodora, die sich im Herbst 1897 mit dem Prinzen Heinrich XXX. Reuß zu Köstritz verlobte. Charlottes Verhältnis zu ihrem einzigen Kind blieb zeitlebens distanziert und meist konfliktbeladen. – Fotografie, 1897.

Erbprinzessin Charlotte in Thüringer Tracht. Obwohl sie meist fernab vom Herzogtum Meiningen lebte, gehörte es um 1900 in vielen Fürstenhäusern zum guten Ton, sich in der regionalen Tracht zu präsentieren, um so zu deren Förderung beizutragen und Heimatverbundenheit zu demonstrieren. – Fotopostkarte aus dem Bad Homburger Atelier T. H. Voigt, um 1900.

Kronprinzessin Victoria porträtierte ihren zweitgeborenen Sohn Heinrich, den kaiserlichen „Marineprinzen", in seiner eleganten Gala-uniform. – Gemälde, um 1880. Hessische Hausstiftung Museum Schloss Fasanerie, Eichenzell bei Fulda.

Die drei ältesten Geschwister Charlotte, Heinrich (in der Mitte) und Wilhelm verband innerhalb der kronprinzlichen Familie ein enges Gemeinschaftsgefühl. – Fotografie, 1863.

Die Aufnahme des Berliner Fotografen M. Ziesler zeigt Kaiser Wilhelm II. und Prinz Heinrich an Bord des Panzerkreuzers „Deutschland", des Flaggschiffs der II. Kreuzerdivision, vor dem Auslaufen nach China. Der Kaiser war eigens zur Verabschiedung Heinrichs nach Kiel gekommen. – Fotografie, 15. Dezember 1897.

Prinz Heinrich mit seiner Frau Irene und den drei Söhnen Waldemar, Sigismund und dem nur vier Jahre alt gewordenen jüngsten Sohn Heinrich. – Fotopostkarte, 1900.

Als begeisterter Autofahrer initiierte Heinrich die nach ihm benannte Prinz-Heinrich-Fahrt, die in drei Fahrten von 1908 bis 1910 ausgetragen wurde und für die er den Siegerpokal stiftete. Hier sieht man ihn am Steuer seines Automobils vor dem Start am S-Bahnhof Heerstraße in Berlin-Charlottenburg. – Fotografie, 2. Juli 1910.

1927 wanderte Heinrichs zweitältester Sohn Sigismund mit seiner Familie nach Costa Rica aus. Im Vorfeld entstand diese Aufnahme im Park von Hemmelmark, die von links nach rechts Prinz Sigismund, Prinzessin Irene, Prinz Heinrich mit seinem Enkel Alfred auf dem Arm, Prinzessin Charlotte Agnes mit ihrer Tochter Barbara sowie Prinzessin Calixta Agnes mit ihrem Ehemann Prinz Waldemar zeigt. – Fotopostkarte, 1927.

Über den frühen Tod des nur 21 Monate alt gewordenen Sigismunds, der an Gehirnhautentzündung starb, kamen die Eltern nie hinweg. – Fotografie, 1866.

Waldemar erschien seinen Eltern fast wie ein Ersatz für seinen zwei Jahre zuvor verstorbenen Bruder Sigismund. Der Tod dieses begabten Kindes im Alter von elf Jahren belastete das Familienleben schwer. – Fotografie, 1873.

Der mit einem der damals so beliebten Matrosenanzüge bekleidete Prinz Waldemar mit seinen Schwestern Sophie, Victoria und Margarethe. – Fotografie, 1878.

Die zwölf Jahre alte Prinzessin Victoria erscheint auf dem von ihrer Mutter geschaffenen Porträt in einem Kostüm im Stil der Renaissance, zu dem sie einen Rubenshut mit Feder trägt. – Gemälde, 1878. Hessische Hausstiftung Museum Schloss Fasanerie, Eichenzell bei Fulda.

Auf Wunsch Wilhelms II. kam im Sommer 1890 Prinzessin Victorias Verlobung mit Prinz Adolf zu Schaumburg-Lippe zustande. Im Atelier des Fotografen Wilhelm Höffert entstanden aus diesem Anlass verschiedene Aufnahmen. – Fotografie, 1890.

Prinzessin Victoria zu Schaumburg-Lippe spielte im Bonner Gesellschaftsleben um die Jahrhundertwende eine wichtige Rolle. – Fotopostkarte aus dem Bonner Atelier L. Stüting & Sohn, 1908.

Prinzessin Victoria mit ihrem zweiten Ehemann Alexander Zoubkoff, einem fragwürdigen Hochstapler. Der Fotograf Georg Pahl nahm das Paar kurze Zeit nach seiner spektakulären Heirat auf. – Fotografie, 1927.

Für die begeisterte Reiterin Victoria stand im Park des Bonner Palais Schaumburg eine eigene Reitbahn zur Verfügung. – Fotopostkarte aus dem Atelier L. Stüting & Sohn, 1907.

Während ihres ersten Exils lebte die griechische Königsfamilie in der Schweiz. Vor der Linse des Fotografen Nic Aluf versammelte sich das Königspaar mit seinen Kindern, dem Kronprinzen Georg, dem Prinzen Paul und den Prinzessinnen Elena, Irene und der kleinen Katharina. – Fotopostkarte, um 1918.

Kronprinzessin Sophie bekam 1898 von Wilhelm II. das Königin Elisabeth Garde-Grenadier-Regiment Nr. 3 verliehen. Als Chef des Regiments präsentierte sie sich bei entsprechenden Gelegenheiten in der Regimentsuniform. – Fotopostkarte aus dem Atelier T. H. Voigt, um 1900.

Das griechische Kronprinzenpaar Sophie und Konstantin mit seinen Söhnen Georg, Alexander und Paul, die alle den griechischen Thron besteigen sollten, sowie den beiden älteren Töchtern Elena und Irene. – Fotopostkarte aus dem Karlsruher Verlag Geschwister Moos, um 1910.

Sophie erlangte als Einzige unter Wilhelms Geschwistern eine Königskrone, nachdem ihr Ehemann im Jahr 1913 als Konstantin I. König der Hellenen wurde. – Fotografie, um 1913.

Wie ihre Schwestern Charlotte und Victoria präsentiert sich die vier Jahre alte Prinzessin Margarethe auf dem von ihrer Mutter gemalten Porträt in einem aufwendigen Historienkostüm. – Gemälde, 1876. Hessische Hausstiftung Museum Schloss Fasanerie, Eichenzell bei Fulda.

Die Aufnahme aus dem Berliner Fotoatelier Theodor Prümm versammelt die vier Schwestern Margarethe, Sophie, Victoria und Charlotte (von oben). – Fotografie, 1889.

Anlässlich der Verlobung von Prinzessin Margarethe mit Prinz Friedrich Karl von Hessen wurden derartige Stiche nach Fotografien für die Zeitungen angefertigt. – Holzstich, 1892.

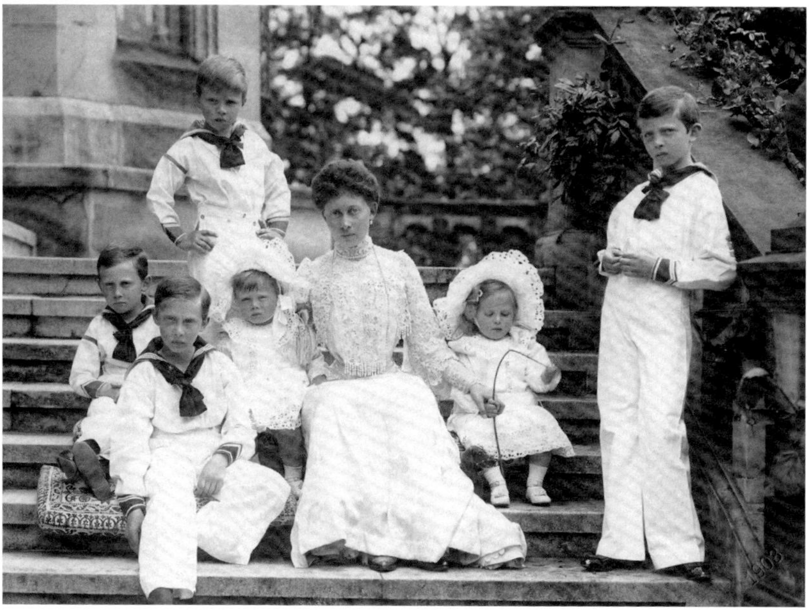

Prinzessin Margarethe mit ihren sechs Söhnen, unter denen sich zwei Zwillingspaare befanden. – Fotografie, 1903.

Landgräfin Margarethe in Schloss Friedrichshof, dessen kostspieliger Unterhalt immer wieder Opfer erforderte. – Fotografie, 1930.

unserer Familie überall witterte und fürchtete. Er sah vor allem in Sandro, aber auch in den anderen Mitgliedern der Battenbergischen Familie mit Hartnäckigkeit die Möglichkeit der Neuerstehung des polnischen Thrones.“

Bismarcks unnachgiebiges Verhalten gegenüber dem Battenberger erschien vielen Insidern unnötig hart. Nach Ansicht von Ludwig Raschdau, der den Prinzen persönlich kennen- und schätzen gelernt hatte, war dieser *„kein Mann, der eine gefährliche Prätendentenrolle gespielt hätte“*. Der deutsche Botschafter in St. Petersburg, General von Schweinitz, sprach ebenso von einem *„rücksichtlosen, fast grausamen Auftreten“* Bismarcks gegenüber dem Prinzen von Battenberg. Dem Reichskanzler diente das Hochspielen der ‚Battenbergerei‘ letztlich jedoch zur eindrucksvollen Demonstration seiner scheinbar unerschütterlichen Macht- und Gestaltungsposition in Berlin. Außerdem sollte jeglichem weiteren Widerstand gegen seine Politik prinzipiell vorgebeugt werden. Mit der von ihm aufgebauten Drohkulisse einer Kanzlerkrise mobilisierte er den badischen und hessischen Großherzog sowie den sächsischen König, sich in seinem Sinne gegen die Verlobung von Prinzessin Victoria mit dem Prinzen Battenberg auszusprechen. Die Fürsten sorgten sich alle, was aus dem Reich ohne seinen erprobten Steuermann Bismarck werden würde. Alexander von Battenberg, der inzwischen einen scharfen Warnbrief von Kronprinz Wilhelm erhalten hatte, in dem dieser mit ernsten Konsequenzen drohte, fühlte sich durch den Ton des Briefs tief verletzt. Wie der hessische Großherzog Ludwig IV. dem badischen Gesandten Adolf von Marschall mitteilte, wollte der Prinz von Battenberg die Verlobung gar nicht; *„denn er wisse genau, wie der Kronprinz und auch Prinz Heinrich darüber denken, und könne daraus entnehmen, wie sich seine Zukunft gestalten würde, wenn es zu der Verbindung käme.“* Der von allen Seiten erneut zum Verzicht gedrängte Alexander schrieb Kaiserin Victoria: *„Ich will nicht vor dem deutschen Volke einst als der Mann gelten, über den ein Bismarck gestürzt wäre, als von England gekaufter Zertrümmerer des Deutschen Reiches verschrien werden.“* Von all diesen politischen Winkelzügen, die mit ihrer Person verknüpft waren, erfuhr die Hohenzollernprinzessin Victoria offenbar so gut wie nichts. Auf sie wirkten die ganzen *„Schicksalsfügungen"*, wie sie später bekannte, *„unverdient und unlogisch"*.

Kaiserin Victoria beeindruckten weder diese politischen Turbulenzen noch die Versuche des Prinzen Battenberg, sich aus der Affäre zu ziehen. Sie bewog stattdessen ihren todkranken Mann dazu, Kronprinz Wilhelm den Heiratswunsch seiner jüngeren Schwester schriftlich ans Herz zu legen. In einem Vermächtnisschreiben vom 12. April 1888 trug Kaiser Friedrich III. es seinem Sohn *„als Kindespflicht"* auf, diese Vermählung zu bewerkstelligen. Der besorgte Rat der Queen wurde demnach von Kaiserin Victoria weiterhin außer Acht gelassen. Für die beiden Bismarcks eignete sich das Heiratsprojekt nach Meinung von Philipp zu Eulenburg-Hertefeld daher bestens dazu, die Kluft zwischen Wilhelm und seiner Mutter *„nach Möglichkeit zu vertiefen"*. Nach seinem Regierungsantritt im Juni 1888 war der junge Kaiser jedenfalls nicht bereit, das väterliche Vermächtnis in die Tat umzusetzen. Als ihn seine Schwester Victoria im November 1888 darum bat, Alexander von Battenberg nun heiraten zu dürfen, lehnte er dies entschieden ab. Die empörte Kaiserinwitwe sah ihn daraufhin *„als Tyrann[en]"* an. In einem wütenden Brief warf sie ihm am 7. November absolute Herzlosigkeit gegenüber den Gefühlen seiner Schwester vor: *„Du hast gezeigt, daß das Glück Deiner Schwester Dir völlig gleichgültig ist."* Wilhelm II. berichtete seinem Onkel, Großherzog Friedrich von Baden, von diesem *„fabelhaft groben und beleidigenden Brief"* seiner Mutter, der damit endigte, *„daß sie allen Verkehr mit mir hiermit für abgebrochen erachte."*

Die jahrelangen Querelen um den schönen Sandro fanden ein unwiderrufliches Ende, als der Battenberger Prinz Anfang Februar 1889 in aller Stille die junge Opernsängerin Johanna Loisinger heiratete, die er am Darmstädter Hoftheater kennengelernt hatte. Diese Heirat bedeutete einen vollständigen Bruch mit seiner Vergangenheit. Gegenüber dem ihm nahestehenden hessischen Großherzog Ernst Ludwig erklärte er später, dass er diese Heirat eingegangen war, *„um die ewige Verfolgung los zu werden"*. Er nahm den Namen eines Grafen von Hartenau an und trat Ende 1890 in die österreichische Armee ein. Während Wilhelm II. über diese Heiratsmeldung frohlockte, zeigte sich die Queen fassungslos und kommentierte diese Entwicklung als *„sehr traurig"*. Die niedergeschlagene Prinzessin Victoria musste sich damit abfinden, dass sie gezwungen war, eine neue Lebensperspektive zu finden. Als sie im Sommer 1889 erfuhr, dass Sandro jetzt offenbar *„sehr glücklich"* sei, schrieb sie ihrer Mutter tief verletzt: *„Ich habe gedacht, dass er nie wieder glücklich sein würde!"*

„Obgleich die Partie nicht gerade groß zu nennen ist" – Prinz Adolf zu Schaumburg-Lippe

Nach dem endgültigen Scheitern dieses Heiratsprojekts musste für die noch nicht 23 Jahre alte Prinzessin Victoria ein anderer Ehemann gefunden werden. Kaiserin Friedrich, die ihrer Tochter eine gesicherte Position verschaffen wollte, machte sich rastlos auf die Suche nach einem adäquaten Kandidaten. Im Stillen befürchtete sie, Victoria könnte sich sonst in eine für sie unpassende Romanze mit fatalen Folgen für ihr weiteres Leben einlassen. Die Prinzessin stand in dem Ruf, höchst flirtfreudig zu sein. So hatte etwa die Baronin Spitzemberg, die eine aufmerksame Beobachterin der Berliner Gesellschaft war, im Frühjahr 1888 unfreundlich in ihrem Tagebuch vermerkt, Victorias Benehmen entspräche dem eines *„wenig achtbaren Mädchens, das in der Pause jeden Gardeoffizier genommen hätte und mit jedem Mann auf das gemeinste kokettiert hat, der ihr über den Weg kam."* Auch dem Grafen Waldersee, der wie die Baronin nicht zu den Freunden Kaiserin Friedrichs gehörte, war dieses Verhalten der Prinzessin schon früher unangenehm aufgefallen: *„Sie hat sehr gern Verkehr mit jungen Herren"*.

Zu den vorübergehend ins Kalkül gezogenen Eheanwärtern zählten Prinz Karl von Schweden, der russische Großfürst Alexander Michailowitsch, Prinz Eduard von Anhalt, Prinz Albrecht von Württemberg und Prinz Ernst von Hohenlohe-Langenburg. Keines dieser Projekte ließ sich realisieren. Für Victoria, die nicht gerade als ausgesprochene Schönheit galt, war dies eine deprimierende Erfahrung. Verzweifelt beklagte sie sich im Juni 1889 bei ihrer Mutter: *„Ich bin zu hässlich & niemand will mich haben – mein Schicksal in diesem Leben besteht nur aus Enttäuschungen & Ärger“*. Ihre große Sorge, dass sie für den begrenzten Heiratsmarkt der europäischen Hocharistokratie nicht attraktiv genug sein könnte, hatte die Prinzessin bereits zu Diätkuren als Mittel zur Abhilfe greifen lassen. Beunruhigt über diese Entwicklung hatte ihre Mutter im Frühjahr 1889 an die Queen geschrieben: *„Ihre fixe Idee ist es, dünn sein zu wollen. Sie macht eine regelrechte Hungerkur, fasst keine Milch, keinen Zucker, kein Brot, keine Süßigkeiten, keine Suppe, keine Butter an, nichts außer ein bisschen Fleisch und Äpfel, was aber nicht genug ist. Sie wird sich ihre Gesundheit ruinieren.“* Die zur Ablenkung nach England geschickte Prinzessin erweckte bei Königin Victoria den Eindruck, sie verspüre nach dem Battenberg-Desaster keine wirkliche Lust mehr, sich zu verheiraten. Besorgt legte die Queen deshalb ihrer Tochter im Frühsommer 1889 nahe, Victoria in dieser Hinsicht nicht zu bedrängen; denn Heiraten um des Heiratens Willen sei *„fürchterlich“*.

Inzwischen nahm sich Kaiser Wilhelm II. selbst der Frage der Verheiratung seiner jüngeren Schwester an. Er entschied sich für Adolf zu Schaumburg-Lippe als geeigneten Ehemann für Victoria. Der nicht unvermögende, aber als kühl geltende Prinz war der vierte Sohn des regierenden Schaumburger Fürsten Adolf I. Georg und dessen Ehefrau Prinzessin Hermine zu Waldeck und Pyrmont. Der am 20. Juli 1859 geborene Adolf diente seit 1886 als Rittmeister bei den Königshusaren in Bonn. Zwar bestanden kaum Aussichten, dass der nachgeborene Fürstensohn den väterlichen Thron übernehmen konnte, doch als ebenbürtiger Prinz stellte er einen standesgemäßen Ehepartner für die Hohenzollernprinzessin dar. Wilhelm hatte über die Privat- und Vermögensverhältnisse des Prinzen im Vorfeld sorgfältig Erkundigungen eingezogen. In seinem Auftrag hatte der mit ihm befreundete Diplomat Philipp zu Eulenburg und Hertefeld auch das Terrain in Bückeburg sondiert. Wie Eulenburg im Dezember 1889 mitteilen konnte, nahm man dort das Heiratsprojekt sehr positiv auf und sah es *„als hohe Ehre für das Haus Schaumburg"* an. Es gab allerdings Bedenken, *„ob die kleinen Verhältnisse nicht möglicherweise das Unglück der Prinzessin sein würden"*. Das souveräne Fürstentum gehörte mit 340 km² Fläche zu den ganz kleinen Staaten des Deutschen Reichs, aber seine Dynastie galt als ausgesprochen reich.

Die beiden Heiratskandidaten trafen sich das erste Mal im Frühjahr 1890 in Schloss Segenhaus bei Neuwied, dem Witwensitz der Fürstin Marie zu Wied, Mutter der rumänischen Königin Carmen Sylva. Victoria behauptete später, es habe sich bei ihr und Adolf um *„Liebe auf den ersten Blick"* gehandelt. Der Prinz machte ihr auf jeden Fall fast umgehend einen Heiratsantrag, den sie auch gleich annahm. So mancher Eingeweihter, wie etwa der badische Gesandte Freiherr von Bodmann, vermutete nachher, für die Prinzessin habe *„vielleicht eine leichte Ähnlichkeit zwischen dem Prinzen und dem [...] Fürsten von Bulgarien"* den Ausschlag bei ihrem Jawort gegeben. Dass es sich bei dieser anvisierten Heirat keineswegs um eine romantische Herzensgeschichte handelte, verrät der besorgte Brief von Victorias Mutter vom 12. Juni an die Queen. Die Prinzessin habe sich zu dieser Verbindung entschlossen, weil sie sich keine glückliche Zukunft mehr erwarte. Sie hoffe, dass diese Entscheidung ihrer Tochter *„ein vernünftiger Schritt"* sei, allein es schmerze sie, wenn sie daran denke, *„dass dies nicht das ist, was sie sich einst erträumt hat"*. Die Kaiserin hob eigens hervor, dass Wilhelm II. diese Heirat *„ganz besonders"* wünsche. Bereits im Vorfeld des Treffens von Victoria und Adolf hatte Kaiserin Friedrich gegenüber ihrer Tochter Sophie verlauten lassen, dass der Prinz *„nicht intelligent"* sei und *„nur sehr wenig gelernt habe"*. Offensichtlich hatte das einige Semester lang betriebene Studium der Rechtswissenschaften keinen großen Effekt gehabt. Nach der Verlobung bemängelte die Kaiserin gegenüber Sophie, dass Adolf *„ein wenig steif und schüchtern und linkisch"* sei. Ihm fehle der gesellschaftliche Schliff und die nötige Kultiviertheit, aber er sei *„höflich und artig und er macht einen guten Eindruck"*. In den Augen seiner künftigen Schwiegermutter waren sicher gerade die mangelnden intellektuellen Gaben und kulturellen Interessen ein Manko. Während Adolfs späterer Regentschaft in Detmold wusste der badische Gesandte im Zusammenhang mit *„seiner staunenswert geringen Bildung"* zu berichten, dass er *„sogar mit der Orthographie auf gespanntem Fuße"* stehe. Der Queen gegenüber bezeichnete ihn Kaiserin Friedrich nach der Verlobung zwar als gut aussehend, doch zeigte sie sich frustriert darüber, dass er *„nicht gerade eine großartige partie"* darstelle. Eine Auffassung, der sich noch einige Mitglieder der Berliner Hofgesellschaft anschließen sollten.

Am 17. Juni 1890 fand in Potsdam die offizielle Verlobung statt. Laut der kaiserlichen Hofdame Gräfin Mathilde Keller herrschte über das Ereignis *„allgemeine Befriedigung"*. Letzteres dürfte vor allem für Wilhelm II. gegolten haben; denn Kaiserin Friedrich befand, die Verlobung sei eine so tränenreiche Angelegenheit gewesen, dass sie *„mehr einer Beerdigung glich"*. Sie betrachtete augenscheinlich die Potsdamer Verlobung noch nicht als endgültige Entscheidung, weshalb sie sich nach weiteren geeigneten Schwiegersöhnen umsah. Noch im Sommer 1890 versuchte sie, eine Verbindung ihrer Tochter mit dem Erbprinzen Ernst zu Hohenlohe-Langenburg zustande zu bringen, was aber scheiterte. Zeitweise löste außerdem ein attraktiver adeliger englischer Marineoffizier, Captain Maurice Archibald Bourke, als neuer Schwarm der Kaiserschwester ernsthafte Besorgnisse bei einigen Familienmitgliedern aus. Da offenbar Kaiserin Friedrich und die Queen diesen Flirt begünstigten, fühlte sich Auguste Victoria, der entsprechende Nachrichten zugespielt worden waren, bemüßigt, ihren Mann vor diesem ‚Störfeuer' zu warnen. Beunruhigt schrieb sie an Wilhelm II., dass man vor seiner Schwester nicht sicher sei, *„bis nicht die Hochzeit gewesen wäre"*. Inwieweit dem Schaumburger Heiratsplan tatsächlich Gefahr durch diesen Engländer drohte, muss offenbleiben. Die

Queen, der inzwischen der Bräutigam ihrer preußischen Enkelin vorgestellt worden war, zeigte sich von Adolf ganz angetan, wie ein Brief vom Juli 1890 an eine ihrer hessischen Enkelinnen belegt: *„Wir mögen Adolf außerordentlich & er sieht sehr gut aus, ist liebenswürdig & sensibel. Aber natürlich kann sie für ihn nicht dasselbe empfinden wie einst für Sandro. Das war Leidenschaft & erste Bindung. Dennoch denke ich, dass sie glücklich & eine gute Ehefrau werden wird. Er hat sie sehr gern.“*

Je näher der Hochzeitstermin rückte, desto niedergeschlagener wirkte die Braut. Bloß das Zusammenstellen des Trousseaus, die zahlreichen Kleideranproben und das Eintreffen der unzähligen wertvollen Hochzeitsgeschenke heiterten sie auf. Mitglieder der Hofgesellschaft hegten nicht von ungefähr ihre Bedenken. Der Generalstabschef Alfred Graf von Waldersee vermerkte: *„Ich bin überzeugt, daß das Paar durchaus nicht zusammenpaßt, und daß die Ehe keine glückliche werden kann.“* Bei der am 19. November 1890 in Berlin geschlossenen Ehe handelte es sich in der Tat um eine aus Konvenienzgründen eingegangene Verbindung. In ihren sonst keinen tieferen Einblick in ihre Gefühlswelt gebenden Erinnerungen findet sich eine entlarvende Szene, die verrät, dass diese Hochzeit für Victoria keine Liebesheirat war. Bei der Ziviltrauung im engsten Familienkreis zögerte die Prinzessin nämlich kurz bei der Unterschrift, so dass sich der Hausminister von Wedel bemüßigt fühlte, ihr zuzuflüstern, sie habe jetzt mit Prinzessin zu Schaumburg-Lippe zu unterzeichnen. *„Natürlich hatte ich niemals etwas anderes schreiben wollen, aber vermutlich sah er, daß die Feder in meiner Hand zitterte, und wollte mir helfen.“* Bei der Trauung in der Kapelle des Berliner Stadtschlosses präsentierte sich Victoria im Schmuck des kostbaren Brautschleiers ihrer Mutter, *„um den ein Kranz von Orange- und Myrtenblüten lag. Das Kleid samt der Schleppe aus Silberbrokat war mit Orangeblüten und Spitze besetzt.“* Kurz vor der Trauung war ihr noch die Prinzessinnenkrone des preußischen Königshauses aufgesetzt worden. Im Anschluss daran fand eine große Galatafel statt, auf die die Entgegennahme der Glückwünsche der eingeladenen Gäste folgte. Der traditionelle Fackeltanz als krönender Abschluss unterblieb, da die schwangere Kaiserin Auguste Victoria indisponiert war. Die Festlichkeiten erschienen trotzdem manchem Beobachter *„glänzender […] als es die Bescheidenheit des Bundes erwarten ließ"*.

Von Potsdam aus reiste das junge Ehepaar nach Bückeburg, wo es ebenfalls eine Reihe von Festivitäten zu absolvieren hatte. Schon auf der Reise dorthin schickte Victoria einen zutiefst verzweifelten Brief an ihre Mutter, der einem trostlosen Hilferuf glich. Sie bekannte darin, *„was würde ich nicht darum geben, unverheiratet und bei meiner geliebten Mutter daheim zu sein. Ich wusste immer, dass es schrecklich sein würde, Dich zu verlassen, aber ich habe es nicht für so schlimm gehalten, wie es tatsächlich ist! Laß mich zurückkehren! … Ich kann nicht tapfer sein!"* In ihren Erinnerungen erwähnte sie solche Anwandlungen später selbstverständlich mit keinem Wort, sondern schilderte stattdessen das bei solchen Anlässen übliche Festprogramm und den überaus freundlichen Empfang durch die Bevölkerung und die Fürstenfamilie. Nach außen hin verstand es die junge Ehefrau offenbar, den Schein zu wahren; denn ihre Schwiegermutter, Fürstin Hermine, meldete enthusiastisch nach Berlin: *„Unsere liebe Vicky stand sowohl das weiße Kostüm bei der Ankunft, wie abends die rote Toilette außerordentlich gut und sah vortrefflich aus."* Victoria sagten in Bückeburg zwar die ungezwungene Atmosphäre bei Hofe und die Festivitäten zu, doch sie litt weiterhin unter Heimweh. Im Vergleich *„zu seinen schrecklichen Brüdern"* hob sich ihr Mann wohltuend ab.

Nachdem das junge Paar seinen repräsentativen Verpflichtungen in Bückeburg nachgekommen war, startete es Ende November zu seiner ausgedehnten und kostspieligen Hochzeitsreise, die über Österreich und Italien nach Ägypten führte. Victoria begann, sich mit ihrer neuen Situation als Ehefrau zu arrangieren und sich auf ihren Mann einzustellen, bei dem sie aber nach wie vor einen gewissen Mangel an Gewandtheit und Weltläufigkeit beklagte. Laut ihrer neuen Hofdame Elisabeth von Blücher bestand seine Konversation *„aus Manövergeschich-*

ten, deren Pointen ich nie erfassen kann." Die kulturellen Interessen der Prinzessin hielten sich jedoch, im Gegensatz zu ihrer auf diesem Gebiet äußerst aufgeschlossenen Mutter, ebenfalls in Grenzen, wie ihre Hofdame bald mit Bedauern feststellen musste. So vermerkte sie etwa zur Besichtigung des Museums von Bulak, dass dieses leider nur *„auf das Allerflüchtigste"* geschah, *„da K.H. dergleichen nicht liebt. […] Vom Museum ging's nach Gesireh, wo K.H. Tennis spielte, was ihr entschieden lieber war."* Die bereits kurze Zeit nach der Heirat gehegten Hoffnungen auf eine Schwangerschaft zerschlugen sich zu Victorias großem Kummer: Auf der Rückreise von Ägypten erlitt sie während des Aufenthalts in Athen bei Sophie eine Fehlgeburt. Dass ihre Ehe letztlich kinderlos bleiben sollte, traf Victoria tief, weil sie sich so sehr ein Kind wünschte. Die immer wieder aufflackernden Hoffnungen in den kommenden Jahren auf eine Schwangerschaft trogen. Im Mai 1893 klagte sie gegenüber ihrer Mutter: *„Es scheint für mich keine Hilfe zu geben – es ist einfach zu entsetzlich. – Am liebsten würde ich in den Rhein springen!"* Quasi als Ersatz wandte sie ihre Zuneigung ihren Hunden und Pferden zu.

Leben in Bonn

Als das Prinzenpaar nach seiner Rückkehr von der Hochzeitsreise im März 1891 in Bonn eintraf, das nun sein Wohnort wurde, schien die Begeisterung der Bevölkerung keine Grenzen zu kennen, wie der Bonner General-Anzeiger zu vermelden wusste: *„Da war keine Straße, kein Sträßchen, wo nicht bunter Flaggenschmuck von der freudig erregten Stimmung unserer Bürgerschaft Zeugnis ablegte. […] Kopf an Kopf zu Tausenden stand die Menge gedrängt."* Mit Victoria kam zur Genugtuung der Bonner kaiserlicher Glanz in ihre Stadt. Adolf erfreute sich gerade wegen seines unprätentiösen Verhaltens einiger Beliebtheit in der Bürgerschaft. Als Wohnsitz diente dem Paar jene zwischen 1858 und 1860 erbaute Villa mit weitläufigem Park, die als Palais Schaumburg in die deutsche Geschichte einging, weil sie von 1949 bis 1976 als repräsentativer Amtssitz des deutschen Bundeskanzlers fungierte.

Dank seines Status als kaiserlicher Schwager machte Adolf rasch Karriere bei den Bonner Husaren. Er stieg schließlich bis zum General der Kavallerie auf. Prinzessin Victoria fühlte sich schon bald wohl in Bonn. Ihr gefiel es, dass wegen der Universität viele junge Menschen hier lebten. Auf den Festen und Bällen stand sie zudem als Schwester des Kaisers im Mittelpunkt der Aufmerksamkeit. Weniger erfreulich fand sie freilich die oft tagelange Abwesenheit ihres Mannes bei der von ihm so geliebten Jagd. Noch größeren Widerwillen brachte sie der ausgiebigen Kneiperei ihres Mannes bei seinem alten Studentencorps der Bonner Borussen entgegen. Wenn er im betrunkenen Zustand von dort zurückkehrte, gebrauchte er ihr gegenüber nicht selten verletzende Worte, die sie empörten. In ihren Erinnerungen beschrieb sie Adolf hingegen geradezu als Musterexemplar eines Ehemanns: *„Mein Gatte war einer der freundlichsten, vornehmsten und besten Ehemänner, die man sich vorstellen kann, stets ritterlich, fest von Charakter und von wahrer Menschlichkeit. Keine Frau kann einen besseren Mann haben; er folgte in der Tat der Weisung meiner Mutter, die ihn gebeten hatte, gut zu mir zu sein.“*

Unbelastet von finanziellen Sorgen und frei von größeren gesellschaftlichen Verpflichtungen führte Victoria ein angenehmes Leben in Bonn. Weil ihre Mutter nicht weit weg in Bad Homburg und später dann in Kronberg wohnte, waren Besuche ohne weiteres möglich. Die leidenschaftliche Sportlerin verfügte über eine eigene Reitbahn und einen eigenen Tennisplatz. Ihr Mann kam ihren Vorlieben entgegen: *„Da ich sehr gern Tennis spielte, hatte Adolf für mich einen Platz im Garten anlegen lassen, auf dem wir viele Stunden verbrachten. Oft erschienen Besucher, die sich am Spiel beteiligten.“* Das Prinzenpaar teilte auch die Begeisterung für den neumodischen Zeitvertreib des Fahrradfahrens. Weniger Interesse brachte Adolf dem von Victoria geschätzten Skifahren entgegen. Zu den alljährlichen Vergnügungen des Prinzenpaares gehörten Reisen ins Seebad Scheveningen und auf die Nordseeinsel Norderney. Victoria begleitete außerdem ihren Mann zu dessen Jagdpartien nach Österreich, wo ihr Schwiegervater eine Jagdhütte in Steyrling besaß. Der Neffe ihres Ehemannes, Prinz Friedrich Christian zu Schaumburg-Lippe, charakterisierte sie daher rückblickend als *„äußerst verwöhnte“* und *„lebenslustige“* Persönlichkeit.

Der unerwartet frühe Tod Alexanders von Battenberg im Alter von nur 36 Jahren im November 1893 in Graz war für Victoria ein Schock. Dass sie zeitlebens dieser Jugendliebe große Bedeutung beimaß, beweist noch ihr Testament vom 6. Juni 1918: *„Ein kleines Brillantherz mit feinen Linien von blauer Emaille* [und] *eine Brosche, ein Band von Brillianten, daran hängend zum aushaken eine birnenförmige schwarze Perle, Geschenke des Fürsten Alexander von Bulgarien, Prinzen von Battenberg, bestimme ich meinem Vetter, dem Großherzog von Hessen mit der Bitte, beide Sachen dem hessischen Familienschmuck beizufügen“*.

„... und wenn Detmold für immer uns gehören sollte“

So gerne Victoria in Bonn lebte, so sehr sehnte sie sich nach einer glanzvolleren und bedeutenderen Position für ihren Mann, was sich auch auf ihren Rang positiv auswirken würde. Zeitweise schien sich im Fürstentum Lippe diese Chance zu bieten. Bereits im Februar 1892 hatte sie ihrer Mutter im Hinblick auf Adolf anvertraut: *„Ich glaube nicht, dass er den Wunsch hat, immer Soldat zu bleiben, und wenn Detmold für immer uns gehören sollte, wird es auch lebenslang unser Heim bleiben.“*

Im Fürstentum Lippe-Detmold zeichnete sich seit längerem ein Aussterben des regierenden Herrscherhauses ab. Um dieses Erbe stritten hauptsächlich die beiden Linien Schaumburg-Lippe und Lippe-Biesterfeld. Eigentlich stand die Erbfolge der verwandtschaftlich näheren Linie Lippe-Biesterfeld zu. Der kinderlose Fürst Woldemar, der seit 1875 das Detmolder Fürstentum regierte, hatte aber wohl vor allem aus persönlicher Abneigung in einem Geheimvertrag vom 29. Januar 1886 das Thronfolgerecht eigenmächtig dem Haus Schaumburg-Lippe zuerkannt und den Prinzen Adolf als den jüngsten Sohn des regierenden Fürsten als Erben bestimmt. Um den weiteren Lauf der Dinge in seinem Sinne zu entscheiden, sah er 1890 Prinz Adolf per Testamentsverfügung zum Regenten für seinen regierungsunfähigen Bruder Alexander vor.

Als Fürst Woldemar am 20. März 1895 starb, trat die Erbfolgefrage in ein akutes Stadium ein. Noch bevor die Todesnachricht offiziell bekanntgegeben wurde, nahm der selbst gar nicht ehrgeizige Prinz Adolf vom Detmolder Schloss Besitz und berief sich auf den Sukzessionsvertrag. Victoria folgte ihm nach Detmold. Am 4. Mai 1895 fand der feierliche Einzug des Regentenpaares statt. Der Prinzessin gefiel es dort: *„Ich fand die Umgebung besonders reizend, vor allem die Wälder und Hügel des berühmten Teutoburger Waldes. Wir besuchten jedes Dorf und jede Stadt des Fürstentums; die Bevölkerung empfing meinen Mann mit Begeisterung. Zum Schloß gehörte ein reizendes kleines Theater, das eine Quelle des Vergnügens für uns bildete. […] Wir lernten das Land und seine Bewohner bald hoch schätzen und versuchten, so gut es in unseren Kräften stand, während der zwei Jahre unseres Aufenthaltes alle möglichen Verbesserungen einzuführen.“* Victoria übernahm den für eine Regentin üblichen Einsatz für soziale Einrichtungen. Erstmals hatte die Prinzessin als ‚Landesmutter‘ echte Aufgaben und Pflichten, was ihr zusagte. Kaiserin Friedrich, die Detmold *„sehr pittoresk“* fand, unterstützte das Paar in seinen Bemühungen, sich beliebt zu machen, indem sie das Fürstentum zweimal mit ihrem Besuch beehrte und dabei Fahrten im Land unternahm. Ihr Schwiegersohn Bernhard von Sachsen-Meiningen kommentierte dies spöttisch mit der Feststellung, dass sie *„nicht leben kann, ohne zu intrigieren“*.

Die Biesterfelder legten gegen diese Entwicklung Protest ein. Der Lippesche Landtag forderte die Klärung des Thronfolgestreits durch einen Gerichtshof. Wie sich später die Tochter eines lippischen Landrats erinnerte, herrschte in dieser Frage auch Unruhe unter der Bevölkerung des Fürstentums: *„Die Streitigkeiten griffen vor allem in das Leben der Offiziere und Beamten über"*. Der Landtag einigte sich mit dem Regenten Adolf zu Schaumburg-Lippe darauf, dass dieser bis zu einer schiedsrichterlichen Entscheidung weiterhin die Regentschaft führen sollte. In dem Erbfolgestreit wurde die Ebenbürtigkeit der nächstberechtigten Biesterfelder wegen eines 1803 in die gräfliche Linie Lippe-Biesterfeld eingeheirateten Freifräuleins Modeste von Unruh bestritten, was gegen Ende des 19. Jahrhunderts antiquiert wirkte.

Durch das fortgesetzte Eingreifen Kaiser Wilhelms II. in den Thronstreit zum Vorteil seines Schwagers Adolf erregte der Lippische Erbfolgestreit, den der Reichskanzler Bülow später sarkastisch einen *„Frosch-Mäusekrieg"* nannte, weltweit große Aufmerksamkeit. Sicher spielte bei den kaiserlichen Interventionen unterschwellig auch ein gewisses Schuldbewusstsein Wilhelms gegenüber seiner Schwester Victoria eine Rolle, hatte er doch einst deren Heirat mit Alexander von Battenberg eifrig hintertrieben. Vorwiegend ging es Wilhelm II. aber darum, dass in der Thronfolgefrage den Gerichten und Volksvertretungen keine Mitwirkung eingeräumt wurde.

Am 22. Juni 1897 traf ein Schiedsgericht unter dem Vorsitz des sächsischen Königs Albert jedoch die Entscheidung zugunsten der Linie Lippe-Biesterfeld. Wilhelm II. versuchte daraufhin, mittels Nadelstichen, Taktlosigkeiten und unfreundlichen Schikanen den Biesterfeldern diesen Erfolg zu verleiden. Weder in der deutschen Öffentlichkeit noch bei vielen deutschen Fürsten kam dieses ungnädige Verhalten gut an. Der preußische Gesandte Ludwig Raschdau stellte nach einem Besuch beim Herzog von Meiningen im Oktober 1897 fest, *„daß die deutschen Fürsten sich heimlich über das Mißgeschick freuen, das der Versuch, kaiserliche Hauspolitik zu betreiben, erfahren hat."* Kopfschütteln und Missfallen hatte schon das kaiserliche Abschiedstelegramm an seinen Schwager und seine Schwester hervorgerufen, in dem Wilhelm II. dem Prinzenpaar pathetisch seine Anerkennung bescheinigte: *„Einen besseren und würdigeren Herrn und auch Herrin wird Detmold nie wieder erhalten."*

Das Regentenpaar wurde am 9. Juli 1897 offiziell über den Schiedsspruch unterrichtet. Victoria war zutiefst enttäuscht, *„dass die Biesterfelds die Schlacht gewonnen haben – wir können es nicht glauben – erscheint uns wie ein schlechter Traum"*. Giftig merkte sie noch an, es sei *„wirklich ein trauriges Zeichen der Zeit, wenn Schuhmacher und Konditoren Fürsten werden können!!"* In ihren Augen handelte es sich nämlich bei den Biesterfelds um ganz gewöhnliche und ungeschliffene Leute. Ein paar Tage später erregte sie sich in einem weiteren Brief an ihre Mutter über den sächsischen König, der aus ihrer Sicht schuld war: *„Er allein hätte es verhindern können, aber er wollte nicht, weil er ein Freund der ‚Biests' war und ihnen bereits Zusagen gemacht hatte"*. Am 11. Juli verließ das Paar schweren Herzens Detmold. Victoria fühlte sich erneut um ihr Lebensglück betrogen. Zum zweiten Mal wurde ihr eine Krone verweigert. Ende Juli berichtete ihr Mann der Kaiserin Friedrich: *„Es war ... eine schwere Zeit für uns, die auch leider Vicky angegriffen hat."* Besorgt konstatierte diese: *„Die arme Vicky hat viel Pech im Leben, wenn sie nur Kinder hätte, dann würde es ihr nicht so viel ausmachen."* Victorias älteste Schwester Charlotte kommentierte den betrüblichen Ausgang der Detmolder Regentschaft indes gewohnt schadenfroh. Spöttisch vermerkte sie, dass sie lachen müsse, *„wenn ich daran denke, wie der alte Knabe in Berlin wütet"*.

Wilhelm II. gab die Sache seines Schwagers aber noch nicht verloren. Adolf hoffte nun doch zeitweise, seinen Anspruch auf den Thron in Detmold durchsetzen zu können. Voll Spott äußerte sich 1904 die politisch interessierte Baronin Hildegard von Spitzemberg über diese Versuche, *„der Viks ein Thrönchen zu verschaffen"*. Als treibende Kraft hinter diesen Bemühungen sah sie die Prinzessin, die einen *„Wunsch nach einem ‚Hochsitz' spürte"*. Der erbitterte Rechtsstreit, mit dem sich alle maßgeblichen deutschen Staatsrechtler beschäftigten, zog sich bis 1905 hin, als das Reichsgericht in Leipzig das Erbfolgerecht des Hauses Lippe-Biesterfeld endgültig anerkannte.

Im Grunde litt Prinz Adolf wohl weniger darunter, dass sich auch in Zukunft keine einflussreichere Stellung für ihn fand. Victoria machte freilich der mangelnde Ehrgeiz ihres Mannes zu schaffen. Als um 1900 über eine mögliche Verwendung des Prinzen als Statthalter in Straßburg diskutiert wurde, vertrat Graf Waldersee die Ansicht, der Kaiser verfolge dieses Projekt, *„um seine Schwester Viky unterzubringen"*. Außerdem witterte er dahinter die Einwirkung der Kaiserin Friedrich. Waldersee zeigte sich empört: *„Ich meine die Deutschen Fürsten müßten sich dagegen auflehnen, daß ein so gänzlich unfähiger Mann wie der Prinz Adolf Schaumburg einen der wichtigsten Posten im Reiche erhält."* Angeblich hatte Kaiserin Friedrich schon früher, als es Gerüchte gab, dass sich der preußische Prinz Albrecht von der Regentschaft in Braunschweig zurückziehen wolle, diese Position für den Schwiegersohn ins Auge gefasst. Waldersee zufolge war sie sogar heimlich in Braunschweig, *„um das Schloß zu besichtigen"*.

„... unsere Zukunft ist für immer dahin"

Die Rückkehr nach Bonn fiel vor allem Victoria schwer, die ihrer Mutter deprimiert schrieb: *„Die Leute dort sind nicht die Unserigen – unsere Zukunft ist für immer dahin"*. Ablenkung bot immerhin das dortige Palais, das inzwischen Fürst Georg zu Schaumburg-Lippe für seinen Bruder Adolf als Wohnsitz erworben hatte. Es verblieb dabei aber im Eigentum des Hauses Schaumburg-Lippe. Die Villa wurde zur Steigerung ihrer Repräsentativität von dem geschätzten Berliner Hofarchitekten Ernst von Ihne um zwei Flügel im Stil des ‚Wilhelminischen Barock' erweitert. Begeistert beschäftigte sich Victoria mit der Inneneinrichtung, wobei laut dem Freiherrn von Reischach *„die kunstsinnige kaiserliche Mutter ihren wertvollen Rat gab. Die Prinzessin hatte den Sinn und Liebe der Mutter, welche diese ihren Möbeln und Kunstsachen widmete, voll und ganz geerbt."*

Kaiserin Friedrich war von dem umgestalteten Haus angetan, aus der kleinen Villa war *„ein schönes kleines englisches Landhaus“* geworden. Ihrer Tochter Sophie berichtete sie: *„Vicky hat einige reizende Möbelstücke gesammelt, und nicht ein hässliches Stück ist darunter.“* Das seit 1898 ‚Palais Schaumburg‘ genannte Anwesen wurde zu einem gesellschaftlichen Mittelpunkt der Stadt, in dem sich auch Wilhelm II. mehrmals aufhielt. 1898 verlieh der Kaiser seiner Schwester den Rang eines Chefs des 5. Westfälischen Infanterieregiments Nr. 53 in Köln, so dass man nun Victoria bei Manövern in der Umgebung von Bonn häufig in Uniform zu Pferde sah.

Das Prinzenpaar führte ansonsten sein früheres gleichförmiges, beinahe bürgerlich anmutendes Leben in Bonn fort. Dass sein Haushalt im Jahr 1913 ohne das im Stallgebäude und Gärtnerhaus wohnende Personal 17 Bedienstete umfasste, entsprach freilich eher dem Zuschnitt des reichen Großbürgertums als dem des Hochadels zu Beginn des 20. Jahrhunderts. Sicherlich war Victorias arrangierte Ehe nicht unglücklich, aber wahre Erfüllung brachte sie ihr nicht.

Eine erste tiefe Zäsur in diesem behaglichen Leben bedeutete der Tod ihrer Mutter. Victoria hatte sie noch auf ihrer letzten Tour nach England begleitet, auf der sie ihr anvertraute, dass sie an einer unheilbaren Krankheit litt. Als die Kaiserin danach den Winter in Italien verbrachte, leistete ihr Victoria dort einige Wochen Gesellschaft. Nach der Rückkehr ihrer Mutter nach Schloss Friedrichshof reiste die Prinzessin immer wieder zu ihr zu Besuch. Am 5. August 1901 stand sie zusammen mit ihren Geschwistern am Sterbebett. *„Wir waren so eng miteinander verbunden und einander so zugetan gewesen; ich hatte mein ganzes Leben lang zu ihr aufgeblickt“*, klagte Victoria noch im Rückblick. Sie hatte jetzt ihre wichtigste Vertraute verloren.

Ein jähes Ende des bisherigen Lebens brachte der Ausbruch des Ersten Weltkriegs. Die Nachricht von der Ermordung Erzherzog Franz Ferdinands und seiner Frau am 28. Juni 1914 erreichte Victoria bei einem Tennisturnier in Bonn. Was dies für weitreichende Konsequenzen haben sollte, war Victoria und ihrem Mann zunächst nicht klar: *„Wir waren in der Tat so ahnungslos, daß wir im Juli nach Norderney fuhren, wie es unsere Gewohnheit war; wir nahmen unsere Reitpferde mit und richteten uns für eine vergnügte Zeit ein."* Während des Kriegs widmete sich Victoria der Hospitalorganisierung. Sie errichtete ein kleines Lazarett unter ihrem Patronat.

Mitten im Krieg wurde Victoria Witwe, als am 9. Juli 1916 ihr Mann nach schwerer Krankheit im Alter von 57 Jahren in Bad Godesberg starb. Bei dem Prinzen Adolf hatten sich offenbar schon bald, nachdem er als General der Kavallerie an die westliche Front kommandiert worden war, erste Krankheitsanzeichen bemerkbar gemacht. Er verlor stark an Gewicht: *„Seine Konstitution war immer ausgezeichnet gewesen, da er an das Leben in der freien Luft gewöhnt war; aber auch, wenn er auf Urlaub kam, fand ich ihn jedesmal recht verändert. Ich war besorgt; aber er wollte niemals zugeben, daß etwas mit ihm nicht in Ordnung wäre. Sein Zustand besserte sich nicht, so daß er 1916 sehr schwach zurückkam und endlich auf Anraten des Arztes ein Sanatorium in Godesberg aufsuchte. […] Er wurde indessen bald kränker; Lungenentzündung trat hinzu, und am Abend des 9. Juli war sein Zustand hoffnungslos."* Sein Sarg wurde nach Bückeburg überführt, wo er im dortigen Mausoleum beigesetzt wurde. Von Victorias Geschwistern konnte nur Charlotte zur Beerdigung kommen. Auf die Fürstin Pless machte die Witwe später einen traurigen Eindruck; denn mitleidig stellte sie fest, die Prinzessin sei *„eigentlich eine einsame Frau, obwohl sie die Schwester eines Kaisers ist"*.

Das Kriegsende und die Abdankung ihres Bruders erschienen der politisch ziemlich unbedarften Prinzessin *„wie ein furchtbarer Traum"*. Noch im Oktober 1918 war sie davon ausgegangen, dass die Rheinländer *„königstreu"* seien. Als im November die Information bei ihr eintraf, dass Revolutionäre auf dem Weg zu ihrem Palais seien, war Victoria nicht bereit, dieses zu verlassen. Als die bedrohlich wirkende Schar ins Haus eindrang, beschloss sie, selbst mit ihnen zu verhandeln. Es gelang ihr tatsächlich, die Situation erfolgreich zu meistern.

„Irgendwie muß man sich an ein anderes Leben gewöhnen“

Gleich nach dem Kriegsende 1918 wurde das Palais von Besatzungstruppen beschlagnahmt. Auf kanadische Truppen folgten englische und schließlich französische Soldaten. Victoria, die in einem Flügel des Palais wohnen bleiben durfte, kam sich zeitweilig *„mehr oder weniger wie eine Gefangene“* auf ihrem Besitztum vor. Erstmals traf sie in dieser Zeit wieder auf englische Verwandte. Bei der Begegnung mit Prinz Albert, dem späteren König George VI., im Januar 1919 wunderte sich dieser über ihre Ahnungslosigkeit über die Geschehnisse der Kriegsjahre. Seinem Vater König George V. berichtete er darüber: *„Sie fragte nach Dir und der Familie und hoffte, daß wir wieder Freunde würden. Ich teilte ihr höflich mit, daß ich glaube, daß dies wohl für viele Jahre unmöglich sein wird!!!“* Der britische Monarch beurteilte diese Antwort seines Sohnes als *„völlig korrekt“*. Das britische Königshaus schloss somit auch jene Angehörigen der ehemaligen deutschen Kaiserfamilie in seine Ablehnung der einst engen Verbindungen ein, die keine Schuld am Krieg trugen und als anglophil bekannt waren. Für Victoria war dies sicher deprimierend, da sie sich Großbritannien und seiner Herrscherfamilie immer herzlich verbunden gefühlt hatte. Gegenüber ihrem Bruder Wilhelm II. blieb Victoria jedoch loyal und verwahrte sich dagegen, *„aus ihm eine Art von blutdürstigen Tyrannen zu machen, der er nie gewesen ist“*. Sie reiste im Übrigen einmal zu ihm in sein Exil nach Doorn. Anlass dafür war Wilhelms Hochzeit mit der verwitweten Prinzessin Hermine von Schönaich-Carolath am 5. November 1922. Bei der kaiserlichen Braut handelte es sich um eine Nichte von Victorias Ehemann. Während diese Heirat bei vielen Mitgliedern der kaiserlichen Familie und Anhängern der Monarchie in Deutschland für Empörung sorgte, weil Kaiserin Auguste Victoria erst im April 1921 verstorben war, nahm Victoria wie ihre beiden Geschwister Heinrich und Margarethe daran teil. Bei der Doorner Hochzeitsgesellschaft hinterließ die 56 Jahre alte Prinzessin keinen guten Eindruck. Die Mehrzahl der Anwesenden hatte sie als schlanke und frisch aussehende Persönlichkeit im Gedächtnis. Der kaiserliche Leibarzt Dr. Alfred Haehner fühlte sich bei ihrem Anblick an eine *„Bordellwirtin"* erinnert. Ihr Bruder Wilhelm empfand *„dies scharfe Gesicht mit der fürchterlich dicken Puderlage [...] ganz schaudervoll"*. Dieses Missfallen mag in mancher Hinsicht dem gänzlich dem Zeitgeist der 20er Jahre verpflichteten Auftreten Victorias geschuldet sein, deren Kleidung und Aufmachung nicht mehr mit den Vorstellungen des einstigen Kaiserhofes konform ging.

Victoria war bemüht, sich in der veränderten Welt einzurichten. Mit der Familie ihres verstorbenen Mannes hatte sie sich auf ein lebenslanges unentgeltliches Wohn- und Nutzungsrecht im Schaumburger Palais und eine feste Rente geeinigt. Als das fremde Militär 1926 abzog, hatte es seine Spuren in dem Anwesen zurückgelassen, wie sie erkennen musste: *„Ich war entsetzt, als ich die vielen Beschädigungen sah; denn mein Haus war wegen seiner Sauberkeit und Ordnung immer berühmt gewesen. Teppiche und Vorhänge waren ruiniert, kleine Silbergegenstände aus dem Salon verschwunden, und da mein Porzellan stets in Gebrauch war, waren viele Teller angestoßen oder ganz zerbrochen. Leider habe ich nicht mehr die Mittel, sie zu ersetzen. Irgendwie muß man sich an ein anderes Leben gewöhnen und neue Situationen mit möglichst gutem Humor ertragen."* Sie entwickelte sich zu einer exzentrischen Person und stürzte sich in das bewegte Gesellschaftsleben der 20er Jahre. Sie begann sich freier zu fühlen, ging ins Kino und tanzte gerne. Es gab Gerüchte über angebliche Beziehungen Victorias zu verschiedenen jüngeren Männern. Nüchtern und mit einem gewissen Verständnis stellte ihre Nichte Victoria Luise fest, dass die Tante als Witwe einen Lebensstil annahm, *„der sich zunehmend von der Konvention entfernte. Es war nicht zu verkennen, daß sie das Glück suchte, das ihr vom Schicksal vorenthalten worden war."*

Dass mit dem unabhängigeren Leben ihr bis dahin unbekannte Verpflichtungen einhergingen, realisierte die Prinzessin hingegen nicht. Victoria, die nie daran gewöhnt gewesen war, mit Geld umzugehen, und vor allen damit verbundenen Schwierigkeiten abgeschirmt worden war, verlor offenbar die Finanzen aus dem Blick und verschuldete sich. Es fehlte bei ihr aber auch die Bereitschaft, sich entsprechend der völlig veränderten Situation pekuniär einzuschränken. Im Grunde setzte bereits in den frühen 20er Jahren die Tragödie ihres finanziellen Desasters ein.

Nur ein Gigolo

Im Frühjahr 1927 lernte Victoria über einen Bonner Antiquitätenhändler den russischen Emigranten Alexander Zoubkoff kennen. Der 34 Jahre jüngere Zoubkoff behauptete, aus altem russischen Adel zu stammen. Die Revolution in Russland habe ihn gezwungen, sich ins Ausland abzusetzen, wo er nun seinen Lebensunterhalt mit allerlei zweifelhaften Jobs bestreiten müsse. In seinen Erinnerungen wählte der Hochstapler und Eintänzer später selbst einen ziemlich verräterischen Vergleich für sein Leben, das *„ein reicher phantastischer Film“* gewesen sei. Gegenüber einem deutschen Journalisten bekannte eine Verwandte Zoubkoffs voll Ironie: *„Er liebte es aus seinem familiären Hintergrund eine große Sache zu machen“*.

Die seit dem Tod ihres Mannes vereinsamte Victoria war für den aalglatten Gigolo eine leichte Beute. Sie nahm dem gut aussehenden Zoubkoff bereitwillig seine fantastischen Geschichten ab und verschloss die Augen vor den ganzen Ungereimtheiten und Fragwürdigkeiten, die ihn umgaben. Ein spätes Glück schien plötzlich für sie möglich zu sein. Schon nach kurzer Zeit glaubte sie ohne ihn nicht auskommen zu können: *„Ich fürchte mich, an den Tag zu denken, an dem er Bonn verlassen wird; es wird ohne ihn traurig und einsam sein. Er ist ein Teil meines Lebens geworden“*. Mit Recht sah Fürstin Daisy Pless in der Isolation der Prinzessin einen Hauptgrund für ihr unsinniges Eheabenteuer mit ihm: *„Vicy hatte keine verständigen Freunde in ihrer Nähe, die ihre Einsamkeit mit ihr geteilt oder sie gut beraten hätten.“*

Zur großen Bestürzung der Häuser Hohenzollern und Schaumburg-Lippe wie des gesamten Hochadels beschloss die verliebte Victoria, den unsteten und verschwenderischen Hochstapler zu heiraten. Genau 27 Jahre nach ihrer ersten Eheschließung ging die 61 Jahre alte Prinzessin mit Zoubkoff am 19. November 1927 in Bonn eine zweite Ehe ein, die für Aufsehen sorgte. Sie war gewillt, sowohl das Gerede der Leute als auch die Entrüstung ihrer Verwandten und Bekannten über diese neue Heirat zu ignorieren: *„Ich denke nicht daran, mein und meines Bräutigams Glück der Kritik der Welt zu opfern."* Ihre Schwestern Sophie und Margarethe waren entsetzt über die Vorstellung, dass Victoria diesen obskuren Mann heiraten wollte. Sophie ließ ihrer Empörung freien Lauf, als sie in ungewohnt drastischen Worten gegenüber Robert Stuker, dem Kammerherrn ihres verstorbenen Schwiegervaters, äußerte: *„Man sollte das dumme Luder tüchtig verhauen und hernach endgültig einsperren!"* Angesichts von Victorias eiserner Entschlossenheit, dem Schicksal nochmals einige schöne Tage abzutrotzen, musste auch ihr Bruder Heinrich mit seinem Versuch, im Auftrag Wilhelms mäßigend auf sie einzuwirken, erfolglos bleiben.

Bei der standesamtlichen Trauung im Bonner Rathaus war die halbe Stadt auf den Beinen. *„Als wir nach der Zeremonie herauskamen"*, entsann sich Zoubkoff, *„war das Gedränge um uns her derartig, daß die Polizei uns erst den Weg zum bereitstehenden Auto bahnen mußte."* Weil sich die evangelischen Pfarrer in Bonn und Umgebung geweigert hatten, die kirchliche Trauung zu vollziehen, segnete ein russisch-orthodoxer Priester aus Wiesbaden das Paar am 21. November im Palais Schaumburg ein. Wie bei ihrer ersten Hochzeit trug Victoria den Brautschleier ihrer Mutter. Sie gab sich ganz der Illusion hin, dass *„sich ein neues Leben vor mir eröffnet hat"*. Während ihre gesamte Familie durch Abwesenheit glänzte, nahm ein Vertreter der Medien am Hochzeitsmahl teil.

Begierig stürzte sich die Presse auf die skandalträchtige Heirat. Am meisten Aufmerksamkeit erregte der große Altersunterschied zwischen dem Brautpaar, wie sich Zoubkoff erinnerte:

„Dies schien ihnen beinahe noch sensationeller, als daß ein russischer Bürger eine deutsche Prinzessin heiratete. Wer je Gelegenheit gehabt hat, I. K. H. kennen zu lernen, weiß, daß es ihr wie manchen anderen hochgestellten Frauen, die die Zeit hatten, sich zu pflegen und ihre Gesundheit zu erhalten, gelungen ist, außerordentlich jugendlich zu bleiben. [...] Es verdroß mich auch, daß die Leute sich nicht vorstellen konnten, daß es zwischen zwei Menschen doch auch noch andere Beziehungen gäbe, als jene, die einen fünfundzwanzigjährigen Mann in die Arme einer zwanzigjährigen Frau treiben." Über die durchweg wenig freundlichen Reaktionen, die ihre zweite Ehe auslöste, zeigte sich die offenbar recht weltfremde Victoria überrascht: *„Es erstaunt mich, daß eine so private und persönliche Angelegenheit wie die Heirat einer Prinzessin so publik wird, daß die Welt sie als eine Angelegenheit von weitgehendem Interesse behandelt, besonders in meinem Fall, da ich so viele Jahre lang ein unauffälliges Leben geführt habe und zehn Jahre lang Witwe gewesen bin."*

Victorias Hoffnungen auf ein neues Glück trogen. Der junge Ehemann, der sich von ihr seine teuren Hobbys und Passionen finanzieren ließ, verbrachte schon wenige Wochen nach der Hochzeit seine Abende lieber in Berliner Nachtlokalen. Bald verließ Zoubkoff seine Frau endgültig, nicht ohne vorher noch den Rest des ihr verbliebenen Vermögens an sich zu bringen bzw. es sinnlos zu verschleudern. Nach einer kurzzeitigen Inhaftierung wegen einer Schlägerei setzte sich Zoubkoff, der sich in seinen Memoiren gerne als Opfer von Polizei- und Behördenschikanen hinstellte, im März 1928 aus Deutschland ab.

Einsames Ende

Victoria durchlebte zusammen mit dem Scheitern ihrer zweiten Ehe einen ungeheuren sozialen Absturz, der sie für immer aus ihrer altgewohnten Welt vertrieb. Im September 1929 musste die hochverschuldete Kaiserschwester aus ihrem langjährigen

Heim, dem repräsentativen Palais, ausziehen, nachdem ihr das Haus Schaumburg-Lippe das Wohnrecht entzogen und bereits im März das Konkursverfahren in die Wege geleitet hatte. Während sie bis dahin noch über eine Hofdame, einen Kammerdiener, zwei Dienstmädchen, eine Köchin und eine Jungfer verfügen konnte, musste sie sich nun mit einem kleinen Wohnraum im Hotel ‚Villa Friede' in Bad Godesberg-Mehlem bescheiden. Das gesamte Inventar ihres einstigen Palais wurde vom 15. bis zum 19. Oktober 1929 durch die Kölner Kunsthandlung Mathias Lempertz versteigert und erbrachte über 300.000 Mark. Im Vorwort des Auktionskatalogs wurde darauf hingewiesen, dass es sich bei den zum Aufruf kommenden Objekten aus dem Palais Schaumburg im Wesentlichen um *„Erbgut der Ursprungshäuser der beiden Ehegatten, Prinz Adolf zu Schaumburg-Lippe und Prinzessin Victoria von Preußen"*, handele.

Wohl hauptsächlich aus Geldmangel veröffentlichte Victoria ihre Erinnerungen. Der britische Verlag ‚Eveleigh, Nash and Grayson' war deswegen mit einer Anfrage an sie herangetreten. Da sie den Text Ende 1927 abschloss, endet die Autobiografie mit ihrer Hochzeit mit Alexander Zoubkoff. Diese Memoiren, die ihr Leben in einem stark geschönten Licht schildern und stets nur der glatten Oberfläche verhaftet bleiben, erschienen im Sommer 1929 in England, ehe sie dann noch im selben Jahr ab dem 26. Oktober in einer deutschen Übersetzung im Bonner ‚General-Anzeiger' in 25 Folgen publiziert wurden.

Anfang November reichte die zutiefst enttäuschte und verbitterte Victoria die Scheidung von Zoubkoff ein, der zuvor versuchte hatte, sie mit Briefen zu erpressen, für die er 10.000 Mark forderte. Die mit ihr früher befreundete Fürstin Pless stellte bedauernd fest, Victoria sei dem Irrtum aufgesessen, *„daß man den Glanz der Jugend noch einmal zurückrufen könnte"*. Bevor die Ehe geschieden werden konnte, starb die Prinzessin. Auf diese Weise blieb ihr immerhin die mit der Scheidung verbundene unvermeidliche Publizität in ihren sämtlichen unerfreulichen Begleiterscheinungen erspart. Wegen einer beidseitigen Lungenentzündung sowie einer Rippenfellentzündung lag sie seit dem 9. November im Bonner Franziskushospital, wo sie am 13. November 1929 an Herzlähmung starb. Prompt gab es Gerüchte, sie habe Selbstmord begangen. Ihre jüngste Schwester Margarethe, zu der sie bis zum Schluss in einem vertrauten Verhältnis gestanden hatte, sorgte für ein Begräbnis in der Kronberger Burgkapelle, der Familiengrablege der Landgrafen von Hessen, was sich Victoria gewünscht hatte. Von Wilhelm II. kam ein Strauß weißer Rosen zur Beisetzung.

Alexander Zoubkoff, der über Brüssel nach Luxemburg gegangen war, sollte die Hohenzollernprinzessin nicht lange überleben. Nachdem er Deutschland verlassen hatte, machte er seine Ehe mit Victoria umgehend zu Geld, indem er noch 1928 seine romanhaften Erinnerungen herausbrachte. Zeitweise arbeitete er in einem Lokal, das explizit damit warb, dass der Gast hier vom Schwager des einstigen deutschen Kaisers bedient werde. Zoubkoff führte wieder ein ähnlich fragwürdiges Leben wie vor seiner Heirat, bevor er 1936 an den Folgen seines Alkohol- und Drogenmissbrauchs verstarb.

Sophie (1870–1932)

Unter den Geschwistern Wilhelms II. bestieg einzig Sophie einen Königsthron, der ihr allerdings wenig Glück bringen sollte. Wie ihre beiden Schwestern Victoria und Margarethe hatte sie eine besonders enge Beziehung zur Mutter, was sich zeitweise auch belastend auf Sophies Verhältnis zu ihrem ältesten Bruder auswirkte. Ähnlich wie ihre Lieblingsschwester Margarethe war es ihr daher später ein Anliegen, dem Andenken ihrer Mutter durch eine entsprechende Publikation mehr Gerechtigkeit widerfahren zu lassen. Seit 1924 beschäftigte sie sich deshalb mit dem Plan, die Briefe, die ihre Mutter seinerzeit an sie schrieb, zu veröffentlichen, was sie selbst nicht mehr verwirklichen konnte. Erst ihre Tochter Elena, die Königinmutter von Rumänien, konnte dieses Vorhaben umsetzen. Auf ihre Bitte hin übernahm es der ehemalige britische Air Vice-Marshal Arthur Gould Lee eine Auswahl von diesen Briefen zu edieren, die 1955 erschien.

„... das liebe kleine Wesen“

Die zukünftige Königin der Hellenen kam am 14. Juni 1870 im Neuen Palais in Potsdam zur Welt. Ihre Geburt verlief komplikationslos. Zufrieden vermerkte Kronprinz Friedrich über seine gerade geborene Tochter in seinem Tagebuch: *„Gleich nach 9 Uhr ward das liebe kleine Wesen geboren, blaß von der schweren Arbeit aber kräftig gebaut, gesund u. das hübscheste in dem Alter von allen unseren Neugeborenen.“* Ihre Taufe am 24. Juli, bei der sie die Namen Sophie Dorothea Ulrike Alice erhielt, stand wie einst bei ihrer Schwester Victoria ganz unter dem Eindruck von kriegerischen Ereignissen. Dieses Mal sorgte der heraufziehende Deutsch-Französische Krieg von 1870/71 für eine traurige Stimmung. *„Kummer und eine Vorahnung alles kommenden Elendes überschatteten die Zeremonie, die ein Akt der Fröhlichkeit und Dankbarkeit hätte sein sollen“*, berichtete ihre Mutter Victoria betrübt nach England. Kaum war das Kind getauft, reiste der Kronprinz auch schon wieder an die Front ab. Die Queen konnte dem Namen Sophie für ihre neue Enkelin nicht viel abgewinnen. Im Familienkreis bürgerten sich für sie die Kosenamen ‚Sossie' oder ‚Fozzie' ein. Zusammen mit den ihr im Alter am nächsten stehenden Schwestern bildete sie ein enges Trio. Vor allem zu der keine zwei Jahre jüngeren Margarethe entwickelte sich ein inniges Verhältnis.

Ihre weitgehend sorgenfreie Kindheit und Jugend endeten mit dem Ausbruch der tödlichen Krebserkrankung ihres Vaters. Sophie erlebte dessen tragischen Krankheitsverlauf und Sterben aus unmittelbarer Nähe mit. Ihr 18. Geburtstag stand durchweg im Zeichen des nahen Todes Kaiser Friedrichs III., der seiner Tochter noch einen Blumenstrauß samt einem Zettel überreichen konnte, auf den er geschrieben hatte: *„Bleibe immer fromm und gut wie Du bisher gewesen. Das ist der letzte Wunsch Deines sterbenden Vaters."* Nach seinem Tod am 15. Juni 1888 in Potsdam wurde sie gemeinsam mit ihren Schwestern Victoria und Margarethe zur Stütze der völlig zusammengebrochenen Mutter. Vor den offiziellen Beisetzungsfeierlichkeiten waren die drei jüngsten Töchter mit ihr nach dem Krongut Bornstedt aufgebrochen, um erst nach Abschluss der Feierlichkeiten in die Kirche zurückzukehren, wo sie nun ungestört am Sarg des Vaters beten konnten.

Laut Meriel Buchanan, der Tochter des britischen Diplomaten George Buchanan, bewunderte Sophie ihren Bruder Wilhelm als Kind, doch später hatte sie oft Meinungsverschiedenheiten mit ihm. Zu diesen kritischen Momenten im gegenseitigen Verhältnis zählte die konfliktreiche Zeit während der Krankheit und des Todes des Vaters, als sie Wilhelms Benehmen gegenüber den Eltern als grausam empfand.

„... da der Kronprinz ungewöhnlich reizend war"

Prinzessin Sophie galt unter den drei jüngsten Töchtern des deutschen Kronprinzenpaares als die einnehmendste und hübscheste und zugleich in ihrem Auftreten würdevollste. Wegen der Bedeutung, der man gerade in Berlin den guten Beziehungen zu Russland beimaß, wurde sie zeitweise als mögliche Braut für den russischen Thronerben, den späteren Zaren Nikolaus II., in Betracht gezogen. Den Auslöser für derartige ‚Planspiele' bot offenbar ein Geheimbericht von Herbert von Bismarck aus St. Petersburg vom 23. April 1884. Er hatte darin seinem Vater Otto von Bismarck mitgeteilt, man habe Überlegungen an ihn herangetragen, ob es nicht erstrebenswert sei, eine Heirat zwischen dem russischen Thronerben und einer der jüngsten Töchter des Kronprinzen Friedrich Wilhelm zustande zu bringen. Bei Kaiser Wilhelm I. stießen derlei Zukunftspläne erwartungsgemäß auf ein positives Echo, weil er eine solche Verbindung *„aus persönlichen wie aus politischen Gründen"* seinem Kanzler zufolge *„für sehr erfreulich und im Interesse beider Völker wünschenswert"* ansah. Konfessionelle Bedenken hegte der alte Kaiser nicht, aber ein persönliches Kennenlernen der Heiratskandidaten hielt er für wichtiger als es sein Kanzler Bismarck für gut befand. Bei Wilhelm I. kamen in dieser Sache im Gegensatz zu Bismarck verständlicherweise eben auch familiäre Gefühle ins Spiel. Der Kanzler rechnete von vornherein mit Widerstand, der *„vom englischen Einfluß am Hofe"* ausgehen würde. Friedrich von Holstein, der einflussreiche Diplomat im Auswärtigen Amt, zeigte sich hingegen skeptisch, ob dieses Vorhaben nicht vielmehr an der Abneigung der Zarin Maria Fjodorowna gegen das Haus Hohenzollern scheitern werde. Ein Jahr später notierte Holstein im Juni 1885, Kronprinzessin Victoria habe sich im Hinblick auf ihre jüngeren Töchter dahingehend ausgesprochen, dass sie hoffe, für sie *„mäßige Partien in Deutschland zu finden, die seien ihr lieber als fremde Throne. Die letztere Bemerkung geht jedenfalls gegen das Projekt, eine der kleinen Prinzessinnen mit dem russischen Thronfolger zu vermählen."* Derlei offenkundig in ähnlicher Form auch später geäußerte Verlautbarungen Victorias verärgerten den hohen Militär Graf Alfred von Waldersee, der der Kronprinzessin grundsätzlich wenig freundlich gesonnen war. Er fasste es als bedenklich auf, dass sie einer solchen Heirat so negativ gegenüberstand, da diese Verbindung in politischer Hinsicht *„für uns von der allergrößten Tragweite"* sein könnte. Der Graf bezweifelte allerdings mit Recht, dass *„der Zar so großen Wert auf diese Partie legt"*. Seiner Ansicht nach hatte der Berliner Hof *„das größere Interesse"* daran. Tatsächlich zeigte sich die Kronprinzessin den russischen Heiratsplänen jedoch nicht gänzlich abgeneigt und erging sich laut einem Schreiben des Oberhofmarschalls Graf Radolin an den Reichskanzler von Ende Juli 1886 in *„vagen Ideen"*. Sie entwickelte Überlegungen, ob nicht Sophie aus Altersgründen besser zum Großfürsten Paul, dem jüngsten Bruder des Zaren Alexander III., und ihre jüngste Tochter Margarethe dagegen zum Großfürsten Nikolaus passen würde. Eine derartige Doppelhochzeit böte den Vorzug, dass sich die beiden Schwestern zusammen *„leichter"* in Russland *„heimisch fühlen würden"*. Die Initiative dazu müsse von Russland ausgehen. Wahrscheinlich erhoffte sich die Kronprinzessin von diesem Entgegenkommen eine Zustimmung zu der umstrittenen Battenberger Heirat für ihre Tochter Victoria.

Zu Beginn des Jahres 1887 kam der Botschaftsrat in St. Petersburg, Bernhard von Bülow, gegenüber Herbert von Bismarck abermals auf die Vorteile einer solchen Verbindung für die deutsche Politik zu sprechen. Auch er erwartete sich wegen des Battenberger Heiratsprojekts eine Unterstützung durch die Kronprinzessin, *„welche sich ja in politischen Fragen nur von persönlichen Gefühlsmomenten leiten läßt. Sitzt nur erst eine Tochter der Kronprinzessin in St. Petersburg, so wird I. Kais. Hh. trotz Battenbergs und England jede Verstimmung zwischen Deutschland und Rußland zu vermeiden trachten."*

Während die Idee einer Heirat zwischen dem Großfürsten Nikolaus und Sophie im Frühjahr 1888 nochmals ins Spiel gebracht wurde, waren die Würfel längst gefallen. Beim Goldenen Thronjubiläum ihrer Großmutter, der englischen Königin Victoria, im Juni 1887 hatte die Prinzessin den gut aussehenden griechischen Kronprinzen, Herzog Konstantin von Sparta, näher kennengelernt. Beide fühlten sich sofort voneinander angezogen.

Der lebhafte, hochgewachsene Prinz war der älteste Sohn des griechischen Königs Georg I. und dessen Gemahlin Olga Konstantinowna, einer Nichte des russischen Zaren Alexander II. Der am 2. August 1868 geborene Kronprinz, der Diadoch, war auf den symbolträchtigen Namen des letzten Kaisers des Byzantinischen Reichs getauft worden. Auf diese Weise sollte die glanzvolle Vergangenheit mit den Hoffnungen für die Zukunft verbunden werden. Zum Zwecke der Ausbildung seines Nachfolgers hatte König Georg seine Antipathien gegen Deutschland und speziell gegen Preußen überwunden und Konstantin zeitweise in Leipzig und Heidelberg studieren lassen. Damit er Disziplin lernte, wurde er für einige Wochen an die preußische Militärakademie zu militärischen Studien geschickt. Dass Konstantin, der in der Familie ‚Tino' genannt wurde, nicht im Ruf eines Intellektuellen stand, empfand die Queen nicht als Makel, da sie die Auffassung vertrat, dass *„ein gutes Herz und ein guter Charakter [...] weit wichtiger als Klugheit"* seien. Der Hofmarschall der Kaiserin Friedrich, Freiherr von Reischach, stellte dem Kronprinzen, was seine Geistesgaben betraf, ein freundlicheres Zeugnis aus; denn er erinnerte sich später an ihn als einen jungen liebenswürdigen Mann *„mit viel Passion für das Militär, trotz seiner Jugend ein feiner Beobachter und Kenner der Menschen und Länder"*.

Die damals in Athen regierende Dynastie saß noch nicht lange auf dem Königsthron. Seit der vom Osmanischen Reich erkämpften Unabhängigkeit Griechenlands hatte auf Wunsch der drei Großmächte Großbritannien, Russland und Frankreich, die sich auch in Zukunft immer wieder in die inneren Angelegenheiten des Landes einmischen sollten, der aus dem Hause Wittelsbach stammende König Otto I. über den neuen Staat regiert, bevor ihn 1862 ein Aufstand ins Exil zwang. Vor allem mit der Unterstützung Großbritanniens folgte ihm wenige Monate später, im März 1863, der zweite Sohn des dänischen Königs Christian IX. aus dem Hause Schleswig-Holstein-Sonderburg-Glücksburg als Georg I. auf den unsicheren griechischen Thron nach. Von Anfang an war es problematisch, dass der neue Staat nur einen Teil der griechischen Bevölkerung des Osmanischen Reichs umfasste. Die ‚Megali Idea', die Große Idee, die das Ziel hatte, alle Teile der griechischen Welt zu vereinen und so das alte Byzantinische Reich wieder zu errichten, sorgte bis ins 20. Jahrhundert hinein für kriegerischen Konfliktstoff, weil alle neu entstandenen Balkanstaaten ein größtmögliches Stück aus dem zerbröckelnden Osmanischen Reich für sich sichern wollten. Unter König Georg I. blieben wie schon unter Otto I. die innenpolitischen Verhältnisse in Griechenland, die durch einen stetigen Kampf um politische Macht und Klientelbeziehungen bestimmt waren, instabil. Die Situation des Königshauses konnte keineswegs als sicher bezeichnet werden.

Wenige Monate nach dem Tod ihres Vaters verlobte sich Sophie am 3. September 1888 mit dem griechischen Kronprinzen Konstantin. Ihre Schwester Victoria erinnerte sich später, dass die Verlobung auf ihre sonst so niedergedrückte Mutter *„wie ein Sonnenstrahl wirkte, da der Kronprinz ungewöhnlich reizend war und die jungen Leute die größte Liebe zueinander empfanden."* Tatsächlich sah Kaiserin Friedrich die Zukunft nicht ganz so hell; denn am Tag der Verlobung notierte sie in ihr Tagebuch: *„Wäre der Bräutigam nur nicht so jung und Griechenland so weit und eines der Elemente des ungelösten und gefährlichen Orientproblems! Er ist sehr nett und lieb und wohlerzogen"*. Sie hegte außerdem Zweifel, ob ihre Tochter in der fremden Umgebung wirklich glücklich werden würde. Sie betrachtete darüber hinaus Griechenland als ein unterentwickeltes und armes Land. Das ausgesprochen jugendliche Alter des Bräutigams stach auch der Hofdame der Kaiserin Auguste Victoria, Gräfin Mathilde von Keller, ins Auge: *„Er hat ein offenes, gutes Kindergesicht, ist noch schrecklich jung, eben erst 20 Jahre geworden; die Berliner nennen ihn daher anstatt ‚Herzog von Sparta' – ‚Herzog von Quarta'. Der Kaiser scheint sehr befriedigt zu sein."* Wilhelm II. war in der Tat von der Aussicht angetan, dass durch diese Heirat mehrere Herrscherhäuser miteinander verbunden würden. Die Queen nahm dieses erfreuliche Ereignis zum Anlass, den Bräutigam ihrer Enkelin gegenüber ihrer Tochter nochmals freundlich zu würdigen: *„Tino ist ein guter, zuverlässiger junger Mann, und Sophie mag ihn sehr, und er entstammt liebevollen Eltern und einer sehr einigen, liebevollen Familie. Und dies ist ein unbezahlbarer Segen."*

Hochzeit in Athen

Das griechische Königshaus versprach sich von der Vermählung seines Kronprinzen mit der Schwester des Kaisers eine Stärkung der dynastischen Position, in der auch zahlreiche Griechen einen Garanten politischer Stabilität in ihrem relativ jungen Staat sahen. Generell empfanden viele von ihnen diese Heiratsverbindung für ihren Thronerben als schmeichelhaft. Während Sophie zur Freude einer Reihe ihrer Angehörigen eine eindrucksvollere Partie als alle ihre Schwestern einging, brachte Reichskanzler Bismarck für diese Heirat aus außenpolitischen Gründen kaum Begeisterung auf. Bereits im September 1888 erging seine Weisung, dass die guten Beziehungen Deutschlands zum Osmanischen Reich einstweilen wichtiger als jene zu Griechenland seien. In seinen Augen war die griechische Politik nämlich *„eine strebsame, remuante* [unruhige] *und unberechenbare"*. Er misstraute dabei weniger dem Königshaus als vielmehr den dortigen Politikern. Besorgt stellte er fest: *„Eine ersichtliche Annäherung Deutschlands an die griechische Politik würde alle Großmächte beunruhigen, vor Allem unsere gegenwärtigen Bundesgenossen Oesterreich und Italien."* Er empfahl Wilhelm II. deswegen, *„zu verhüten, daß die verwandtschaftlichen Beziehungen zu dem griechischen Königshause eine politische Bedeutung erzielten, durch welche die deutsche Politik den anderen Großmächten gegenüber präjudicirt werden könnte."* Sophie sollte in den kommenden Jahrzehnten am eigenen Leib erfahren, dass das außenpolitische Verhältnis zwischen ihrer alten und neuen Heimat alles andere als einfach war und ihren Lebensweg nachhaltig beeinflusste.

Mitte Oktober 1889 wurde in Berlin als Abschiedsfeier eine *„Paradetafel in Courschleppe"* für die Prinzessin veranstaltet. Sophie sah dabei laut der kaiserlichen Hofdame Gräfin Keller *„reizend aus, ernst und allerliebst bei dem Cercle, bei dem sie sich von dem Berliner Hof verabschiedete. Kaiserin Friedrich machte einen unbeschreiblich wehmütigen Eindruck, ganz in Schwarz, ohne Schmuck, umgeben von ihren Damen."* Als Sophie am 25. Oktober in Begleitung ihrer Mutter und Schwestern auf der königlich-griechischen Jacht ‚Amphitrite', auf der sie das letzte Stück der Reise nach Griechenland zurücklegten, eintraf, vermerkte ihr englischer Cousin George, der Prinz von Wales, dazu kurz und knapp: *„Sophie wurde überall ein prachtvoller Empfang bereitet, große Menschenmenge, Stadt geschmückt."*

Im Vorfeld der Feierlichkeiten sorgten wieder einmal Unstimmigkeiten innerhalb der kaiserlichen Familie für gehörigen Verdruss. Die überaus fromme Kaiserin Auguste Victoria hatte den Anlass dafür geliefert, indem sie ihrer Schwiegermutter erst auf dem Weg nach Athen mitteilen ließ, dass sie für die protestantische Trauung Sophies einen betont konservativen Hofgeistlichen mitbringen werde, für den die Kaiserinwitwe wenig Sympathien hegte. Die überraschte Brautmutter, die sich mit König Georg I. darauf geeinigt hatte, dass dessen Kaplan die protestantische Zeremonie abhalten sollte, reagierte verärgert: *„Sie hatten ein Jahr lang Zeit, es zu überlegen & zu besprechen … Höchstwahrscheinlich wußte Dona, daß ich & Sophie dagegen sein würden, daher geschah es hinter meinem Rücken."* Schließlich kam man überein, dass der Geistliche des griechischen Königs gemeinsam mit dem Berliner Hofprediger die protestantische Trauung vollziehen solle. Vielleicht lässt sich auf diese Verstimmung auch der formlose Empfang des deutschen Kaiserpaares bei seinem Eintreffen in Piräus zurückführen. Jahre später erzählte Kaiserin Auguste Victoria der Fürstin Radziwill, dass sich die griechische Königsfamilie ihnen gegenüber damals in Athen generell wenig freundlich verhielt. Die Kaiserin, die selbst Dänisch verstand, empfand es nämlich als *„taktlos"*, dass sich die Königsfamilie in der Konversation mit ihrem Ehemann immer des Dänischen bediente, obwohl Auguste Victoria sie darauf hingewiesen hatte, dass Wilhelm diese Sprache nicht beherrschte.

Für Athen stellte die Hochzeit von Kronprinz Konstantin mit Prinzessin Sophie ein besonderes Ereignis dar; denn erstmals fand hier nach Jahrhunderten wieder eine Vermählung eines griechischen Thronfolgers statt. Zahlreiche europäische Fürstlichkeiten statteten der griechischen Hauptstadt aus diesem Anlass einen Besuch ab, um an den festlichen Veranstaltungen teilzunehmen. Außer der deutschen Kaiserfamilie waren das dänische, englische und russische Herrscherhaus mit wichtigen Repräsentanten vertreten. Da der Athener Hof nicht über ein so altehrwürdiges Gepränge und so prachtvolle zeremonielle Entfaltungsmöglichkeiten verfügte wie die anderen großen europäischen Höfe, fühlte sich das griechische Königspaar veranlasst, hohe Maßstäbe für die Festivitäten zu setzen, die allerdings einen Organisationsmarathon bedingten. Hofmarschall Hugo von Reischach würdigte die Anstrengungen als *„eine fabelhafte Leistung des griechischen Hofes, alle die vielen fürstlichen Gäste und Umgebungen unterzubringen und zu bewirten. Viele reiche Griechen hatten ihre Häuser zur Verfügung gestellt. Die Regie der langen Festlichkeiten behielt aber König Georg selbst in der Hand, und wenn auch alles nicht so sein konnte, wie am deutschen, russischen, österreichischen oder englischen Hofe, so verlief doch alles gut.“* Auf die Angehörigen des Berliner Hofes wirkte bereits die griechische Bevölkerung exotisch, *„die in ihren teilweise sehr phantastischen und farbigen Kostümen einen recht anderen Anblick bot als bei uns daheim“*. Nüchtern vermerkte dagegen Graf Herbert Bismarck, dass der Enthusiasmus *„überall auf den Straßen Athens groß“* sei, *„wohl eine Eskomptierung* [Vorwegnahme] *der zukünftigen deutschen Unterstützung für griech. Aspirationen“*.

An Sophies Hochzeitstag, dem 27. Oktober 1889, präsentierte sich Kaiserin Friedrich erstmals ohne Witwenkleidung in einer hellgrauen Robe. Sie hatte sich dazu durchgerungen, wie sie der Queen mitteilte, weil die abergläubischen Griechen Schwarz als

„böses Omen" ansehen würden. Ausführlich schilderte sie ihrer Mutter ihre Eindrücke: *„Meine geliebte Sophie sah so süß und ernst und ruhig aus, mein kleines Lamm, und ich fühlte mich während des Gottesdienstes recht elend, da ich an meinen geliebten Fritz dachte und mir überlegte, wie gern er sein Kind gesehen hätte und wie wir einander getröstet hätten, nun, da wir von ihr scheiden müssen. Ihr Kleid und der Kranz standen ihr sehr gut. Ihr Hals und ihr Nacken sahen weiß und hübsch aus, und der Kranz schmiegte sich schön fest um ihren Kopf. Das Kleid war von weißem Atlas mit einem Einsatz aus Silberstoff und garniert mit Spitzen, gestickten Lilien und Girlanden von Orangenblüten und Myrten. Die Schleppe war aus weißem Atlas mit Silberstickerei in Genueser Ornamenten des 16. Jahrhunderts. Die einzige Unannehmlichkeit war, daß der Schleier fehlte. Wahrscheinlich hatte man ihn in Berlin vergessen. Sie mußte einen einfachen aus Tüll tragen. […] Die Zeremonie in der griechischen Kirche war sehr lang, kam mir aber feierlich und eindrucksvoll vor; die Kirche ist schön, obgleich sie modern ist. […] Das Wetter war prachtvoll, […], und nicht zu heiß […]. Der protestantische Gottesdienst war sehr kurz, aber in der kleinen Kapelle hier sehr hübsch."* Die orthodoxe Trauung in der Athener Kathedrale mutete vielen ausländischen Gästen ziemlich theatralisch an im Vergleich zu der schlichten protestantischen Einsegnung in der Schlosskapelle. Gräfin Keller erschien die nach griechischem Ritus vollzogene Trauungszeremonie als *„sehr anstrengend, zumal wir alle trotz der entsetzlichen Hitze die ganze Zeit über stehen mußten."* Sophies Schwester Victoria erinnerte sich später, dass die Kerzen wegen der enormen Hitze in der Kathedrale umknickten, wobei das geschmolzene Wachs zum Teil auf die bloßen Schultern der Damen tropfte. Gemäß der Hofetikette mussten sie dies ohne Zurückweichen ertragen.

Nach einem aufwendigen Galadiner beendete ein prächtiges Feuerwerk den Tag. Gegenüber den meisten anderen Höfen fiel das Leben am griechischen Königshof weniger zeremoniell und pompös aus. Hier herrschte eine größere Ungezwungenheit.

Dass an dem großen Hofball auch Bauern in Nationaltracht teilnahmen, erstaunte deshalb viele der Gäste. In den dafür gar nicht ausgelegten Räumen drängten sich 4000 Personen. Gräfin Keller ging detailliert darauf ein: „*Die Einladungen hatten sich sehr weit erstreckt, bis zu den ganz einfachen Landleuten, so daß die Fustanella, die landesübliche Tracht der Männer – weißwollene Faltenröcke, die fast bis zum Knie hinabreichen, und reich gestickte bunte Jacken – vielfach vertreten war [...]. Man erzählte sich, daß sich auch Kutscher und Diener in der Gesellschaft befänden, und führte als Beleg an, daß ein Kutscher des deutschen Gesandten, als er von diesem zur Fahrt nach dem Schloß bestellt worden sei, sich entschuldigt habe, diesmal den Dienst nicht übernehmen zu können, da er eingeladen sei.*“

„... wie ungeheuer glücklich ich hier mit meinem Tino bin“

Noch an Sophies Hochzeitstag beklagte sich Kaiserin Friedrich gegenüber ihrer Mutter, dass jetzt ein neuer Lebensabschnitt für sie beginnen werde: „*Mein liebes Kleeblatt, mein Trio, wie Du sie zu nennen pflegtest, ist nun zersprengt; ich fühle das mit bitterem Schmerz. Wahrscheinlich wird nun eine nach der anderen von mir gehen, aber es wird schwer sein, wenn der Tag kommt.*“ Nach ihrer Abreise aus Griechenland setzte ein intensiver Briefwechsel mit Sophie ein. Victoria, die von Griechenland fasziniert war und gerne dorthin zu Besuch kam, wenn Geburten bevorstanden, versorgte ihre Tochter schriftlich mit Ratschlägen aller Art, wie sie ihre neuartige Aufgabe in Griechenland bewältigen sollte, um ihre Stellung im Land zu festigen.

In ihrem ersten Brief an die abgereiste Mutter zeichnete Sophie ein Bild reinster Freude über ihr neues Leben: „*Ich kann Dir gar nicht sagen, wie ungeheuer glücklich ich hier mit meinem Tino bin, und wie ich dieses liebe kleine Haus, die entzückende englische Einrichtung genieße ...*“ Das Kronprinzenpaar bewohnte nach seiner Hochzeit zunächst eine gemietete Villa, bevor es im Herbst 1898 einen eigens erbauten Palast beziehen konnte. Zur englischen Ausstattung seiner Villa passte der Lebensstil des Paares mit Englisch als täglicher Umgangssprache. Sophie lernte es in den kommenden Jahren trotzdem, das Griechische perfekt zu beherrschen, so dass sie sich etwa auf Empfängen mit den Ministern ihres Schwiegervaters in deren Sprache unterhalten konnte. Einen Teil des Sommers pflegte Sophie in England zu verbringen. Zum weniger großen Vergnügen ihres Mannes besuchte sie mit wahrer Leidenschaft die eleganten Londoner Kaufhäuser. Gegenüber ihrer Mutter räumte sie fröhlich ein, dass die verlockenden Geschäfte in London wahrscheinlich ihren Ruin bedeuten würden, *„wenn ich länger hier leben würde"*. Im Grunde sagte Sophie das Leben in der Heimat ihrer Mutter deutlich mehr zu als jenes in Griechenland. Gegenüber der Fürstin Daisy Pless bekannte sie, sie sei *„am liebsten"* in England, wo sie aber auch im Vergleich zu Deutschland alles viel bequemer und angenehmer fand.

Sophies Ehe verlief offenbar recht harmonisch und glücklich, wenngleich sich Konstantin, ähnlich wie sein Vater, kleine Seitensprünge erlaubt zu haben scheint. Laut den Denkwürdigkeiten des Fürsten von Bülow, der vorübergehend als Geschäftsträger an der deutschen Botschaft in Athen tätig war, wandte sich Sophie in dieser Sache an ihren Schwiegervater um Rat. Georg I. empfahl ihr daraufhin, ihre Schwiegermutter zu befragen, diese könne ihr *„in dieser Beziehung die besten Ratschläge geben"*. Obwohl sich die Geburten ihrer Kinder für die zierliche Sophie immer schwierig gestalteten und sie gesundheitlich stark belasteten, stammten drei Söhne und drei Töchter aus der Ehe des Kronprinzenpaares, die zwischen 1890 und 1913 zur Welt kamen. Das frühe Erscheinen von Sophies erstem Kind, dem späteren König Georg II., hatte bei einigen Familienmitgliedern allerdings Besorgnis ausgelöst. Als sie von der Geburt des Jungen am 19. Juli 1890 erfuhr, zeigte sich die Queen als echte Viktorianerin sehr beunruhigt: *„Was soll ich über dieses unglückliche, wenn auch glückliche Ereignis sagen, das so früh* *gekommen ist?"* Sofort rechnete sie nämlich vor: *„Es muss mindestens eine Woche zu früh sein, denn erst am 27. des Monats wird sie volle neun Monate verheiratet sein."* Nichts fürchtete man bei Hofe mehr als Gerede. Die Jungfräulichkeit einer königlichen Braut hatte ebenso außer Frage zu stehen wie die Legitimität des Kindes.

Selbstverständlich lieferte Kaiserin Friedrich auch für die Erziehung ihrer griechischen Enkelkinder, von denen sie begeistert war, unzählige Ratschläge. Für Sophies Kinder, die in einer *„behüteten Umgebung"* aufwuchsen, wurde Englisch genauso wie für ihre Eltern zur Alltagssprache. Zeitweise kamen die Kinder sogar zur Erziehung nach England. Sophie und ihr Mann legten außerdem Wert darauf, dass sich ihre Kinder nichts auf ihre königliche Abkunft einbildeten.

Nicht immer war Sophie von den zahlreichen mütterlichen Vorschlägen angetan, die per Brief bei ihr eintrafen, doch in vielem folgte sie den Anregungen von Kaiserin Friedrich. So kümmerte sie sich dementsprechend intensiv um das Gesundheitswesen, hygienische Verbesserungen, das Schulwesen und die Schaffung von Arbeitsmöglichkeiten für Frauen, indem sie das Kunsthandwerk förderte. Kaiserin Friedrich beschränkte sich bei ihren Empfehlungen jedoch nicht nur auf die persönliche Lebensgestaltung ihrer Tochter und das soziale Engagement, das von Damen ihres Standes erwartet wurde, sondern schreckte auch vor politischen Ratschlägen nicht zurück. Zu ihrem leichten Befremden schenkte Sophie der Politik allerdings nicht übermäßig viel Beachtung, sondern konzentrierte sich mehr auf ihre Familie. 1893 fühlte sich die Kaiserinwitwe daher bemüßigt, ihr mehr Interesse an derlei Fragen ans Herz zu legen: *„Aber die Angelegenheiten der Nation, zu der man gehört, sind natürlich eine der hauptsächlichen und vordersten Interessen und Beschäftigungen im Leben. Sie verursachen einem zwar oft Kummer und Angst, aber man kann nicht umhin, zutiefst an ihnen interessiert zu sein."*

Im Gegensatz zu ihrer dynamischen Mutter war Sophie wesentlich zurückhaltender und erschien ihrer Umgebung nicht selten als distanziert. Kaiserin Friedrich lobte ihre schüchterne

Tochter deswegen etwa 1891 ausdrücklich dafür, dass sie sich nun mehr ihren gesellschaftlichen Verpflichtungen stellte: *„Ich bin so froh, dass Du Dinners geben wirst. Ich fürchte, dass Dich dies langweilen wird, aber es ist doch so gut, dass Dich die Leute kennenlernen und dass Du ihnen Höflichkeiten erweist. Für Tinos und Deine Position ist es so wichtig – auch dass Du Dir einen kleinen Bekanntenkreis schaffst, den Du ab und zu für eine Tasse Tee am Abend einladen kannst. […] Es würde Tinos Einfluss erhöhen, und es lohnt sich, das Opfer zu bringen, hin und wieder etwas gelangweilt zu werden. Du wirst dafür Deine ruhigen Abende zu Hause umso mehr genießen!"* In dieselbe Richtung zielten auch die Versuche von Kaiserin Friedrich, ihre Tochter zu mehr öffentlicher Präsenz in ganz Griechenland zu drängen: *„Hast Du schon Pläne, in Griechenland ein bisschen zu reisen, die Provinzen zu sehen, […]? Man hört so oft, wie gut es wäre, wenn Du und Tino euch im Land zeigen würdet. Ich weiß, dass sich die Leute danach sehnen"*. Sophie verfügte freilich über keine sehr robuste Gesundheit und neigte leicht zu Niedergeschlagenheit. Häufig plagte sie Heimweh, weshalb der ihr nicht sonderlich wohl gesonnene ehemalige Sekretär ihres Mannes, George Mélas, 1920 behaupten sollte, dass sie *„zu keiner Zeit Liebe für Griechenland empfand"*. Dass sie das Leben in Athen nicht immer als angenehm auffasste, hatte sie 1898 gegenüber dem britischen Diplomaten Maurice de Bunsen allerdings selbst durchblicken lassen, der daher den Eindruck gewann, es stelle für Sophie offenkundig eine *„große Nervenbelastung"* dar.

Die Konversion

Für neuen Streit innerhalb der kaiserlichen Familie, der sich postwendend auf dem diplomatischen Parkett auswirkte, sorgte im Dezember 1890 Sophies Ankündigung, zum griechisch-orthodoxen Glauben konvertieren zu wollen. Sowohl als Gemahlin wie auch als Mutter des künftigen griechischen Königs erschien ihr dies als angemessen und notwendig. Darüber hinaus sollte dieser Schritt ihre Verbundenheit mit der neuen Heimat unterstreichen.

Als sie ihre Absicht kurz nach den Hochzeitsfeierlichkeiten ihrer Schwester Victoria in Berlin verkündete, bewirkte dies schwere Differenzen mit dem Kaiserpaar. Wilhelm II. sah in dem von Sophie geplanten Glaubenswechsel eine Geringschätzung des deutschen Protestantismus. Als die Vorhaltungen der extrem bigotten und engherzigen Kaiserin Auguste Victoria gegenüber Sophie darin gipfelten, zu prophezeien, sie werde in der Hölle enden, ließ die griechische Kronprinzessin ihre Schwägerin eiskalt auflaufen und verwies darauf, dass ihre Entscheidung hier niemanden etwas angehe: *„Ob ich in die Hölle komme oder nicht, das ist meine Sache, um das kümmere dich gefälligst nicht.“* Zwischen dem Kaiser, seiner Schwester, seiner Mutter sowie Kronprinz Konstantin kam es am folgenden Tag zu einem unerfreulichen Auftritt, bei dem ein Wort das andere gab. Wilhelm II. fehlte jegliches Verständnis für Sophies Beweggründe. Er drohte ihr damit, dass sie nie wieder einen Fuß nach Deutschland setzen dürfe, wenn sie ohne seine Erlaubnis konvertieren sollte. Als Sophie mit Konstantin daraufhin aus Berlin abreiste, war sie laut ihrer Mutter *„ganz angewidert & verletzt“*. Zum wiederholten Male empfand Kaiserin Friedrich ihren Sohn als einen *„Tyrannen & Bully“*.

Kaiserin Auguste Victoria regte sich über den Plan der Schwägerin dermaßen auf, dass dies angeblich zur vorzeitigen Geburt ihres sechsten Sohnes führte. Prinz Joachim kam zwei Wochen zu früh, am 17. Dezember 1890, auf die Welt. Noch Monate später verstieg sich der Kaiser deswegen in einem Brief vom 13. Mai 1891 an die Queen zu hysterischen Vorwürfen: *„Wenn mein armes Baby stirbt, ist es nur Sophiens Schuld, und sie hat es ermordet.“* Bei Joachim handelte es sich zwar um ein zartes, aber doch auch ein gesundes Kind. Kaiserin Friedrich ließ derartige Anschuldigungen nicht gelten und schrieb ihrer Mutter, dass die frühe Geburt des Babys lediglich als Ausrede für Wilhelms schlechtes Benehmen gegenüber Sophie herhalten müsse.

Am 17. Dezember 1890 telegraphierte Wilhelm II. in dieser Sache an König Georg I. von Griechenland: *„Ich als Chef meiner Familie sowie als Bischof meiner Kirche versage ihr die Genehmigung dazu. Sollte sie trotzdem auf ihrer Absicht bestehen, so werde ich sie nicht mehr als Mitglied meiner Familie betrachten und nie wieder bei mir zu Hause sehen. Ich bitte Dich, soweit es in Deinen Kräften steht, sie von ihrem Vorhaben abzubringen."* Der griechische Monarch, der selbst nicht die griechisch-orthodoxe Religion angenommen hatte, ließ den Kaiser jedoch wissen, dass er nicht beabsichtige, sich in diese Angelegenheit seiner Schwiegertochter einzumengen. Taktvoll unterließ er es, Wilhelm darauf hinzuweisen, dass Sophie als Mitglied des griechischen Königshauses gar nicht mehr der Rechtshoheit ihres Bruders unterstand.

Sophie, die sich durch das schroffe und verletzende Verhalten des Bruders und der Schwägerin in ihrer Absicht bloß noch bestärkt fühlte, konvertierte am 29. März 1891. Wie sie ihrer Mutter mitteilte, empfand sie die Zeremonie als *„sehr emotional"*. Sie betrachtete ihren Religionswechsel nicht als *„Bruch ihres bei der Konfirmation geleisteten Eides"*, wie es Wilhelm pathetisch postulierte. Obwohl Kaiserin Friedrich den Entschluss ihrer Tochter billigte und verteidigte, bedauerte sie ihn auch ein Stück weit, wie sie Queen Victoria zur selben Zeit anvertraute: *„Natürlich gibt es mir einen ziemlichen Stich, wenn ich daran denke, dass mein Kind nicht mehr unserer Kirche angehört, in der sie getauft und konfirmiert wurde, und natürlich denke ich, dass sie auf mehr als einen Vorteil verzichtet, und möchte lieber, dass die Frage nie aktuell geworden wäre. Dennoch kann ich ihr keinen Vorwurf machen oder es für falsch ansehen, und kann nur hoffen, dass sie sich glücklich dabei fühlt, den Glauben ihres Ehemannes zu teilen und jenen, in dem ihr Kind aufwächst"*. Gegenüber der befreundeten Baronin Bogumilla von Stockmar äußerte sie die Besorgnis, dass Sophie *„manchen Vortheil aufgibt u. das geisttötende, Monotone u. Zeitraubende der griechischen Ceremonie ihr oft eine große Last sein wird u. die vielen Fasten, ihre Gesundheit angreifen werden."*

Wie tief die Verärgerung Wilhelms II. über diesen Schritt der Schwester ging, wird aus einem geheimen Schreiben des badischen Staatsmanns Arthur von Brauer an das Karlsruher Innenministerium deutlich. Brauer konnte im Berliner Auswärtigen Amt Einsicht in die Akten über die Konversion der griechischen Kronprinzessin nehmen: *„Es waren gerade die letzten Berichte des Grafen Wesdehlen von S. M. zurückgekommen, welche eine ausführliche Beschreibung der Tauffestlichkeiten, der Abschwörungsformel etc. nach der offiziellen griechischen Zeitung in deutscher Übersetzung enthielten. In der Abschwörungsformel kommt die Stelle vor, daß die Kronprinzessin fernerhin ‚dem Aberglauben und dem leeren Wortschwall der Protestanten' entsage. S. M. schrieb hierzu an den Rand: ‚Welche Schmach, welche Schande für mein ganzes Haus. Welche Sünde gegen meinen im Grab liegenden Vater'! Zur Stelle, da die Prinzessin gelobt, in ihrem neuen Glauben ‚bis ans Lebensende zu verharren', machte S. M. die bittere Randbemerkung: ‚Das hat sie einst im Hause meines Vaters auch gelobt'!"*

Wilhelm II. war über die Vorgänge in Athen sowie über Sophies Brief, in dem sie ihm nochmals ihre Beweggründe für ihren Glaubenswechsel sorgfältig auseinandersetzte, dermaßen empört, dass er erklärte, er wolle sie *„drei Jahre nicht mehr sehen"*. Sophie reagierte darauf mit einem unkodierten Telegramm an ihre Mutter: *„Erhielt Antwort. Bleibt bei dem, was er in Berlin sagte. Legt es für drei Jahre fest. Verrückt. Macht nichts. Sophie."*

Kaiserin Friedrich hingegen wandte sich im Mai 1891 eigens an ihren Schwager, den Großherzog Friedrich I. von Baden, um sich bei ihm Unterstützung zu holen. Sie verwies in ihrem Schreiben darauf, dass es sich bei Sophies Übertritt um eine *„Privatsache"* handele, dass sie aber fürchte, Wilhelms Vorgangsweise könne sich *„schlimm für das Ansehen der Krone, für W. selbst, für den Frieden und die Würde des Hohenzollernhauses etc."* auswirken. Mit seiner Bestimmung, dass Sophie innerhalb der nächsten drei Jahre ihr Vaterland nicht zu betreten habe, verursache Wilhelm auch enormen politischen Schaden: *„Wie* *unklug ist es politisch, seinen Einfluß und seine Sympathien durch dieses schroffe Vorgehen in Griechenland zu verscherzen und dieses Volk den Russen in die Arme zu treiben! Wie unerwünscht, die dänische Königsfamilie und die ganze ausgebreitete Verwandtschaft so zu verstimmen.*" Tatsächlich versuchte der Großherzog daraufhin, bei seinem Neffen eine mildere Beurteilung des Vorgefallenen zu erreichen, aber er musste rasch erkennen, dass seine Bemühungen vergeblich waren. Entrüstet schrieb Kaiserin Friedrich im Juni 1891 an die Queen, ihr ältester Sohn zeige mit seiner ‚Strafandrohung' gegen Sophie nur, „*daß er das ABC seines ‚metiers', sich anderen königlichen Familien gegenüber höflich zu verhalten, nicht kennt.*"

Der Streit um Sophies Glaubenswechsel führte innerhalb der kaiserlichen Familie zu erneuten Frontbildungen. Außer ihrer Mutter standen ihre beiden Schwestern Victoria und Margarethe auf ihrer Seite. Victoria unternahm den erfolglosen Versuch, zwischen ihrer Mutter und Wilhelm zu vermitteln. Betroffen stellte sie im Mai 1891 fest: „*Wirklich, was herrschen doch für Zustände in unserer Familie – wird es denn nie besser werden?*" Ihr Ehemann, der Schaumburger Prinz Adolf, war dagegen bestrebt, sich aus Sorge um mögliche Sanktionen seitens seines Schwagers und obersten Kriegsherrn Wilhelm II. aus dem Konflikt herauszuhalten. „*Mein Männchen ist sehr erstaunt*", teilte Victoria ihrer Mutter mit, „*daß ein Bruder derartige Dinge tun kann – doch hält er wohlweislich seinen Mund & möchte sich in die Angelegenheit nicht einmischen.*" Als Positivum konnte aus Sicht von Kaiserin Friedrich immerhin verbucht werden, dass die schweren familiären Auseinandersetzungen ihren Sohn Heinrich dazu brachten, die Partei seiner Schwester und Mutter zu ergreifen.

Trotz des brüderlichen Verbots kam Sophie mit ihrem neugeborenen Sohn Georg im Frühsommer 1891 nach Deutschland, um ihre Mutter für mehrere Wochen zu besuchen. Vorsichtshalber war ihnen Kronprinz Konstantin vorausgereist, um sicherzustellen, dass es keine unliebsamen Zwischenfälle geben würde. Wilhelm II. unternahm jedoch keinerlei Schritte, sondern ignorierte stattdessen einfach den Aufenthalt seiner Schwester. Auf diese Handlungsweise des Kaisers hatte die Familie im Stillen gehofft. Bereits mit seinen überzogenen Reaktionen auf Sophies Konversion hatte er seinem internationalen Ansehen geschadet. Sophie vergalt ihm die schlechte Behandlung noch zusätzlich, indem sie etwa im Frühjahr 1892 bei einem Besuch am russischen Hof *„in feindseligster Weise"* über Wilhelm sprach. Bei dieser Gelegenheit, hieß es, habe sie auch behauptet, dass *„die ganze Familie"* den Kaiser *„für verrückt"* hielte. Eine offizielle Versöhnung der Geschwister, die mit einem Besuch des griechischen Kronprinzenpaares in Berlin verbunden war, erfolgte schließlich im Sommer 1894. Im Frühjahr diesen Jahres hatte der Kaiser plötzlich eine bemerkenswerte Offenheit gegenüber Konfessionswechseln an den Tag gelegt, als er sich im April persönlich darum bemühte, die religiösen Skrupel seiner hessischen Cousine Alix zu zerstreuen, um deren Heirat mit dem russischen Thronfolger Nikolaus zu ermöglichen. Einer Verbesserung der politischen Beziehungen zu Russland dank dynastischer Annäherung maß Wilhelm nun offenbar eine größere Bedeutung zu als irgendwelchen religiösen Bedenken.

Während Wilhelms Haltung in der Frage des Glaubenswechsels bei den verwandten Höfen in St. Petersburg, Kopenhagen und London zu tiefen Verstimmungen geführt hatte, empfand man Sophies Konfessionswechsel andernorts aber durchaus auch als besorgniserregend. Im April 1897 bemerkte beispielsweise Großherzog Carl Alexander von Sachsen-Weimar gegenüber dem preußischen Gesandten missbilligend, *„die Kinder der Kaiserin Friedrich seien leider nicht religionsfest erzogen worden"*.

Die Kretakrise

In der Frage nach der Zugehörigkeit Kretas zu Griechenland war es schon mehrmals zu Unruhen gegen die osmanische Herrschaft gekommen. 1889 hatte der Sultan die Selbstverwaltungsrechte der Insel, die größtenteils von Griechen bewohnt war, teilweise wiederaufgehoben. Bereits im Juni 1889 war eine Weisung von Reichskanzler Bismarck ergangen, dass eine Einmischung Deutschlands in puncto Kreta nicht im Interesse des Kaiserreichs läge. Die Freundschaft mit dem Sultan sei wichtiger. Dezidiert wurde festgehalten: *„Dem Gedanken, einer Preußischen Prinzessin, die in's Ausland heirathe, dort eine angenehme Stellung zu machen, könne das Deutsche Reich niemals auf Kosten seiner Politik Folge geben."* Dieser Position folgte das Kaiserreich auch während der Kretakrise von 1897.

1896 entwickelten sich erneute Protestaktionen der Kreter gegen die osmanische Herrschaft zum bewaffneten Aufstand. Die daraufhin in Griechenland einsetzende Agitation forderte eine Unterstützung der Aufständischen. Kronprinzessin Sophie hatte ihrer Mutter Mitte Februar 1897 beunruhigt über die Entwicklung berichtet: *„Wenn nicht in Kreta, wird es in Mazedonien neue Schwierigkeiten geben, da bin ich sicher. Die Leute hier sind zuversichtlich, dass wir Kreta bekommen werden. Wenn die Mächte nur ausnahmsweise einsehen könnten, dass der einzige Weg, einen Aufstand in Mazedonien zu verhindern, die Überlassung von Kreta an uns darstellt! Der Aufstand in Mazedonien ist schon lange vorbereitet und mag jeden Tag ausbrechen. Nichts kann dies verhindern. Die Erbitterung der Leute gegen die Türken und der Hass auf sie haben zu stark zugenommen. […] Die Mächte hätten vor einiger Zeit helfen können, aber dies taten sie nicht, und die kleinen Länder, die an anderen Mitteln verzweifeln, werden versuchen, sich selbst zu helfen. Natürlich ist es irrwitzig und gefährlich solche Risiken einzugehen, besonders für uns, aber die Leute sind verzweifelt. Ich denke mit Angst und Schrecken an die Zukunft. Es macht einen wütend, wenn man an all das Elend denkt, das noch kommen mag. Selbst wenn die Mächte uns nicht Kreta geben, müssen sie wissen, dass die Kreter nie, nie ruhen werden oder die Insel Frieden haben wird, bis sie griechisch werden."*

Als Berichte von Massakern an griechischen Christen durch die Türken in Athen bekannt wurden, entschloss sich die griechische Regierung unter dem Druck der öffentlichen Meinung, die von nationalistischen Kreisen im Sinne der panhellenistischen Idee eines Großgriechenlands beeinflusst wurde, zur militärischen Intervention, was schließlich in den Türkisch-Griechischen Krieg mündete. Alarmiert beobachteten die europäischen Mächte Russland, Frankreich, Großbritannien und Italien die Entwicklung, weil das Risiko einer Ausweitung des Konflikts samt Aufrollens der gesamten Orientfrage im Raum stand. Für diesen Feldzug waren die griechischen Streitkräfte unter dem Kommando des Kronprinzen Konstantin denkbar schlecht vorbereitet, so dass sich innerhalb kurzer Zeit eine katastrophale Niederlage gegenüber der erst vor kurzem von deutschen Militärberatern neu ausgerichteten türkischen Armee abzeichnete. Ende April 1897 war Griechenlands militärische Lage hoffnungslos. Die Großmächte schritten erst jetzt massiver ein, als die griechische Monarchie zu stürzen drohte.

Wilhelm II. stand während der Kretakrise auf der Seite der Türken. Als die Situation eskalierte, bewirkten Sophies Bitten wenig bei ihm. Sie war zwar widerwillig bereit zu akzeptieren, dass nationale und politische Interessen Vorrang gegenüber familiären Verpflichtungen hatten, aber Wilhelms harscher Ton wirkte verletzend auf sie. Kaiserin Friedrich und die Queen, die beide in dieser Angelegenheit persönlich-parteiisch argumentierten, stimmten deshalb unisono in ihrer Kritik über sein *„schandvolles Benehmen"* ein. Besonders die Kaiserinwitwe hatte sich zu einer ziemlich unreflektierten Anhängerin der griechischen Sache entwickelt. Selbst die ihr so verbundene Marie von Bunsen, die damals bei ihr zu Gast war, berichtet von einer leidenschaftlichen Parteinahme für Sophie: *„Sie jammerte über die tendenziös falschen Berichte aus Athen, über die Lieblosigkeit des Kaisers und der Kaiserin zur ‚armen Sophie', [...]. Maßgebend war nur ihr persönliches Gefühl, die gewichtigen politischen Gesichtspunkte wurden glattweg außer Sicht gelassen!"* Laut der Fürstin Marie Radziwill gelang es Kaiserin Friedrich immerhin, *„ihren Sohn zur Entsendung des deutschen Kreuzers ‚Kaiserin Augusta' [...] nach dem Piräus zu veranlassen, damit die Prinzessin hier Zuflucht und Schutz bei drohender Gefahr* *finden kann. Der Kaiser hat getan, worum seine Mutter ihn bat, aber zugleich dem Sultan seinen Botschafter in Konstantinopel geschickt, um ihm zu seinen Siegen zu gratulieren.“*

Erst als Sophie ihren Bruder Wilhelm am 9. Mai offiziell um Unterstützung Griechenlands und Vermittlung bat, schaltete er sich ein, was allerdings internationalen Gepflogenheiten entsprach. Nachdem Griechenland nun gewillt war, die Autonomie Kretas anzuerkennen und seine Truppen zurückzuziehen, trug der Kaiser den deutschen Diplomaten in Athen und Konstantinopel auf, *„mit den Vertretern der anderen Mächte sich wegen Mediation zu besprechen“*, wie er Sophie am 12. Mai 1897 mitteilte. Hochzufrieden über den Verlauf der Dinge berichtete der Kaiser in dem für ihn typischen hochtrabenden Stil seiner Mutter: *„Nachdem mich Sophie um Mediation gebeten hatte und mit meinen Bedingungen vertraut gemacht worden war, die sie an den König weitergab – hat die Regierung sie bedingungslos übernommen und ich habe meinen Gesandten in Athen bedingungslos instruiert, den anderen Mächten beizutreten in der Arbeit, den Frieden wiederherzustellen. – Der Krieg ist jetzt zu Ende!“*

Am 19. Mai 1897 wurde ein Waffenstillstand unterzeichnet. Zur maßgeblichen Frage für Griechenland wurde die Regelung der Kriegsentschädigung an das Osmanische Reich. Das Königreich hatte bereits 1893 seinen Staatsbankrott erklärt. Die Gläubigerländer konnten nun härtere Konditionen durchsetzen, da das Land zur Zahlung der Reparationen eine neue Anleihe benötigte. Der Friedensvertrag war daher an die Auflage gekoppelt, dass Griechenland eine internationale Schuldenverwaltung akzeptieren musste, die die Rückzahlung der großen Auslandsschulden überwachen sollte. Kreta erhielt im Friedensvertrag vom 4. Dezember 1897 eine fast vollständige Autonomie unter der Oberhoheit der Pforte. Die Insel sollte erst 1913 endgültig zu Griechenland kommen.

Angesichts der Tatsache, dass die siegreiche türkische Armee von Offizieren geführt wurde, die in Deutschland ausgebildet worden waren, verlor Kronprinzessin Sophie enorm an Popularität in Griechenland und sah sich als Schwester des deutschen Kaisers zum ersten Mal öffentlicher Anfeindung ausgesetzt. Ihre Mutter riet ihr, dem keine Beachtung zu schenken. Sophies Mann musste als alleiniger Sündenbock für die Niederlage herhalten und seinen Posten als militärischer Befehlshaber abgeben. Konstantin wurde wegen seines raschen Rückzugs Feigheit vorgeworfen, weshalb es sogar Forderungen gab, ihn vor ein Kriegsgericht zu stellen. Wenn das Kronprinzenpaar nun in der Öffentlichkeit erschien, wurde es nicht selten verhöhnt und angezischt. Als Zeichen einer persönlichen Wiederannäherung an ihren Bruder Wilhelm kann hingegen die Tatsache gewertet werden, dass Sophie im Mai 1898 bei einem Besuch in Berlin zum Chef des Königin Elisabeth Garde-Grenadier-Regiments Nr. 3 ernannt wurde, was ihr laut ihrer Mutter *„große Freude"* bereitete.

Ein Leben im „Hexenkessel"

1908 kochte die Kreta-Frage erneut hoch. Als der Anschluss der Insel an Griechenland ein weiteres Mal scheiterte, löste dies im August 1909 einen von jüngeren Offizieren getragenen Aufstand in Athen aus. Unmut über die anhaltende militärische Schwäche seit der traumatischen Niederlage von 1897 und die Unzufriedenheit über die Beförderungspolitik in der Armee verbanden sich mit einem Gefühl allgemeiner Stagnation, was sich in der ‚Revolution von Goudi' ein Ventil suchte. Diese Bewegung richtete sich sowohl gegen die als zu groß empfundene Macht des Königshauses wie auch gegen die traditionelle politische Welt in Griechenland. In der Folge mussten die königlichen Prinzen von ihren militärischen Posten zurücktreten. Prinz Christoph erinnerte sich später, dass die politische Zukunft für das Königshaus völlig ungewiss war, so dass *„wir nur dasitzen und auf unseren gepackten Koffer warten konnten"*. Da sich die Missstimmung der Militärliga besonders gegen den bisherigen Oberbefehlshaber Konstantin wandte, sah sich das Kronprinzenpaar im September 1909 dazu gezwungen, das Land einstweilen zu verlassen, bis sich die Lage in Griechenland definitiv geklärt hatte. Zeitweise schien überdies Konstantins Position als Thronfolger in Frage gestellt zu sein. Bitter stellte Sophie fest, dass es *„nicht länger einen Platz in diesem Land“* für sie gab. Vorübergehender Zufluchtsort wurde für sie Schloss Friedrichshof, in dem sich Sophie mit ihren Kindern in den Sommermonaten schon immer gerne zu Gast aufgehalten hatte. Weniger angenehm dürfte es für sie sicherlich gewesen sein, dass Kaiserin Auguste Victoria die Schwierigkeiten des griechischen Königshauses *„als eine gerechte göttliche Strafe“* dafür betrachtete, dass Sophie einst dem protestantischen Glauben abgeschworen hatte, wie aus den Erinnerungen von Anne Topham, der Gouvernante der Kaisertochter Victoria Luise, hervorgeht.

Der Aufstand bereitete dem aus Kreta stammenden charismatischen und talentierten Politiker Eleftherios Venizelos den Weg zur Macht in Athen. 1910 wurde er mit großer Mehrheit zum Ministerpräsidenten gewählt. Der Liberale setzte auf innere Reformen, wirtschaftliche und politische Modernisierung und eine aggressive Verfolgung der Großen Idee. Dank seiner versöhnlichen Haltung gegenüber dem Königshaus war es für Konstantin möglich, seine Position als Befehlshaber der Armee zurückzuerhalten. Schon im Frühjahr 1910, als sich die gemäßigten Elemente innerhalb der Militärliga durchgesetzt hatten, hatte der deutsche Gesandte in Athen dem Kronprinzen geraten, sich diesen anzuschließen, da dort die politische Zukunft liege. Sophie fiel die Rückkehr nach Griechenland jedoch nicht leicht. Nach Aussage ihres Neffen, Prinz Wolfgang von Hessen, kam ihr die Heimreise nach dem alljährlichen Sommeraufenthalt in Kronberg jedes Mal sehr schwer an. Laut Sir Francis Elliot, dem britischen Botschafter in Athen, nahm die Kronprinzessin nach der Wiederkehr eine *„unversöhnliche Haltung gegenüber der Reformpartei ein, die sie mit den Führern der militärischen Bewegung von 1909 identifiziert, der sie nicht vergeben kann.“* Sophie sah zu seinem Missfallen nicht die politische Notwendigkeit ein, mit den damaligen Ereignissen abzuschließen. Während sich ihr Mann mit der Situation zu arrangieren anfing, beharrte sie kompromisslos auf ihrem Standpunkt, was ihr später schaden sollte.

Seit Kaiser Wilhelm II. im Jahr 1907 das Schloss Achilleion auf Korfu gekauft hatte, das einst der Kaiserin Elisabeth von Österreich gehört hatte, kam er fast jedes Jahr in der Begleitung eines großen Trosses von Hofleuten zur Erholung dorthin, wodurch Sophies Kontakte zu ihm wieder enger geworden waren. Laut den Erinnerungen des griechischen Kammerherrn Robert Stuker lastete der kaiserliche Freundschaftsbesuch in Athen und der dadurch erforderliche Gegenbesuch von König Georg I. auf Korfu *„wie ein Alpdruck auf der Hofhaltung. Trotzdem die Kronprinzessin Sophie seine Schwester war, brachte niemand außer ihr Wilhelm auch nur die geringste Sympathie entgegen. Seit der Annexion von Holstein durch Preußen im Jahre 1864 herrschte zwischen dem Hause Hohenzollern und der dänischen Königsfamilie mit all ihren Deszendenten eine mehr als frostige Atmosphäre. Allerdings verstand es die vornehme Generation jener Zeit ausgezeichnet, trotz eines ehrlichen Hasses sich höflicher Umgangsformen zu bedienen.“*

Die Balkankriege von 1912 bis 1913, die von starker ethnischer Gewalt gegen die Zivilbevölkerung geprägt waren, sorgten für neue Krisen. Wie Prinz Christoph von Griechenland feststellte, glichen die Balkanstaaten damals einem *„Hexenkessel, in dem ständig Krieg und Kriegsgerüchte über einem Feuer brodeln, das die großen Schutzmächte emsig nährten“*. Unter jeweils sehr eigenen Vorstellungen, die von Expansionsbestrebungen genährt wurden, zielten die Balkanstaaten auf eine endgültige Vertreibung der Türken vom Balkan ab. Obwohl die Großmächte erklärten, dass sie keine Veränderungen der bestehenden Grenzen dulden würden, beeindruckte dies die Balkanstaaten nicht. Als 1912 der Erste Balkankrieg durch den Aufstand der Albaner ausbrach, nahm auch Griechenland an dem Krieg gegen das Osmanische Reich teil. Wilhelm II. stand dieses Mal auf der Seite der daran beteiligten Balkanstaaten und ließ im November 1912 wissen, er verweigere *„jede Theilnahme an jeder Aktion, die die Bulgaren-Serben-Griechen in ihrem be-*

rechtigten Siegeslauf hemmt oder ihnen Bedingungen vorschreibt oder auferlegt, die ihnen nicht genehm sind". Dieser kaiserliche Positionswechsel *„mit fliegenden Fahnen"* erregte in Berlin Spott. Ironisch vermerkte Ende Oktober die einflussreiche Baronin Hildegard von Spitzemberg in ihren Aufzeichnungen, der Oberhofmeister Mirbach habe ihr erzählt, dass der Monarch mit seiner Schwester Telegramme wechsle, *„als ob ein neues heroisches Zeitalter für die ‚Christenvölker' auf dem Balkan anbreche".*

Die griechische Armee unter dem Oberbefehl von Kronprinz Konstantin errang im ersten der beiden Balkankriege einen Sieg nach dem anderen. Im November 1912 konnte Saloniki eingenommen werden. Diese wichtige Stadt in Makedonien war über 400 Jahre lang von den Türken regiert worden. Wilhelm II. schickte seiner Schwester daraufhin ein derart überschwängliches Gratulationstelegramm, dass dies sowohl in der Türkei als auch in Deutschland Bestürzung hervorrief. Diese auffällige Parteinahme des Kaisers für Griechenland, das seine Adriagrenze bis an die Nordspitze Korfus verschieben wollte, verursachte nicht nur im Ausland Konsternation, sondern auch bei den deutschen Diplomaten, die verärgert feststellten, dass Deutschland die griechische Nordgrenze nichts anginge. Man sah darin eine dynastische Bevorzugung seines Schwagers Konstantin. Gerade wurde im Mai 1913 der Friedensvertrag in London unterzeichnet, als der Zweite Balkankrieg ausbrach, weil sich die einzelnen Balkanstaaten über die Aufteilung der Territorien nicht einigen konnten. Schon im April 1913 hatte der spätere Vizeadmiral Albert Hopman im Hinblick auf die sich zuspitzende Lage zwischen Bulgarien auf der einen Seite und Serbien und Griechenland auf der anderen Seite missbilligend vermerkt: *„Leider nimmt unsere Politik offenbar auf Anregung von S.M., der die Interessen seiner Schwester zu vertreten scheint, für Griechenland Partei. Üblicher Zickzackkurs."* Fürst Bülow erinnerte sich später an die gemischten Gefühle, die der begeisterte Empfang König Konstantins durch Wilhelm II. in Berlin 1913 auslöste. Der Friede von Bukarest im August 1913 verstärkte letztlich die Spannungen unter den Balkanstaaten. Griechenland hatte nun zwar sein Staatsgebiet und seine Bevölkerung enorm vergrößern und Kreta hinzugewinnen können, blieb jedoch wegen seiner Grenzen mit Albanien und den Ägäischen Inseln unzufrieden. Doch noch bevor eine endgültige Regelung gefunden werden konnte, brach der Erste Weltkrieg aus.

„… haben Königinnen gerade keine beneidenswerte Stellung"

Als König Georg I. am 18. März 1913 bei einem seiner gewohnten Spaziergänge in Saloniki von einem Geistesgestörten ermordet wurde, folgte ihm Sophies 44 Jahre alter Ehemann als Konstantin I. auf dem Thron der Hellenen. Ihre Schwester Victoria kommentierte den Thronwechsel im Rückblick wenig euphorisch: *„Allerdings: in einem Lande, in dem der Mord eine politische Waffe ist, haben Königinnen gerade keine beneidenswerte Stellung."* Sophie war zum Zeitpunkt von Konstantins Regierungsantritt eben wieder schwanger. Am 4. Mai 1913 kam ihre Tochter Katharina als ihr sechstes und letztes Kind zur Welt.

Georg I. hatte sich noch kurz vor seinem Tod mit Abdankungsgedanken zugunsten seines Ältesten getragen, da dieser mehr Vitalität als er selbst nach 50 Jahren an der Regierung habe. Konstantin war damals sehr populär in Griechenland, wurde er doch wegen seiner im Zweiten Balkankrieg gegen die Türkei und Bulgarien erzielten Erfolge als Held angesehen. Während seiner Kronprinzenzeit hatte ihn Georg freilich nur in geringem Grad in die Regierungsarbeit einbezogen und behielt bei politischen Erörterungen *„eine gewisse Zurückhaltung"* bei. Auch bei Familienzusammenkünften galten politische Themen als tabu. Immerhin wurde Konstantin von seinem Vater als Regent eingesetzt, wenn dieser Griechenland verließ. Im Gegensatz zu Georg I. war der neue Monarch ein Anhänger einer autoritär-monarchischen Staatsform, die ihm für die Konsolidierung der seit jeher labilen Position der Dynastie geeigneter erschien. Ein wichtiger Berater wurde sein jüngerer Bruder Nikolaus, der während Konstantins schwieriger Regentschaft immer an seiner Seite blieb.

Das neue Königspaar widmete sich in der Freizeit seiner botanischen Leidenschaft. Sophie und Konstantin hatten ihren Palastgarten in einen englischen Landhausgarten verwandelt. Ihr besonderes Augenmerk richtete die neue Königin auf die Baumzucht und setzte sich begeistert für ein Wiederaufforstungsprogramm ein, mit dem sie bereits als Kronprinzessin begonnen hatte. Sie engagierte sich darüber hinaus, wie dies von einer Landesmutter erwartet wurde, für die öffentliche Wohlfahrt. Auch um den Tierschutz nahm sie sich an, indem sie die Gesellschaft zur Verhütung von Grausamkeiten gegen Tiere in Griechenland gründete. All ihr Einsatz zählte schon wenig später nichts mehr, als sie im Ersten Weltkrieg während des sehr heftig geführten Streits um die außenpolitische Ausrichtung des Landes zum *„bösen Geist"* der griechischen Königsdynastie abgestempelt wurde. Im Grunde blieb dem Königspaar fast keine Zeit, sich wirklich in seiner neuen Rolle einzuleben und sich einen größeren Rückhalt in der Bevölkerung zu sichern, weil der Erste Weltkrieg ihnen hierfür kaum Spielraum ließ.

Der Erste Weltkrieg

Der Kriegsausbruch im Sommer 1914 überraschte Königin Sophie in dem beliebten britischen Seebad Eastbourne, wo sie wie gewöhnlich die Sommermonate mit ihren jüngsten Kindern verbringen wollte. Überstürzt reiste sie nach Griechenland zurück. Das Königspaar hatte enge familiäre Verbindungen zu beiden Kriegsparteien: Konstantin und Sophie betrachteten die deutsche Militärmacht zwar als überlegen, gefühlsmäßig neigten sie aber mehr Großbritannien zu. Sowohl die Alliierten, zu denen zunächst Frankreich, Russland, Großbritannien, Japan und Italien gehörten, als auch die sogenannten Mittelmächte, zu denen außer Deutschland noch Österreich-Ungarn, das Osmanische Reich und Bulgarien zählten, forderten Griechenland nachdrücklich zum Kriegseintritt auf ihrer Seite auf. Da das Land nach den vorausgegangenen Balkankriegen aber eine längere Friedenspause benötigte, plädierten nicht nur Konstantin, sondern auch sein Generalstab und viele Griechen dafür, dass es neutral bleiben solle. Ministerpräsident Venizelos witterte hingegen bald die Chance, dass sich sein Traum eines erweiterten hellenischen Imperiums durch einen Anschluss des griechischen Königreichs an die Alliierten verwirklichen ließe. Bei einer Zerschlagung des Osmanischen Reichs versprach er sich Gebiete in Kleinasien für Griechenland. Eine vorsichtige Neutralität würde dagegen nichts bringen. Diese unterschiedlichen Auffassungen über den Weg, den Griechenland einschlagen sollte, führten zu einer ideologischen Aufsplitterung des Landes.

In der erbittert geführten Auseinandersetzung über die außenpolitische Orientierung Griechenlands wurden König Konstantin starke germanophile Neigungen unterstellt, obwohl er persönlich für Wilhelm II. wenig übrig hatte. Um den Monarchen zu diskreditieren, nannte man ihn in den Zeitungen bloß noch den ‚Schwager des Kaisers'. Ähnlich wie von ihrer Cousine, der russischen Zarin Alexandra, sprach man von Sophie nur mehr als ‚der Deutschen'. Aufgrund ihrer aufrechten Körperhaltung und ihres ernsthaften Wesens konnte sie außerordentlich unnahbar und ‚preußisch' wirken. In der dem Königshaus feindlich gesonnenen Presse mutierte Sophie immer mehr zu einem hartherzigen, pro-deutschen Mannweib, das mit Berlin über eine geheime direkte Telefonleitung in Verbindung steht und seinen Ehemann mit aller Macht in einen Kampf für den Kaiser zu drängen versucht. Als Konstantin im Sommer 1915 so schwer an einer Lungenentzündung samt Rippenfellentzündung erkrankte, dass man zeitweise um sein Leben fürchtete, wurde ihr dies auch angelastet. Wie sehr Sophies Bild durch die Kriegspropaganda verzerrt wurde, betonte die mit ihr gut bekannte Fürstin Daisy von Pless, die selbst eine gebürtige Engländerin war, in ihren in der Nachkriegszeit publizierten Erinnerungen: *„Während des Krieges wurde keine Geschichte stärker verbreitet, als jene, daß die Königin von Griechenland sehr englandfeindlich sei, daß sie* *ihren Mann in den Krieg gegen England getrieben habe und als Agentin des Kaisers handelte. Wie alle Töchter der Kaiserin Friedrich, liebte sie England. Welche Einflüsse immer Griechenland bestimmten, sich auf die Seite Deutschlands zu stellen – die Königin hatte nichts damit zu tun.*" Die innenpolitisch inzwischen völlig verpestete Atmosphäre in Griechenland spiegelt sich auch in den Erinnerungen des Kammerherrn Robert Stuker, der der Herrscherfamilie eng verbunden war: „*Das Königshaus sah sich einer unüberwindlichen Welle demagogischer Angriffe gegenüber. Haufenweise eintreffende anonyme Briefe forderten die Abdankung und enthielten Morddrohungen. Jeder Ausgang der Mitglieder der Herrscherfamilie und ihrer Getreuen bedeutete Lebensgefahr; die Dienerschaft wurde eingeschüchtert und zur Aufgabe ihrer Stellungen veranlaßt, und von dargereichten Speisen und Getränken wagte man kaum mehr zu kosten, weil das Gerücht zirkulierte, sie wären vergiftet.*" Im Sommer 1916 wurde der am Fuß eines waldigen Gebirgszuges gelegene königliche Sommerpalast in Tatoi Opfer eines Brandes, bei dem es dem Königspaar zwar gelang zu entkommen, bei dem aber 18 Menschen ums Leben kamen und zwei Drittel der Anlage zerstört wurden. Man ging mit hoher Wahrscheinlichkeit von einem Anschlag aus.

Der Streit des autokratisch eingestellten Königs mit dem rechtmäßigen Ministerpräsidenten Venizelos über den richtigen Kurs mündete in ein Nationales Schisma und die Errichtung einer zweiten rivalisierenden provisorischen Regierung unter Venizelos 1916 in Saloniki. Während Athen und der Süden Griechenlands unter der Kontrolle des Königs verblieben, bestimmten in Saloniki und im Norden die Alliierten und Venizelos die politische Entwicklung. Da der König und seine Regierung nicht bereit waren, den Forderungen der Alliierten nachzugeben, verhängten Großbritannien und Frankreich Ende 1916 eine totale Blockade über die vom König beherrschten Gebiete. Außerdem wurde Athen am 1. Dezember 1916 bombardiert. Die Königin flüchtete sich mit ihren jüngeren Kindern und dem weiblichen Personal in den Keller des königlichen Palastes. Sophie, die unterdessen strikt gegen die Mächte der Entente eingestellt war, berichtete Wilhelm II.: *„Nach einem dreistündigen Bombardement des Palasts durch die französische Flotte, die ohne Warnung feuerte, waren wir durch ein Wunder sicher. Die Granaten explodierten sehr nahe von uns.“* Zwischen Dezember 1916 und Februar 1917 sandte sie mehrere Telegramme an ihren kaiserlichen Bruder, in denen sie um Hilfe bat. Diese Schreiben wurden später dann gegen sie verwandt, um sie als Verräterin zu verleumden. Ihr Schwager Nikolaus versuchte, sie zu verteidigen, indem er vehement auf die schwierigen Zeitumstände verwies, in denen sie diese Mitteilungen abfasste. Als im Januar 1917 eine Hungersnot drohte, telegraphierte sie am 2. Januar an den griechischen Gesandten Nicholas Theotokis in Berlin: *„Aufgrund der Fortdauer der Blockade haben wir nur noch für wenige Tage Brot; die anderen Nahrungsmittelbestände nehmen auch ab. Krieg gegen die Entente steht deshalb nun außer Frage.“* Der Sturz des russischen Zaren Nikolaus II. in der Februarrevolution verschlechterte die Situation für Konstantin und Sophie. Er hatte sich gegen die harsche Gangart der Alliierten im Umgang mit dem griechischen Königshaus ausgesprochen.

Auf ein Ultimatum der Alliierten hin bestimmte Konstantin I. am 11. Juni 1917 seinen Sohn Alexander zum Nachfolger auf dem griechischen Thron. Sein ältester Sohn Georg kam dafür nicht in Frage, da er wegen seiner Ausbildung in der preußischen Armee ebenfalls einer zu großen Nähe zu den Deutschen verdächtigt wurde. Der 24 Jahre alte Prinz Alexander, der nie für den Thron vorgesehen war, verfügte dagegen über keinerlei politische Erfahrungen – was durchaus im Interesse der neuen Machthaber in Athen war.

Erstes Exil

Ohne wirklich auf den Thron zu verzichten, verließ Konstantin mit seiner Familie im Juni 1917 Griechenland und emigrierte in die Schweiz. Die dortige Regierung bestimmte, dass sie lediglich in der deutschen Schweiz leben durften. Hier kam es 1918 zu einem Wiedersehen mit Königinmutter Olga, die es geschafft hatte, unbeschadet von den Wirren der russischen Revolution, aber unter außerordentlicher Gefahr in die Schweiz zu gelangen. Die gebürtige russische Großfürstin war bei Ausbruch des Ersten Weltkriegs in ihre alte Heimat zurückgekehrt, um dort ein Militärspital zu betreuen. Vor ihrem Aufbruch nach Russland hatte sie ihre sämtlichen Wohltätigkeitsaufgaben in Griechenland an ihre Schwiegertochter Sophie abgetreten. Gegenüber dem Fürsten Bülow gestand Olga bei einer Begegnung im Winter 1924/25, dass sie sich im Grunde nie großer Illusionen über das Schicksal der griechischen Dynastie hingegeben habe. Sie hatte deren Stellung *„immer für ziemlich prekär gehalten"*.

In der Schweiz wurde die Königsfamilie mit neuen Problemen konfrontiert. Weil sie Griechenland mit begrenzten Geldmitteln, aber in Begleitung ihres engeren Hofstaats verlassen hatte, stellten sich finanzielle Sorgen ein. Zusätzlich trat man ihnen mit Argwohn und Misstrauen gegenüber. Die englischen Kindermädchen wurden vom britischen Konsulat unter Androhung des Passverlusts aufgefordert, nicht mehr für diese ‚Verräter' zu arbeiten. Der verbitterte Konstantin erkrankte 1918 so schwer an der Spanischen Grippe, dass die Familie erneut um sein Leben fürchtete. Sophie teilte Ende Juni 1918 ihrem Bruder Wilhelm mit, dass sie selbst aus Griechenland keine direkten Nachrichten habe, sondern auf Berichte in den Zeitungen angewiesen sei.

Auf die missliche Situation der griechischen Königsfamilie ging Prinz Friedrich Karl von Hessen Ende Juli 1918 ausführlich in einem langen Brief an Friedrich Wilhelm von Berg, den Chef des kaiserlichen Zivilkabinetts, ein. Im Hinblick auf die finanzielle Lage verwies er darauf, dass sein Schwager Konstantin kein Privatvermögen außerhalb Griechenlands besäße. Offenbar war Kaiser Wilhelm bis zu einem gewissen Grad bereit, seinen Verwandten in ihren dringendsten Geldnöten Hilfe zu verschaffen. Friedrich Karl räumte angesichts der schwierigen

Umstände ein, dass *„eine bestimmte Sicherheit für die Rückerstattung vorgeschossener Gelder nicht gegeben werden"* könne. *„Alles hängt von der Wiederherstellung legitimer Verhältnisse ab."* Um ein nachhaltiges Stimmungsbild von der Lage vor Ort zu liefern, schilderte Friedrich Karl eigens den Eindruck, den das Königspaar auf ihn machte. Konstantin bot einen traurigen Anblick, weil er *„die Folgen der letzten schweren Blutvergiftung [...] noch nicht überwunden"* habe. *„Ich habe ihn erschreckend verändert gefunden. Besonders fällt eine Apathie auf, die ihm sonst ganz fremd war. Er kann oft lange Zeit unthätig und teilnahmslos dasitzen und vor sich hinstarren, wie in tiefer Erschöpfung."* Wie bei Konstantin sah Friedrich Karl auch bei Sophie ihren generell schlechten Gesamtzustand in *„der unwürdigen und qualvollen Lage"* des Exils begründet. Ihr *„sich verschlechternder Zustand"* habe *„hauptsächlich seelische Ursachen"*.

Als wenige Monate später der Zusammenbruch des Deutschen Kaiserreichs unmittelbar bevorstand, schrieb Königin Sophie am 24. Oktober 1918 aus ihrem Schweizer Exil höchst beunruhigt einen ‚Brandbrief' an ihre Schwester Margarethe, die zusammen mit ihrem Ehemann Friedrich Karl in engem Kontakt zum letzten kaiserlichen Reichskanzler Max von Baden stand. Sophie riet in ihrem Schreiben eindringlich, Max, der seit Anfang Oktober als Reichskanzler fungierte, solle den Kaiser dazu drängen, sich mehr den Sozialisten, vorzugsweise den sozialistischen Ministern zuzuwenden: *„Es ist sehr wichtig. Sie sind vernünftig und werden Deutschland vor dem Bolschewismus retten! [...] Wahrscheinlich werden die Narren bei Hofe nicht wollen, dass er diese Leute sieht, da es nicht annehmbar ist – aber es muss sein."* Sophies Brief mit ihrer richtigen Einschätzung der Lage traf jedoch zu spät bei seiner Empfängerin ein. Als sie ihn am 9. November erhielt, war das Kaiserreich bereits Geschichte, Wilhelm II. auf der Flucht nach Holland und die Republik ausgerufen.

König Alexander kam seit seinem Regierungsantritt in Griechenland nur die Rolle eines Schattenkönigs in einem tief zerrissenen Land zu. Die neu gebildete Regierung unter Venizelos erklärte dem Deutschen Kaiserreich und seinen Verbündeten am 2. Juli 1917 den Krieg. Außerdem setzte sie eine großangelegte Entlassungsaktion in Gang, die die Anhänger Konstantins in fast allen Bereichen des öffentlichen Lebens betraf. Sie gab das Beispiel für künftige Säuberungsaktionen, die nun immer postwendend auf einen Machtwechsel in Griechenland folgten. Die großgriechischen Träume von Venizelos erfüllten sich auf der Pariser Friedenskonferenz bloß bedingt. Als die Griechen mit Billigung der Alliierten 1919 begannen, die ‚Megali Idea' in die Tat umzusetzen und Gebiete in Kleinasien mit griechischem Bevölkerungsanteil zu erobern, wurde der Keim zum Griechisch-Türkischen Krieg und zur ‚Kleinasiatischen Katastrophe' gesät.

König Alexander wurde völlig von seiner ins Ausland vertriebenen Familie isoliert. Mit seiner im November 1919 geschlossenen morganatischen Ehe mit der aus einer vornehmen phanariotischen Familie stammenden Aspasia Manos hatte der vereinsamte junge Mann wegen der feindlich-ablehnenden Haltung in der Bevölkerung für neue politische Komplikationen gesorgt. Alexanders Eltern, die mit dieser Ehe ursprünglich wegen der dadurch verursachten Probleme nicht einverstanden gewesen waren, durften weiterhin keinen direkten Kontakt zu ihm unterhalten. Selbst als der junge Monarch eine Reise nach Paris unternahm, war es für Sophie nicht möglich, ihn zu sprechen, worauf sie tagelang gehofft hatte. Nicht einmal ein Telefonat von Mutter und Sohn ließ sich bewerkstelligen: Laut dem Kammerherrn Stuker erwiesen sich die Leitungen des Pariser Hotels Ritz *„plötzlich als unterbrochen"*.

Als ihr Lieblingssohn an den Folgen eines Bisses durch einen im Park von Tatoi gehalten Affen im Oktober 1920 tödlich erkrankte, wurde es Sophie von der griechischen Regierung aus Sorge vor etwaigen royalistischen Demonstrationen untersagt, an sein Sterbebett zu kommen, obwohl Alexander in seinen Fieberträumen nach ihr rief. Königinwitwe Olga, der man schließlich die Reise erlaubte, traf den am 25. Oktober 1920 mit erst 27 Jahren verstorbenen Enkel nicht mehr lebend an. Auch an der Beerdigung durfte Sophie nicht teilnehmen. Sie verwand den Schock über seinen Tod nie, wie dies ihre Schwester Margarethe, die nach dem Eintreffen der Todesnachricht zu ihr in die Schweiz kam, voraussagte: *„Sie war untröstlich & wird nie über diesen Verlust hinwegkommen, es war alles so grausam."*

Rückkehr auf den griechischen Thron

Der Tod König Alexanders trug zu einem Stimmungsumschwung im kriegsmüden Griechenland bei. Bei den Wahlen 1920 wurde Premierminister Venizelos abgewählt, der daraufhin das Land verließ und nach Paris ging. Der Regierungswechsel ermöglichte dem früheren König Konstantin eine Rückkehr auf den griechischen Thron. Bis dahin hatte die Königinwitwe Olga die Regentschaft geführt. Am 19. Dezember 1920 kehrte Konstantin I. zusammen mit Sophie nach Athen zurück, wo ihnen von der Bevölkerung ein stürmischer Empfang bereitet wurde. Anders als ihr Mann zeigte sich Sophie von der begeisterten Begrüßung weniger beeindruckt. Ihr erschien dies alles zu überschwänglich. Dass man sie noch vor wenigen Monaten nicht zu ihrem sterbenden Sohn gelassen hatte, konnte sie nicht vergessen. Dem britischen Autor Beverley Nichols fiel an der komplett in Schwarz gekleideten Königin 1921 vor allem ihr zutiefst trauriges Gesicht auf.

Der zurückgekehrte Konstantin war allerdings nicht mehr der dynamische Herrscher vergangener Zeiten, sondern ein müder und kranker Mann. Dass er eine Säuberung des Staatsapparates von den Gefolgsleuten Venizelos' gestattete und sich für eine Fortsetzung des Kampfes in Anatolien entschied, obschon er eigentlich an keinen militärischen Erfolg glaubte, legte bereits den Grundstein für sein erneutes Scheitern. Weder er noch seine Brüder hatten in ihrer Euphorie über die Rückkehr nach Griechenland zunächst bedacht, welche Probleme auf sie warteten, und hatten stattdessen die Realität weitgehend ausgeblendet. Die Alliierten hatten aus ihrem Missfallen über Konstantins Wiedereinsetzung keinen Hehl gemacht, so dass mit einer Unterstützung Griechenlands im Kampf gegen die Türken nicht zu rechnen war. Die Fürsprache seiner Tante, der englischen Königinwitwe Alexandra, bewirkte auch keine Annäherung.

Zu den wenigen glücklichen Ereignissen der zweiten Regentschaft gehörten für das Königspaar die festlich begangenen Hochzeiten von zwei seiner Kinder, die sich mit Sprösslingen des rumänischen Königspaares verheirateten. Diese Verbindungen bedeuteten für das weithin diskreditierte griechische Königspaar einen Prestigegewinn; denn Rumänien und sein Königshaus standen bei den westlichen Mächten in hoher Gunst. Am 10. März 1921 heiratete die älteste Königstochter Elena in Athen den rumänischen Thronerben Carol. Sophie versprach sich von dieser Ehe freilich von Beginn an kaum Positives für ihre älteste Tochter, womit sie Recht behalten sollte. Die Ehe der Prinzessin mit dem Lebemann entwickelte sich ausgesprochen unglücklich und wurde später geschieden. Der einzige Sohn aus dieser Verbindung, Michael, wurde der letzte rumänische König. Schon etwas früher fand in Bukarest am 27. Februar 1921 die Heirat des griechischen Kronprinzen mit Carols Schwester Elisabeta statt. Auch der schwierige Charakter ihrer Schwiegertochter, die als kalt, abgehoben und launisch galt, gab Sophie zu denken.

Die Rückkehr auf den griechischen Thron sollte für Konstantin lediglich von kurzer Dauer sein. Bereits nach 21 Monaten endete seine zweite Herrschaft wieder. Nach einer vollkommen gescheiterten und äußerst verlustreichen militärischen Kampagne unter dem nominellen Oberbefehl des Königs gegen die Türkei sahen er und seine Gemahlin sich 1922 abermals gezwungen, das Land zu verlassen. Sophie hatte während des Griechisch-Türkischen Kriegs wieder viel Zeit in den Hospitälern verbracht.

Der Krieg ging für Griechenland nicht nur mit einer vernichtenden Niederlage in Kleinasien aus, sondern löste auch eine humanitäre Katastrophe aus. Nachdem es 1919 bei der Besetzung von Smyrna, dem heutigen Izmir, durch griechische Truppen zu brutalen Ausschreitungen gegen die türkische Bevölkerung gekommen war, brach 1922 bei der Rückeroberung der Stadt durch die Türken ein Massaker über die griechischen und armenischen Christen herein. Wegen der massiven Verfolgung der griechischen Zivilisten in Kleinasien setzte ein ungeheurer Flüchtlingsstrom nach Griechenland ein, der für soziale Erschütterungen sorgte. Im Gegenzug mussten Türken aus Griechenland fliehen. Nach einem Putsch von Oberst Nikolaos Plastiras musste der gesundheitlich stark angeschlagen und sehr gealtert wirkende König Konstantin am 27. September 1922 abdanken. Am 30. Oktober verließ er zusammen mit Sophie und den Töchtern Irene und Katherina per Schiff das Land in Richtung Italien.

Anstelle seines Vaters regierte nun Sophies ältester Sohn als König Georg II. in Griechenland. Konstantin zeigte dieses Mal keinerlei Interesse mehr daran, den Thron für sich zurückzugewinnen. Auf seinen jüngsten Bruder Christoph machte der schon todkranke Exkönig den Eindruck *„eines Geistes unter den Lebenden“*. Am 11. Januar 1923 starb Konstantin an den Folgen einer Gehirnblutung im Alter von nur 54 Jahren in Palermo. Auf Anordnung der italienischen Regierung wurde in Neapel zu Ehren des toten Königs eine große Trauerfeier mit militärischen Ehren abgehalten. Da von Seiten der griechischen Regierung nicht mit einem angemessenen Begräbnis zu rechnen war, wurde Konstantins Sarg feierlich in die griechisch-orthodoxe Kirche von Florenz überführt. Seine Witwe legte ihre Trauerkleidung mit dem herabwallenden Schleier bis zu ihrem Lebensende nicht mehr ab.

Während sich Sophie zum zweiten Mal mit einem Leben im Exil arrangieren musste, herrschten in Griechenland inzwischen bürgerkriegsähnliche Zustände. Bereits im Dezember 1923 musste der einflusslose Georg II. das Land ‚für unbestimmte Zeit‘ verlassen. Am 25. März 1924 wurde die Republik ausgerufen und im April durch ein Plebiszit bestätigt. Den Mitgliedern der königlichen Dynastie wurde der Aufenthalt in Griechenland untersagt, ihre griechische Nationalität aberkannt.

Zweites Exil

So viel als möglich besuchte Sophie in ihren Exiljahren Margarethe. Ebenso wichtig war für sie das Zusammensein mit Enkelin Alexandra, die als einziges Kind ihres so jung und tragisch verstorbenen Sohnes Alexander eine besondere Beziehung zu ihrer Großmutter hatte. Alexandra erinnerte sich später gerne daran, dass sie von Sophie über alles geliebt und *„unerhört"* verwöhnt wurde. Ein wesentlicher emotionaler Bezugspunkt blieb für Sophie Großbritannien, das sie endlich wieder besuchen konnte. Trotz aller negativen Erfahrungen und Verunglimpfungen während der Kriegsjahre blieb das Geburtsland ihrer Mutter für sie ein Sehnsuchtsort. Im März 1928 schrieb sie an den englischen König George V., dass sie *„krank vor Heimweh"* sei und *„unbedingt das liebe England wiedersehen"* wolle. *„Ich habe absolut nichts mit Politik zu tun – seit 14 Jahren habe ich Wilhelm nicht gesehen und kaum etwas von ihm gehört"*. Noch im Rückblick vertrat ihre Tochter Katherina daher die Überzeugung, dass sie in ihren ganzen Gefühlen *„sehr englisch"* war.

Auf eine einzige Zusammenkunft beschränkte sich das Wiedersehen mit Wilhelm, seit dieser im holländischen Exil lebte. Sophie begegnete ihm 1929 zum letzten Mal persönlich, als sie anlässlich von Wilhelms 70. Geburtstag nach Doorn zu Besuch kam. Das Treffen brachte die beiden Geschwister einander nicht näher. Sophie fühlte sich durch Wilhelms distanziertes Verhalten so enttäuscht, dass sie tief gekränkt abreiste. Er hatte sich weder an ihrem Schicksal in den letzten Jahren noch an ihren Zukunftsplänen besonders interessiert gezeigt. Ihre höfliche Konversation blieb oberflächlich. Dieses Desinteresse Wilhelms verwundert; denn noch im Frühjahr 1927 hatte Prinz Heinrich dem Kaiser versichert, dass er bei seinem bevorstehenden Besuch bei Sophie in Florenz mit Nachdruck versuchen werde, die Schwester *„für einen Besuch bei Dir zu gewinnen"*. So konnte der kaiserliche Flügeladjutant Sigurd Ilsemann 1929 zum wiederholten Male feststellen, dass Wilhelms Anteilnahme an seinen Familienangehörigen im Allgemeinen eher gering war: *„Selbst an solchem*

Tage ist es ihm kein Bedürfnis, die Familie um sich zu haben, sondern seine Herren! So war es sein ganzes Leben lang, so wird es stets bleiben!" Im Gegensatz zum Kaiser unterhielt sich Ilsemann dagegen ausführlicher mit Sophie über ihre schweren Erlebnisse in den letzten Jahren. Sie machte auf ihn dabei *„einen etwas unnatürlichen, affektierten, aber doch freundlichen Eindruck"*. Vielleicht belastete auch ihr mangelndes Verständnis für Wilhelms zweite Ehe mit der 28 Jahre jüngeren verwitweten Prinzessin Hermine von Schönaich-Carolath von vornherein das Wiedersehen. Anders als ihre Geschwister Heinrich, Victoria und Margarethe lehnte sie diese ab. Gegenüber dem Kammerherrn ihrer Schwiegermutter gab sie ihrem Missfallen 1922 deutlich Ausdruck: *„Höchst unpassend, diese ganze Sache; die hat uns in unserer Familie gerade noch gefehlt!"*

Die vorzeitig gealterte Sophie verlebte ihre letzten Lebensjahre zusammen mit ihren beiden jüngsten Töchtern in Florenz, wo sich eine Reihe griechischer Royalisten niedergelassen hatten. In der dortigen griechisch-orthodoxen Kirche waren außerdem ihr Ehemann Konstantin und 1926 auch ihre Schwiegermutter, Königinwitwe Olga, in einer Seitenkapelle bestattet worden. Sophie begann sich nun intensiver mit Fragen des Glaubens und des Gebets zu beschäftigen und fand Kraft in einer engen Beziehung zu Gott. Zum Sterben kehrte sie, ohne dies allerdings wissen zu können, in ihre Heimat zurück. Als sie Ende 1931 wegen einer Operation ein Krankenhaus in Frankfurt am Main aufsuchte, wurde während des Eingriffs entdeckt, dass sie Krebs hatte und dieser bereits zu weit fortgeschritten war, um ihn noch wirkungsvoll bekämpfen zu können. Die Wahrheit über ihre tödliche Krankheit erfuhr sie nicht, was ihre Lieblingsschwester als gut für sie betrachtete. Margarethe litt aber darunter, hilflos zusehen zu müssen, wie Sophie *„von Tag zu Tag schwächer"* wurde. Ihre letzten Lebenswochen verbrachte sie umgeben von all ihren Kindern in Frankfurt, bevor sie am 13. Januar 1932 friedlich starb. Nach ihrer Aufbahrung in Schloss Friedrichshof wurde Sophie an der Seite ihres Mannes in Florenz beigesetzt. Gerade für ihre jüngste

Schwester Margarethe stellte ihr Tod einen schweren Verlust dar. *„Sie ist immer gegenwärtig, wo immer ich bin oder was immer ich tue“*, bekannte Margarethe, *„wie sie es immer war, seit ich existiere.“* Sophies extrovertierte Cousine Königin Maria von Rumänien empfand die einstige griechische Königin als zu defätistisch in ihrer Lebenseinstellung. Ein paar Jahre nach Sophies Tod schrieb sie: *„Sie fühlte sich immer geschlagen, also zog sie Niederlagen an.“*

Wenige Jahre nach dem Tod der noch nicht 62 Jahre alten Sophie wurde im November 1935 in Griechenland die Monarchie per Volksabstimmung wiedereingeführt. Nach 12-jährigem Exil kehrte ihr ältester Sohn Georg II., der seit der Scheidung von Elisabeta 1931 in London gelebt hatte, wieder auf den griechischen Thron zurück. Auf seine Anordnung wurden 1936 die im italienischen Exil befindlichen Särge von Konstantin I., Sophie und Olga nach Griechenland überführt, wo sie unter Entfaltung von königlichem Glanz und Pomp auf dem Familienfriedhof im Park von Tatoi beigesetzt wurden. Nach Meinung ihrer Nichte Victoria Luise handelte es sich dabei wohl um einen *„der schönsten Begräbnisplätze, die ich kenne.“*

1947 bestieg noch Sophies dritter Sohn Paul als Nachfolger des kinderlos verstorbenen Georgs den griechischen Thron. Paul hatte 1938 mit Prinzessin Friederike von Hannover eine Enkelin Kaiser Wilhelms II. geheiratet. Bei der Hochzeit in Athen trug Friederike ein Diadem, das seinerzeit ihrer Großtante Sophie gehört hatte. Die beiden jüngeren Töchter von Sophie verehelichten sich erst viele Jahre nach dem Tod der Mutter. Irene heiratete 1939 den Prinzen Aimone von Savoyen, den späteren Herzog von Aosta, in Florenz. Während des Zweiten Weltkriegs wurde ihr Ehemann auf Betreiben der Achsenmächte zum König von Kroatien proklamiert, trat dieses Amt aber nie an. Katharina ehelichte 1947 den britischen Major Richard Brandram in Athen. Sie lebte mit ihrem Ehemann in England und bekam von König George VI. den Titel einer Lady Brandram verliehen, der mit dem Rang einer britischen Herzogstochter verbunden war.

Margarethe (1872–1954)

Die jüngste Schwester Wilhelms II., die Landgräfin Margarethe von Hessen, überlebte nicht nur alle ihre Geschwister, sondern ihr Leben, das bis in die Anfangsjahre der Bundesrepublik Deutschland währte, umspannte auch eine an Umbrüchen reiche Zeit. Sie durchlebte dabei viele Schicksalsschläge, wie ihre Nichte Victoria Luise rückblickend mit einem gewissen Pathos feststellte: *„Selten wohl hat eine Frau so unsagbar schweres Leid ertragen müssen wie die alte Landgräfin Margarethe von Hessen"*.

„So ein lieber Sonnenstrahl" – Kindheit und Jugend

Kronprinzessin Victoria, die sich während ihrer Schwangerschaft unwohl gefühlt hatte, sah dieser Entbindung, die ihre letzte werden sollte, mit Sorge entgegen. Ihrer Mutter gegenüber bekannte sie, *„sehr nervös"* zu sein. Gräfin Madeline Blücher, die ihr bisher als mütterliche Freundin bei jeder Geburt beigestanden hatte, war zwei Jahre zuvor gestorben. Dass die hochschwangere Victoria Anfang April enorm empfindlich war, stieß bei ihrem Schwager, dem badischen Großherzog Friedrich I., auf wenig Verständnis. Missbilligend berichtete er seinem Berater Johann Heinrich Gelzer über Victoria, dass *„ihr Zustand ein fast unzurechnungsfähiger"* sei: *„Widerspruch erträgt sie gar nicht mehr, auch wenn er ihr in mildester Form entgegentritt. Ein ruhiger Austausch von Ansichten ist mir während unseres ganzen Zusammenseins nicht gelungen, denn auf eine ganz einfache Entgegnung gibt sie so unartige Antworten, daß dem Mann einer Dame gegenüber nur Schweigen erübrigt. Jedes Gespräch bricht da ab, wo man ihre Ansicht nicht annimmt."*

Am 22. April 1872 kam Margarethe Beatrice Feodora als jüngstes Kind des Kronprinzenpaares im Neuen Palais in Potsdam zur Welt. Zufrieden notierte ihr Vater, Kronprinz Friedrich

Wilhelm, über den Familienzuwachs: *„Wehen setzten nach 9 Uhr ein, bis 10.30 ein herziges Töchterchen erschien mit dunklen Haaren auf dem Kopf und sogleich schreiend, mit großen Händen, kleinem Mund, kräftig gebaut."* Victoria, die eigentlich auf einen Sohn gehofft hatte, freute sich trotzdem über das kleine Mädchen, da sie darauf vertraute, dass der Neuankömmling eine gute Gefährtin für die noch nicht zwei Jahre alte Sophie werden würde. Tatsächlich sollten sich diese beiden Schwestern zeitlebens einander besonders verbunden fühlen. Benannt wurde die Kleine nach ihrer Taufpatin, der italienischen Kronprinzessin Margherita. Weil ihr Kopf bei der Taufe mit einem dichten Haarflaum bedeckt war, der an Moos erinnerte, erhielt sie in der Familie den Kosenamen ‚Mossy'.

Als ein Liebling ihrer Eltern verlebte Margarethe eine glückliche und weitgehend unbeschwerte Kindheit. Zusammen mit den ihr altersmäßig am nächsten stehenden Schwestern Victoria und Sophie bildete sie eine enge Gemeinschaft gegenüber den älteren Geschwistern Wilhelm, Charlotte und Heinrich. Für ihre Mutter war Margarethe *„so ein lieber Sonnenstrahl"*. Sorgen bereitete der Kronprinzessin allerdings die Tatsache, dass ihre Tochter *„so sensibel und ihr kleines Herz so zart und warm und liebend, so anhänglich"* sei. Sie befürchtete daher, *„dass sie sicher sehr viel im Leben leiden muss"*. Durch eine psychologisch ungeschickte Erziehungsanweisung fügte das Kronprinzenpaar seinen Töchtern bereits selbst frühzeitig Schaden zu: Wie Margarethe später eingestand, hatten ihre Schwestern und sie als Kinder nämlich *„entsetzlich"* unter den wiederholten Vorhaltungen der Gouvernanten gelitten, *„daß sie keine Schönheiten seien"*. Erst nachträglich erfuhr Margarethe, dass dies eigens auf Anordnung ihrer Eltern geschehen sei, um zu verhindern, dass die Mädchen eitel würden. *„Auf die Weise entwickelten wir Komplexe, die wir unser Leben lang nicht mehr los wurden."*

Einen Einschnitt im bisherigen Leben der Prinzessin markierte das Jahr 1887. Im April wurde sie zusammen mit der knapp zwei Jahre älteren Sophie konfirmiert. Gerührt stellte

Kronprinz Friedrich Wilhelm fest: *„Beide Kinder lasen ihr Glaubens Bekenntniß sehr gut. Somit sind alle unsere Kinder erwachsen geworden!"* Auf diesen positiven Auftakt folgte in der zweiten Jahreshälfte jedoch eine düstere Wende. Nachdem schon zu Jahresbeginn erste Krankheitssymptome bei dem Kronprinzen auftraten, wurde bei ihm im Herbst 1887 endgültig die tödliche Krebserkrankung diagnostiziert, der er bald darauf erliegen sollte. Margarethe erlebte diese schwierige Zeit gemeinsam mit ihren Schwestern Victoria und Sophie in San Remo mit. Der tragische Tod des Vaters im Juni 1888, der ihre Mutter in tiefe Verzweiflung stürzte, bewirkte, dass die erst 16 Jahre alte Margarethe im Verein mit ihren beiden Schwestern zur wichtigsten Stütze der Mutter wurde. Das problematische Verhältnis der verwitweten Kaiserin zu ihrem ältesten Sohn und der Berliner Hofgesellschaft verstärkte das enge Gemeinschaftsgefühl zwischen Victoria und ihren drei jüngeren Töchtern zusätzlich.

Während Sophie und Victoria bald heirateten, blieb Margarethe als letztes der Kinder noch eine Weile im Haushalt ihrer verbitterten Mutter zurück. Im November 1890 zeichnete Kaiserin Friedrich selbst ein wenig heiteres Bild für die Zukunft der Tochter: *„Es wird jetzt gar leer u. einsam bei mir werden, meine arme kleine Mossy wird niemanden haben als ihre traurige Mama, die so schwer an ihrem Kummer trägt."* Die Prinzessin fand insbesondere das Leben in Bad Homburg, wohin sich ihre Mutter im Sommer zurückzuziehen pflegte, nicht sonderlich amüsant und lechzte nach der *„paradiesischen"* Geselligkeit Berlins.

„Wenn sie doch nur jemand anderen gern hätte" – Prinz Max von Baden

Eine der Hauptattraktionen des Berliner Gesellschaftslebens bildete für die jüngste Kaiserschwester die Anwesenheit des Prinzen Max von Baden. Der knapp fünf Jahre ältere Adelige gehörte als preußischer Gardeoffizier und vor allem als Angehöriger einer mit den Hohenzollern eng verwandten deutschen Herrscherdynastie damals zum inneren Zirkel der Berliner Hofgesellschaft. Wegen der kinderlosen Ehe des badischen Erbgroßherzogs Friedrich galt Max außerdem noch als dereinstiger Thronfolger im Großherzogtum. Margarethe begegnete dem eleganten und charmanten Prinzen oft auf den zahlreichen höfischen Festivitäten. Bereits seit dem Antritt seines Militärdienstes in Berlin sah sich der schöngeistige Aristokrat von Kaiserin Friedrich mit so viel liebenswürdiger Aufmerksamkeit bedacht, dass er dahinter wohl nicht zu Unrecht die ihm wenig behagende Absicht vermutete, ihn mit einer ihrer Töchter zu verheiraten. Margarethes Schwärmerei blieb von Seiten des homosexuell veranlagten Prinzen jedoch unerwidert. Ihrer Mutter entging seine gefühlsmäßige Gleichgültigkeit keineswegs, weshalb sie 1890 besorgt nach Athen schrieb: „*Wenn sie doch nur jemand anderen gern hätte, denn ich fürchte, Max interessiert sich nicht für sie und denkt auch nicht daran zu heiraten, und der Gedanke schmerzt mich, dass Mossy ihr ganzes Herz an etwas hängt, das sie wohl nicht haben kann*“. Der Prinz zog nicht nur Margarethes romantisches Interesse auf sich, sondern er rangierte zeitweise auch bei Queen Victoria ganz oben auf der Liste der erwünschten Ehemänner für ihre Enkelinnen Maud von Großbritannien und Alix von Hessen. 1900 heiratete er Prinzessin Maria-Luise von Hannover.

Obwohl sich Margarethes Wunschtraum von einer Heirat mit Max nach drei Jahren vergeblichen Hoffens zerschlug, blieb sie dem Prinzen trotzdem zeitlebens aufrichtig zugetan. Sie sollte später sogar zu den ganz wenigen fürstlichen Standesgenossen gehören, die ihm, dem letzten Reichskanzler des Kaisers, auch nach 1918 die Freundschaft bewahrten. Während gerade die Mehrzahl der Hohenzollern und besonders Kaiser Wilhelm II. in Max von Baden einen verachtenswerten Verräter und Reichsverderber sahen und ihn bis an sein Lebensende gesellschaftlich schnitten, pflegte die jüngste Kaiserschwester ebenso wie ihre Nichte Victoria Luise weiterhin den Kontakt mit ihm und kam ihn auch besuchen.

Ins Spiel gebrachte Heiratsprojekte

Während Margarethe für niemand anderen Augen hatte als für Max, stand sie gleichzeitig im Fokus diverser Heiratsüberlegungen. Als Schwester Kaiser Wilhelms II. stellte sie eine attraktive Partie auf dem hocharistokratischen Heiratsmarkt dar. Vielfach handelte es sich bei diesen Projekten aber doch wohl eher um Planspiele denn um ernsthafte Planungen.

Die Idee einer Verheiratung Margarethes mit dem Kronprinzen Ferdinand von Rumänien, die offenbar von Bukarest ausging, stieß bei dem deutschen Reichskanzler Bismarck von vorneherein auf kein positives Echo. In einer Weisung vom September 1889 sprach er sich aus politischen Gründen eindringlich dagegen aus. Bereits die Heirat von Margarethes Schwester Sophie mit dem griechischen Thronfolger war aus seiner Sicht nicht ideal gewesen. Wegen der komplizierten Stellung des Kaiserreichs zwischen Frankreich und Russland kam gerade der deutschen *„Interesselosigkeit im Orient"* laut Bismarck höchste Priorität zu; *„dieselbe werde schon durch die griechische Heirath einigermaßen vermindert, aber Griechenland läge doch mehr wie Rumänien, Bulgarien und Serbien außerhalb der voraussichtlichen Conflictssphäre zwischen Oesterreich und Rußland"*. Er verwies außerdem auf die politische Instabilität der Balkanstaaten und riet deshalb davon ab, die Prinzessin *„den Eventualitäten auszusetzen, welche für diese neuen und eventuell ephemeren Staatengebilde möglicherweise in Betracht kämen."*

Margarethes Name wurde bald mit einem weiteren Thronanwärter in Verbindung gebracht: 1890 nahm sie auf einer Liste deutscher Prinzessinnen, die ihre englische Großmutter Victoria für ihren Enkel Herzog Albert Victor von Clarence und Avondale, ‚Eddy' genannt, zusammengestellt hatte, einen der ganz vorderen Plätze ein. Nach Meinung der alten Monarchin musste für den indolenten künftigen britischen Thronfolger dringend eine Ehefrau gefunden werden, die ihm Halt und Richtung gab. Der eitle und flotte Eddy, über dessen fragwürdigen Lebenswandel allerlei Gerüchte im Umlauf waren, fand die Hohenzollernprinzessin jedoch nicht hübsch genug. Seine Mutter, Prinzessin Alexandra von Wales, dürfte allerdings wegen ihrer heftigen antideutschen Gefühle ohnehin kaum mit einer Schwester Wilhelms II. als Frau ihres Sohnes einverstanden gewesen sein, obwohl sie Margarethe eigentlich mochte. Ob sich die Prinzessin überhaupt dazu bereitgefunden hätte, den Cousin als Ehegatten zu akzeptieren, steht auf einem ganz anderen Blatt. Wahrscheinlich dürfte sie ebenso wenig wie ihre Darmstädter Cousine Alexandra darauf erpicht gewesen zu sein, den wenig eindrucksvollen jungen Mann zu heiraten.

Zeitweise wurde Margarethe als mögliche Heiratskandidatin für den russischen Thronerben Nikolaus diskutiert. Der Diplomat Bernhard von Bülow glaubte im April 1892 zu wissen, dass die Kaiserin Friedrich an einer solchen Verbindung interessiert wäre. Politisch würde jedoch seiner Ansicht nach Deutschland nicht davon profitieren; denn *„die Prinzessin würde sich vermutlich bald cf. Kronprinzeß Sophie von Griechenland und Großfürstin Sergius – in eine Vollblut-Russin und Deutschen-Feindin verwandeln; gegen ihren kaiserlichen Bruder würde sie von vornherein hetzen."* Eine Verbesserung der Beziehungen zwischen Deutschland und Russland versprach sich Bülow allein durch politisch-diplomatische Mittel. Dass die Kaiserinwitwe diese Heirat für ihre jüngste Tochter ernsthaft in Betracht gezogen hätte, erscheint allerdings angesichts ihrer ausgeprägten antirussischen Gefühle kaum als wahrscheinlich.

Weitere Prinzen, die als Heiratskandidaten angedacht wurden, waren Prinz Christian von Dänemark, der älteste Sohn des dänischen Kronprinzen Frederik, Prinz Wilhelm Ernst von Sachsen-Weimar-Eisenach, der reiche Erbe des großherzoglichen Throns von Weimar, und Erbgroßherzog Ernst Ludwig von Hessen und bei Rhein, Margarethes Cousin aus Darmstadt. Es handelte sich dabei freilich um keine nachdrücklich verfolgten Eheprojekte.

Ein überraschender Bewerber: Prinz Friedrich Karl von Hessen

Als sich der hessische Prinz Friedrich Karl im Mai 1892 um Margarethes Hand bewarb, löste er damit sowohl bei der Prinzessin wie auch bei deren Mutter eine große Überraschung aus. Dieser enge Freund des Prinzen Max von Baden kannte Margarethe von den verschiedenen Hoffestlichkeiten in Berlin her, wo er seit 1888 als Offizier diente. Seine bislang eher schüchtern-zurückhaltenden Bemühungen waren der Kaiserschwester offenbar nie aufgefallen.

Der am 1. Mai 1868 geborene Friedrich Karl entstammte der Rumpenheimer Linie des 1866 entthronten Hauses Hessen-Kassel, das im Deutschen Krieg auf der Seite der Kriegsgegner Preußens gestanden hatte und dessen Kurstaat danach vom siegreichen Preußen annektiert wurde. Friedrich Karl war der dritte und jüngste Sohn aus der zweiten Ehe des Landgrafen Friedrich Wilhelm von Hessen mit der preußischen Prinzessin Anna. Bevor der feinsinnig veranlagte Prinz, der in der Familie ‚Fischy' genannt wurde, die für sein Haus traditionelle Offizierslaufbahn einschlug und in ein Berliner Gardedragonerregiment eintrat, hatte er einige Semester Germanistik, Archäologie, Kunstgeschichte und Geschichte in Freiburg studiert. Sicher hatte sich hier auch der Einfluss seiner Mutter bemerkbar gemacht. Landgräfin Anna galt nicht nur als eine sehr gebildete und vielseitig interessierte Persönlichkeit, sondern auch als hervorragende Pianistin. Sie stand in freundschaftlichem Kontakt mit so berühmten Musikern und Komponisten wie Clara Schumann und Johannes Brahms. Kaiserin Friedrich war schon seit längerem mit der 1884 verwitweten Landgräfin, einer Cousine ihres Ehemannes, gut bekannt. Obwohl sich Anna lange nicht mit dem Thronverlust des kurhessischen Hauses abfinden konnte und deshalb ihrer preußischen Verwandtschaft ablehnend gegenüberstand, unterstützte sie den Heiratswunsch ihres Sohnes.

Auf Friedrich Karls Heiratsanfrage reagierte die Kaiserinwitwe freundlich, bat aber um Bedenkzeit für ihre Tochter:

„Bisher hat Mossy Dich als einen lieben Vetter und brüderlichen Freund angesehen, ahnte aber so wenig als ich selbst, daß Deine Gefühle andere als verwandtschaftliche und freundschaftliche geworden seien! Die Überraschung ist eine sehr große, und auch Mossy ist in der größten Aufregung! Sie ist eine so gewissenhafte und pflichttreue Natur, daß sie sich selbst ganz klar werden muß über diese Wendung in ihrem Geschick, und würde nur dann ja sagen können, wenn sie fühlt, daß sie voll und ganz das Gefühl erwidern kann, welches Du ihr entgegenbringst …Die Entscheidung liegt bei Mossy, nicht bei mir". Gegenüber ihrer Tochter Sophie gab Kaiserin Friedrich offen zu, dass sie die Anfrage völlig unvorbereitet getroffen hatte: *„Ich habe immer geglaubt, dass Fischy vorhatte Alicky oder eine von den Wales Cousinen zu heiraten."*

Margarethe, die inzwischen erkannt hatte, dass ihre ausschließlich auf Max von Baden konzentrierten Hoffnungen keinerlei Aussicht auf Erfüllung hatten und lediglich ein Wunschtraum ihrerseits gewesen waren, entschied sich nun für den hessischen Prinzen und nahm Friedrich Karls Heiratsantrag am 19. Juni 1892 im Garten von Schloss Philippsruhe an. Schon am nächsten Tag ging ein Brief von Kaiserin Friedrich an ihre Mutter in England, um diese über die Ereignisse zu informieren. Sie äußerte sich darin äußerst angetan über den Prinzen, obwohl er nicht reich war und keine glänzende Partie darstellte: *„Er liebt sie hingebungsvoll und ist wirklich ein sehr netter Junge, so beständig und ruhig, dabei ziemlich schüchtern und zart aussehend. Er ist intelligent und kultiviert mit Sinn fürs Lernen und die Kunst, und er schreibt charmante Gedichte."* Die Queen reagierte verhalten auf diese frohe Nachricht; denn ihrer Ansicht nach verließ Margarethe ihre Mutter zu früh. Sie vertrat die Auffassung, eine der Töchter habe unverheiratet zu Hause zu bleiben, damit sie sich um ihre Mutter kümmern könne: *„Ich stimme mit den Mohammedanern überein, daß die Pflicht gegenüber den Eltern vor allen anderen kommt, aber das wird in Europa nicht als Teil der Religion gelehrt. Können sie nicht überwiegend bei Dir leben, wenn Fischy kein eigenes Zuhause* *hat? Du solltest Bedingungen stellen ... Es geht nicht, daß Du ganz allein bleibst.*" Dass Margarethes Bräutigam gerade wegen seiner Kultiviert- und Belesenheit seiner künftigen Schwiegermutter besonders zusagen musste, mit der er außerdem viele schöngeistige Interessen teilte, entging der Queen nicht. Anfang Oktober 1892 stellte sie fest, dass es für Victoria doch sehr erfreulich sein müsse, dass Fischy *„so viel Sinn für Kunst und Natur"* habe. Auf diesen Gebieten könnten weder der *„arme Adolf"* noch *„Dein großer Liebling Tino"* mithalten. Unter den vier Schwiegersöhnen Kaiserin Friedrichs nahm der hessische Prinz in diesem Punkt zweifellos eine Sonderstellung ein.

Solange noch nicht die notwendige Zustimmung Kaiser Wilhelms II. in seiner Funktion als Familienchef vorlag, musste Margarethes Verlobung geheim gehalten werden. Da sich Kaiserin Friedrich nicht sicher war, wie ihr ältester Sohn zu dieser Verbindung stehen würde, besprach sie sich darüber mit ihrem Schwiegersohn Bernhard von Sachsen-Meiningen. Sie kam mit ihm überein, einen Brief an Wilhelm zu schreiben, in dem sie um sein Einverständnis bat. Der Erbprinz übernahm es, dem Kaiser den Brief aushändigen zu lassen. Unmittelbar vor einer großen Parade in Potsdam aus Anlass des Besuches des italienischen Königspaares erhielt der Monarch den Brief durch einen kaiserlichen Flügeladjutanten. In seinen Erinnerungen schildert Prinz Wolfgang von Hessen die Reaktion Wilhelms II., die er aus Erzählungen seiner Eltern kannte: *„Jeder, der an der Parade teilnahm, konnte sehen, was nun geschah: Der Kaiser öffnete den Brief, las ihn durch und gab dem Flügeladjutanten einen Befehl. Dieser machte kehrt, ging auf meinen Vater zu und forderte ihn auf, zum Kaiser zu kommen. Mein Vater ging auf den Kaiser zu und meldete sich. Der Kaiser sagte zu ihm: ‚Du willst mein Schwager werden. Das ist schön. Ich gratuliere dir.' Mein Vater machte kehrt und ging wieder an seinen Platz zurück. Die Umstehenden erkundigten sich neugierig bei ihm: ‚Darf man fragen, was der Kaiser dir gesagt hat?' Mein Vater erwiderte: ‚Fragen darf man, aber antworten werde ich nicht.' Das war das Vorspiel zur Verlobung meiner Eltern."*

Bei aller Befriedigung über die Verlobung ihrer Jüngsten begannen nun die Klagen Kaiserin Friedrichs über den bevorstehenden Verlust des letzten ihr noch verbliebenen Kindes: *„Nur diejenigen, die mir sehr nahe stehen, können ahnen, was es für mich ist, dies geliebte Kind hergeben zu müssen, die mir so innig ans Herz gewachsen ist u. die der Sonnenschein meines immer trauriger u. stiller werdenden Hauses ist! Sie zu hegen, pflegen, behüten u. mit Liebe zu umgeben war mein bester Trost u. ich kann das liebliche Wesen nicht ohne Stolz u. Freude u. Wehmut ansehen!"* Auch gegenüber ihrem Schwager Lord Lorne räumte sie ein, dass ihr die Trennung von Margarethe schwer falle: *„Die Vorstellung, für den Rest meiner Tage ganz alleine zu sein, erscheint mir sehr bitter, und dennoch bin ich natürlich sehr dankbar, dass mein Liebling glücklich ist und dass sie einen guten und freundlichen Ehemann bekommen wird, und dass sie nicht weit entfernt leben wird! Aber es kann niemals mehr das Gleiche sein, und es ist eine Trennung, die ich furchtbar fühlen werde."* In diesem Aspekt ähnelte sie vollkommen ihrer Mutter, Queen Victoria.

„Die Feierlichkeiten dauerten lange"

Wie ihre Schwester Victoria erhielt Margarethe ein Heiratsgut von 300.000 Mark, wovon die Hälfte als die eigentliche Mitgift galt. Als Vermählungstag wurde der 25. Januar 1893 bestimmt. Die aufwendigen mehrtägigen Hochzeitsfeierlichkeiten konnten auf diese Weise mit dem Geburtstagsfest Wilhelms II. zusammengelegt werden, was den Berliner Hof finanziell entlastete. Zu ihrem großen Bedauern konnte die griechische Kronprinzessin Sophie nicht an den Hochzeitsfeierlichkeiten ihrer Lieblingsschwester teilnehmen, da sie zu dieser Zeit schwanger war und sich für eine Reise nicht wohl genug fühlte.

Auf die standesamtliche Trauung am Nachmittag im Palais ihrer Mutter folgte die kirchliche Heirat samt den daran anschließenden Feierlichkeiten im Berliner Stadtschloss. Passend zu ihrem Namen war Margarethes weißseidenes Brautkleid mit Kränzen und Bouquets aus Margeriten bestickt. Ihren Kopf schmückte der mütterliche Brautschleier. Im Stadtschloss wurde ihr noch die bei jeder Hochzeitsfeier im Hause Hohenzollern verwendete Prinzessinnenkrone aufgesetzt, die zum königlichen Hausschatz gehörte.

Das traditionell aufwendige preußische Hochzeitszeremoniell löste bei Kaiserin Friedrich so gut wie keine Begeisterung aus, weil sie es als steif und reizlos empfand: *„Nichts als Zeremonie! Nichts Fröhliches!"* Kaum beeindruckt zeigte sich auch der russische Thronfolger Nikolaus, dessen Teilnahme an der Hochzeit von Berlin als politischer Erfolg gewertet wurde: *„Der Gottesdienst gefiel mir nicht. Es wurde ein bisschen gesungen, ein wenig von einem Streichorchester musiziert, der Pastor hielt eine Predigt – und das war's schon –, nichts hat einen daran erinnert, dass die Ehe ein Sakrament ist! In der großen Halle nahmen die Frischvermählten Glückwünsche entgegen – es war ein äußerst ermüdendes und langweiliges Verfahren: jede Dame und jeder Herr mussten ihnen gegenübertreten und sich verneigen – dieses Vergnügen dauerte zwei Stunden."* Ähnlich erinnerte sich Margarethes Schwester Victoria daran: *„Die Feierlichkeiten dauerten lange, da der Fackeltanz […] ebenso wie die anderen traditionellen Zeremonien des preußischen Hofes stattfanden."* Der deutsche Diplomat Ludwig Raschdau bedauerte das junge Brautpaar: *„Wie die Prinzessin dastand, jedem Vorbeischreitenden einen kurzen Gruß bietend, der etwas seitwärts gebeugte Kopf von einer schweren Krone fast erdrückt, machte sie den Eindruck einer chinesischen Porzellanfigur. Der Prinz sah zum Tode ermüdet aus, schmal und siech. Aber beide erledigten ihre zeremoniellen Pflichten mit der Ergebung von Gladiatoren, die auf Befehl in den Tod gehen."* Einen ganz anderen Eindruck von der jungen Braut gewann die Fürstin Marie Radziwill. Sie zeigte sich von Margarete sehr angetan, *„die eine so bescheidene und offen glückliche Miene zeigte, dazu so würdige und graziöse Haltung und große Ruhe des Wesens, daß ihre ganze Persön-*

lichkeit einen eigenen Charme ausstrahlte. Sie ist nicht hübsch, aber reizvoll." Weniger begeistert äußerte sich die Fürstin über den Bräutigam: „*Der Gatte ist das Gegenteil, er schien durchaus nicht zufrieden. Mager und bleich, mit düsterem Gesichtsausdruck, hatte er keinen Blick, kein Lächeln für seine nette Frau. Man sah ihn nur mit sich selbst beschäftigt, und er mochte sich fragen, ob es ihm gelingen würde, bis an das Ende durchzuhalten.*" Am Berliner Hof hatte sich im Gegensatz zu den anderen europäischen Höfen als besonderes Schaustück der sogenannte Fackeltanz als krönender Festabschluss erhalten. Dieser feierliche Schreittanz hatte seine Wurzeln noch im mittelalterlichen Hochzeitszeremoniell. Bei Margarethes Hochzeit wurden die Fackeln zum letzten Mal von den preußischen Ministern getragen, wie es alter Brauch war. Der Bürgerliche Raschdau brachte hierfür kein Verständnis auf. Die Teilnahme der Minister empfand er als widersinnig: „*Beim Fackeltanz wunderte ich mich wieder, wie alte ernste Männer sich zu solchem Schauspiel hergeben.*"

Friedrich Karl hatten die mehrstündigen Feierlichkeiten mit all ihrem Zeremoniell so erschöpft, dass er bloß mühsam zur Abreise in die Flitterwochen bewegt werden konnte. Ironisch schildert die Fürstin Radziwill die peinliche Situation samt deren energischer Lösung durch den Oberhof- und Hausmarschall August Graf zu Eulenburg: „*Man entkleidete die Neuvermählte, nimmt ihr die Diamanten ab, sie zieht ein Reisekleid an und besteigt den Wagen, um sich nach dem Potsdamer Bahnhof zu begeben. Kein Ehemann … man sucht ihn überall. Dann findet man ihn in einem Zimmer des Schlosses, kraftlos in einen Sessel versunken. Eulenburg sagt sich, daß es da keine Scherze gibt. Der Prinz müsse unbedingt so weit sich erholen, daß er bis Potsdam fahren könne. Er läßt eine Flasche schweren Bordeaux kommen und flößt ihm einen großen Teil davon ein. Dann reicht er ihm den Arm und setzt ihn an die Seite der Prinzessin in den Wagen.*" Derartige Festivitäten forderten eben von den Fürstlichkeiten ihren Preis an Standvermögen, wie auch Kaiserin Friedrich nach Athen mitzuteilen wusste: „*Von Mor-*

gens um 8 bis in die Nacht um 12 saß ich niemals mit Ausnahme bei den Mahlzeiten, und war erledigt.“

Eine eigene Familie

Kurze Zeit nach der Hochzeit übersiedelte das Paar nach Schloss Rumpenheim bei Offenbach, das wegen seiner Nähe zu Kronberg häufige Besuche oder längere Aufenthalte bei Kaiserin Friedrich ermöglichte. Für Margarethes Mutter war dies ein Trost. Friedrich Karl wuchs seiner Schwiegermutter so ans Herz, dass er ihr bald *„so nahe wie ein eigenes Kind“* stand, wie sie im November 1894 gegenüber ihrem alten Freund General Walter von Loë bekannte. *„Er ist eine selten edle und feine Natur.“* Von den Vertrauten Wilhelms II. wurde das Prinzenpaar zu der mit Misstrauen beobachteten ‚Rumpenheimer Clique‘ im Umfeld der Kaiserin Friedrich gezählt. Das Schloss, das seit der zweiten Hälfte des 18. Jahrhunderts den Landgrafen von Hessen-Kassel gehörte, stand seit 1866 im Ruf, ein Sammelbecken für Fürstlichkeiten zu sein, die dem Berliner Hof nicht wohlgesonnen waren, und wurde deshalb schon früher als *„Giftküche“* tituliert.

Im März 1893 hatte sich Friedrich Karl von seinem militärischen Dienst beurlauben lassen, was ganz den Wünschen seiner Schwiegermutter entsprach. Ihm hatte der damals übliche Lebensstil der Gardeoffiziere, der vor allem um Trinkrituale und Glücksspiele kreiste, wenig zugesagt. Er wollte sich mehr seinen wissenschaftlichen und künstlerischen Neigungen widmen können. Zunächst war der Kaiser damit nicht einverstanden, da er die Meinung vertrat, dass bei der *„philosophierenden, weltschmerzlichen Richtung“* des Prinzen gerade *„der militärische Verkehr und der Dienst das notwendige Gegengewicht“* darstellten. Friedrich Karl kehrte erst 1899 zum Militär zurück, allerdings ließ er sich *„zum Erstaunen vieler Verwandter und Bekannter“* zum Infanterieregiment Landgraf Friedrich I. von Hessen-Kassel Nr. 81 nach Frankfurt versetzen, wo er mit seiner Familie dann hauptsächlich lebte. Nach ernsten Differenzen mit dem kommandierenden General Emil von Eichhorn über die Dienstmoral nahm der Prinz, noch zum Generalmajor befördert, 1911 erneut seinen Abschied.

Im Gegensatz zu ihrem Ehemann war Margarete eine in sich ruhende und geerdete Persönlichkeit. Wegen ihrer unterschiedlichen Veranlagung war *„es in ihrer Ehe jahrelang äußerst stürmisch zugegangen“*. Es dauerte seine Zeit, *„bis sie endlich einen Modus vivendi fanden.“* Später machten sie auf ihren Enkel Heinrich *„den Eindruck zweier Menschen, die in Eintracht und zärtlicher Liebe miteinander verbunden sind.“* Noch im Jahr ihrer Eheschließung brachte Margarethe am 24. November in Rumpenheim ihren ersten Sohn zur Welt. Weil der Junge einen Monat früher als erwartet kam, war nichts vorbereitet. Schon vor ihrem überstürzten Eintreffen bei ihrer Tochter erfuhr Kaiserin Friedrich, dass ihr 12. Enkelkind, Friedrich Wilhelm, bereits da sei. Schon elf Monate später folgte am 20. Oktober 1894 die Geburt von Margarethes zweitem Sohn Maximilian, der nach seinem Patenonkel Max von Baden benannt wurde. Mit den Zwillingspaaren Philipp und Wolfgang am 6. November 1896 sowie Richard und Christoph am 14. Mai 1901 trug Margarethe besonders schnell zur Vergrößerung der Urenkelzahl ihrer Großmutter, der englischen Königin Victoria, bei.

Der Lebensstil in Margarethes Familie war ganz englisch geprägt. Es wurden nicht nur die familiären Verbindungen zu England gepflegt, sondern die sechs Söhne wurden auch von englischen Nannies erzogen. Englisch war die tägliche Umgangssprache innerhalb der Familie. Wie sehr Margarethe dieser Lebensweise zugetan war, kommt in ihrer Äußerung von 1908 gegenüber der Fürstin Pless, einer geborenen Engländerin, deutlich zum Ausdruck: *„England ist das einzige Land in der Welt, wo ich mich frei und glücklich fühle, wo ich frei atmen kann, wo die Menschen gütig sind! Natürlich liebe ich Deutschland, das meine Heimat ist, aber es ist alles so klein hier; jeder mißtraut jedem.“*

Nur wenige Monate nach der Geburt des letzten Zwillingspaares starb Kaiserin Friedrich am 5. August 1901. Noch zu Beginn des Jahres war Margarethe die schmerzliche Aufgabe zugefallen, ihrer schwerkranken Mutter die Nachricht vom Tod Queen Victorias am 22. Januar 1901 zu überbringen. Bei der Testamentseröffnung von Kaiserin Friedrich erfuhren Margarethe und ihr Mann zu ihrer Überraschung, dass diese ihrer Tochter außer der Burg Kronberg auch Schloss und Landgut Friedrichshof in Kronberg i. Taunus zusammen mit der umfangreichen Kunstsammlung und sämtlichen Privatpapieren vermacht hatte. Des Weiteren vererbte sie ihr einen Kapitalstock von 1.200.000 Mark, dessen Zinsen es ermöglichen sollten, das kostspielige Schloss samt der Sammlung im Sinne von Kaiserin Friedrich für die Zukunft zu erhalten. Sie glaubte, dass ihr geliebter Besitz in den Händen ihrer jüngsten Tochter und ihres kunstsinnigen Schwiegersohns am besten aufgehoben sein würde. In ihrem Testament begründete sie diesen Schritt damit, dass *„das kurhessische Haus durch die politischen Ereignisse des Jahres 1866 den größten Theil seiner schönen Besitzungen eingebüßt hat und zugleich mit der Gegend um Frankfurt a. M. so eng verbunden ist"*. Der Unterhalt dieses anspruchsvollen Besitztums stellte jedoch eine so große finanzielle Beanspruchung für das Prinzenpaar dar, dass sich der kaiserliche Hausminister von Wedell-Piesdorf im September 1901 verpflichtet fühlte, Wilhelm II. eine zeitweilige Unterstützung der Schwester nahezulegen: *„Bei dieser Lage der Sache scheint mir der gegebene Ausweg in einer vorübergehenden Uebernahme des nicht gedeckten Theils der Unterhaltungskosten auf die Kronkasse zu liegen. Eine dauernde Belastung der Letzteren würde ich im Hinblick auf die in absehbarer Zukunft eintretenden gesteigerten Anforderungen an dieselbe nicht befürworten können und gestatte mir deshalb den allerunterthänigsten Vorschlag, diesen Gesichtspunkt durch ausdrückliche Bewilligung der 50 000 M. auf nur drei Jahre vom 1. Januar 1902 ab, […], zum Ausdruck zu bringen."* 1905 gewährte Wilhelm II. seiner Schwester nochmals 15.000 Mark als Zuschuss.

Dieses mütterliche Erbe machte es erforderlich, dass Margarethes Familie 1902 nach Schloss Friedrichshof umsiedelte. Friedrich Karl fiel es nicht leicht, dafür Rumpenheim aufzugeben, zumal er den von der italienischen Renaissance geprägten Ausstattungsstil von Friedrichshof nicht sonderlich schätzte. In der traditionsgebundenen Welt der Aristokratie war es überdies für einen Ehemann eher ungewöhnlich, im Haus seiner Ehefrau zu wohnen. Schon zu Lebzeiten seiner Schwiegermutter hatte sich der eigenbrötlerische Prinz damit abfinden müssen, dass sie das Leben seiner Familie stark beeinflusste. In den ersten Ehejahren hatte sich dies mitunter belastend auf die eheliche Harmonie ausgewirkt. Da die durchsetzungsfähige Margarethe aber mehr die Rolle einer Matriarchin in ihrer Familie einnahm, richtete sich letztlich alles eher nach ihrem Willen. Die Prinzessin verspürte eindeutig *„das Gefühl der Verpflichtung, das Haus, das ihre Mutter sich als Witwensitz errichtet hatte, so zu erhalten, wie sie es hinterlassen hatte."* Um dies zu ermöglichen, mussten Margarethe und Friedrich Karl *„zeitlebens große Opfer"* bringen, wie sich ihr Sohn Wolfgang erinnerte. Zu Margarethes Unbehagen mussten bereits nach dem Antritt der Erbschaft einige wertvolle Objekte aus der mütterlichen Kunstsammlung und Grundstücke, die außerhalb des Parks lagen, veräußert werden.

In die Fußstapfen ihrer verstorbenen Mutter trat Margarethe nun auch als Chefin des Füsilier-Regiments von Gersdorff Nr. 80 in Wiesbaden. Als versierte Reiterin pflegte die Prinzessin bei Paraden ihres Regiments eine gute Figur zu machen. Außerdem versäumte sie es nie, der alljährlichen Rekrutenvereidigung beizuwohnen. Schon früh hatte sich Margarethes bemerkenswerte reiterliche Begabung gezeigt. Der Hofmarschall ihrer Mutter, Hugo von Reischach, der als Kavallerieoffizier viel von Pferden und vom Reiten verstand, bezeichnete Margarethe in seinen Erinnerungen als hervorragende Reiterin. *„Sie hatte große Anlagen zum Schulreiten, und als ich später Oberstallmeister des Kaisers war, und die Prinzessin jeden Winter zum Geburtstag des Kaisers einige Zeit in Berlin weilte, ritt sie stundenlang in der Bahn bei uns, und ich habe ihr in acht Tagen manchmal dreißig Pferde zu reiten gegeben, die nie unter einer Dame gegangen. Sie ritt sie alle in glänzender Haltung, und manche der wirklich gut* *reitenden Sattelmeister, die aus der ganzen Armee ausgesucht waren, dann meist auf Reitschule gewesen, […], sahen der Prinzessin in ihrem Reiten gern zu.“* Bis ins hohe Alter pflegte Margarethe täglich zu reiten. Ihr Enkel Heinrich behielt sie deshalb als leidenschaftliche Reiterin in Erinnerung: *„Ich sehe sie noch vor mir: im Reiterkostüm und im Damensitz; und ich erinnere mich, daß ich mir nie erklären konnte, wie man sich mit beiden Beinen auf einer Seite im Sattel zu halten vermag. Wenn wir Kinder bleich und verschlafen zum Frühstück herunterkamen, kehrte sie rosig, frisch und heiter von ihrem Ausritt zurück, in der Hand die Gerte und die lange Schleppe ihres Kleides. Um elf Uhr vormittags setzte sie sich dann an den Flügel und erfüllte das Haus mit ihrer Musik.“*

Der Erste Weltkrieg

Der Ausbruch des Ersten Weltkriegs überraschte Margarethe in England. Sie hatte genauso wie die griechische Kronprinzessin Sophie in der Ermordung des österreichisch-ungarischen Thronfolgerpaares in Sarajewo keinen Kriegsgrund gesehen, weshalb sich die beiden Schwestern zusammen mit einem Teil ihrer Familien in Eastbourne trafen, um dort gemeinsam die Sommerferien zu verbringen. Dass die Lage ernst war, wurde ihnen erst klar, als ihnen ihr Bruder Heinrich, der auf Wilhelms Veranlassung am 26. Juli ein Gespräch mit dem britischen König George V. geführt hatte, zu einer umgehenden Abreise riet. Ende Juli 1914 kehrte Margarethe mit ihren Söhnen auf einem der letzten Schiffe, die Großbritannien verließen, nach Deutschland zurück.

Noch im Anschluss an die Hochzeit ihrer Nichte, der Kaisertochter Victoria Luise, mit dem Welfenprinz Ernst August im Frühjahr 1913 in Berlin, bei der sich eine Mehrzahl europäischer Fürsten und Monarchen begegnet waren, hatte Margarethe wie viele andere Familienmitglieder gehofft, dass gute persönliche Beziehungen zwischen den gekrönten Häuptern zu einer politischen Entspannung beitragen würden. Gerade der herzliche Empfang des englischen Königspaares in Berlin erweckte diese Illusion bei ihr, weshalb sie im Juni 1913 an eine englische Freundin schrieb, *„dass alles im Moment so freundlich erschien, wenn es nur so bleiben könnte"*.

Unter dem Eindruck der allgemeinen patriotischen Stimmung ließ sich Margarethes Mann Friedrich Karl sofort bei Kriegsausbruch reaktivieren und kehrte als Kommandeur zu seinem alten Regiment zurück. Bereits im zweiten Kriegsmonat wurde er in der Marneschlacht bei Etrépy durch Granatsplitter so erheblich verwundet, dass er nicht mehr kriegsverwendungsfähig war. Aus dem Feldlazarett wurde er, sobald er transportfähig war, in ein Frankfurter Krankenhaus verlegt, wo er sich mehreren Operationen unterziehen musste. *„Aus der Verwundung, die auch den Darm verletzt hatte, entwickelte sich eine schwere Sepsis, die eine Zeitlang für sein Leben fürchten ließ. Wiederholt mußten Granatsplitter, Stoffreste usw. aus seinem Körper operiert werden."* Margarethe kümmerte sich nicht nur um ihn, sondern auch um ihren gleichfalls hierher verlegten schwer verletzten Sohn Friedrich Wilhelm. Im Gegensatz zu seinem Vater konnte er sich wieder an die Front zurückbegeben. Wie einst für ihren Ehemann bildete das Offizierskorps der preußischen Armee auch für Margarethes ältere Söhne das berufliche Betätigungsfeld. Friedrich Wilhelm, Maximilian und Wolfgang hatten vor dem Kriegsausbruch die Hauptkadettenanstalt in Berlin-Lichterfelde besucht. Philipp meldete sich dagegen 1914 als Kriegsfreiwilliger.

Nachdem Margarethes ältester Sohn Friedrich Wilhelm insgesamt zwei Mal im Fronteinsatz verwundet worden war, fiel er im September 1916 als Ulanenoffizier im Rumänienfeldzug. Margarethe musste zuvor schon den Tod ihres noch nicht ganz 20 Jahre alten Lieblingssohnes Maximilian an der nordfranzösischen Front verkraften, der am 13. Oktober 1914 seiner schweren Verwundung durch Maschinengewehrfeuer erlegen war. Sich widersprechende Meldungen über die Todesumstände hatten in ihr zunächst die Hoffnung genährt, es liege eine Verwechslung vor. Erst im Dezember gelangte eine schriftliche Bestätigung in die Heimat, die keine Zweifel mehr ließ. Laut ihrem jüngeren Sohn Wolfgang musste Maximilians Tod für sie *„das Schlimmste gewesen sein"*. Als Margarethe Anfang November die Nachricht von seinem Tod per Telegramm erhielt, lag ihr Mann noch im Krankenhaus. Da Friedrich Karl beinahe an einer Blutvergiftung gestorben wäre, musste jede Aufregung für ihn vermieden werden. Nach Wolfgangs Erinnerungen durfte sich seine Mutter daher bei den täglichen Besuchen bei ihm *„nichts anmerken lassen. Sie mußte alleine damit fertig werden."*

Nach dem Tod Prinz Friedrich Wilhelms, der bereits der zweite Sohn war, der Margarethe durch den Krieg entrissen worden war, ordnete Wilhelm II. an, dass ihre Söhne Philipp und Wolfgang keiner Gefahr mehr ausgesetzt werden sollten. Anfang Dezember 1916 bekannte die über den Verlust ihrer beiden Ältesten tief getroffene Margarethe gegenüber einer Freundin: *„Ich kann mir die schreckliche Tatsache immer noch kaum klar machen, nur dass der Schmerz schlimmer & schlimmer wird, je mehr die Zeit vergeht."* Nachdem die sterblichen Überreste der beiden Söhne in die Heimat überführt werden konnten, ging sie jahrelang fast täglich zu deren Särgen, die in der Kapelle der Kronberger Burg standen. Als die Burg im Zweiten Weltkrieg bombardiert wurde, beunruhigte sie dies zutiefst, wie sich ihr Enkel Heinrich von Hessen entsann: *„Vom Schloß aus sahen wir in der Ferne, wie aus dem hohen, neunhundert Jahre alten Turm die Flammen schlugen, und ich erinnere mich an das Entsetzen der Großmutter, die um die sterblichen Überreste ihrer Lieben fürchtete. Tatsächlich wurde die Kapelle nahezu völlig zerstört. Dennoch gelang es, die Särge zu retten."*

Der finnische Thron

Inmitten der Trauer, die Margarethes Leben seit dem Tod ihrer beiden Söhne überschattet hatte, eröffnete sich plötzlich die Aussicht auf ein vollkommen neues Leben im hohen Norden

Europas. Im Herbst 1918 wurde ihrem Ehemann die finnische Königskrone angeboten, was zeitweise für Turbulenzen im Leben der hessischen Fürstenfamilie sorgte.

Prinz Friedrich Karl hatte sich schon früher für den Erwerb eines Throns interessiert. Mit einem solchen Streben stand er nicht allein; denn derartige Hoffnungen wurden zu Beginn des 20. Jahrhunderts erstaunlicherweise immer noch in vielen nicht mehr regierenden Fürstenhäusern gepflegt. Der hessische Prinz und Kaiserschwager hatte bereits 1915 sein generelles Interesse an der Übernahme eines Throns im baltischen Raum signalisiert, sollte sich dieser im Zuge der damals erfolgreichen deutschen Ost-Offensive als Möglichkeit abzeichnen. Er betrachtete dies auch als Wiedergutmachung für 1866. Dem siegreichen Kaiser stünde es gut zu Gesicht, ließ er am 10. September 1915 den Reichskanzler Theobald von Bethmann Hollweg wissen, *„einem durch die zielbewusste Politik seines Staates seiner altererbten Rechte entkleideten Fürstenhause […] den Weg zu einer neuen Heimat und einem seiner Stellung entsprechenden Wirkungskreis zu ebenen."* Er verwies außerdem auf das große persönliche Leid seiner Gattin, das der Krieg ihr schon zugefügt hatte, um so zusätzlich an das Mitgefühl von Wilhelm II. zu appellieren: *„Sie ist nicht mehr dieselbe wie vordem, und unser hiesiger Besitz, an dem sie sehr hängt, wird ihr oft qualvoll, weil er ihr auf Schritt und Tritt Erinnerungen an den Sohn wachruft, der ihrem Herzen am nächsten stand. […] Nun entwickelte sich allmählich der Gedanke an eine neue Existenz in den Baltischen Gebieten und […] an das reiche Feld von Tätigkeit und Pflichten, das sich ihr bei Verwirklichung des Planes eröffnen würde"*. Oberhofmarschall Hugo Freiherr von Reischach, der sich Friedrich Karl freundschaftlich verbunden fühlte, informierte ihn in der Folgezeit diskret über allerlei abenteuerlich anmutende Thronprojekte, die im kaiserlichen Umfeld diskutiert wurden. Wie einst der französische Kaiser Napoleon erwog jetzt Wilhelm II., neue Königreiche zu kreieren oder ihm feindlich gesonnene Herrscher durch ihm gewogene Fürsten zu ersetzen. Voll Ironie kommentierte der frühere Reichskanzler Fürst

Bülow diese dynastischen Begehrlichkeiten, die der Friede von Brest-Litowsk geweckt hatte: „*Es war, als ob in den deutschen Fürstenhäusern kurz vor ihrem Zusammenbruch ihre jahrhundertealte Vergrößerungssucht und Leidenschaft des Landerwerbs als später Johannistrieb noch einmal zutage trat. Es betrübte mich, im Winter 1917/18 in Berlin zu beobachten, wie sehr trotz des ungeheuren Ernstes unserer Lage für viele, allzu viele, selbstsüchtige Bestrebungen, kleinliche Ambitionen im Vordergrund standen. Oben und unten: An den deutschen Fürstenhöfen wurden Fürstenhüte ausgeteilt wie an der Tafel der Wallensteinschen Generäle in Schillers dramatischem Gedicht ‚Die Piccolomini'.*"

Für Margarethe und ihre Familie schien dieser alte fürstliche Wunschtraum hingegen konkrete Gestalt anzunehmen. Der Ausbruch der russischen Februarrevolution hatte im Dezember 1917 zur Unabhängigkeitserklärung von Finnland geführt, das seit 1809 dem russischen Herrschaftsbereich angehört hatte. Im Frühjahr 1918 hatte die gerade erst konstituierte Republik Finnland einen sozialistischen Umsturzversuch mit deutscher Hilfe niedergeschlagen. Obwohl sich bereits die militärische Niederlage des Deutschen Kaiserreichs abzuzeichnen begann, entschied sich die monarchisch gesinnte Mehrheit des finnischen Landtags dafür, einen deutschen Thronkandidaten für das Land zu finden. Ganz zu Beginn der Königsdebatte waren auch die Namen schwedischer und dänischer Prinzen im Gespräch. Die bürgerlich-konservativen Kreise in Finnland gingen im Sommer 1918 immer noch von einem deutschen Sieg aus und suchten eine Schutzmacht vor dem russischen Bolschewismus. Von einer politischen und wirtschaftlichen Verbindung mit Deutschland erhofften sich die Finnen darüber hinaus die deutsche Unterstützung bei der Angliederung Ostkareliens, um das ersehnte Großfinnland verwirklichen zu können. Auf deutscher Seite bestand ebenfalls ein großes Interesse an einem engen Anschluss Finnlands, das als Pufferstaat gegenüber Russland erwünscht und wegen seiner Naturschätze auch wirtschaftlich interessant war.

Wer letztlich den hessischen Prinzen als Thronkandidaten für Finnland lanciert hatte, lässt sich nicht mehr feststellen. Wenngleich Friedrich Karl das Land, dessen Krone ihm winkte, überhaupt nicht kannte, signalisierte er auf eine entsprechende finnische Anfrage hin im September 1918 seine Bereitschaft zur Annahme des Thronangebots, sofern die Wahl im dortigen Landtag ein zufriedenstellendes Ergebnis erbringen würde. Seinem kaiserlichen Schwager telegrafierte er dazu am 9. September: *„Ew. Majestät Zustimmung voraussetzend, habe ich die finnische Regierung zu der Erklärung ermächtigt, daß ich die Wahl annehme, wenn ihr Ergebnis dem Gebot meiner Selbstachtung genügt."* Bei den ersten Begegnungen der finnischen Delegationen mit der hessischen Fürstenfamilie beeindruckte die immer nur in Trauerkleidung auftretende Margarethe die finnischen Monarchisten wenig. Der finnische Gesandte Hjelt vermerkte, dass *„etwas Resigniertes, Sorgenbeschwertes"* über ihr lag. Nach Meinung ihres Sohnes Wolfgang erhoffte sich aber gerade Margarethe von der finnischen Krone einen Ortswechsel, um in einer neuen Umgebung nicht ständig an ihre beiden gefallenen Söhne erinnert zu werden und auf diese Weise ihre tiefe Trauer besser bewältigen zu können.

Wenn auch der verschlossene Friedrich Karl keineswegs die von den finnischen Monarchisten ersehnte charismatische und kraftvolle Führerpersönlichkeit verkörperte, wurde er doch vom dortigen Parlament am 9. Oktober 1918 zum künftigen erblichen König gewählt. Zum Zeitpunkt der Wahl stellte dieser Landtag allerdings bloß ein Rumpfparlament dar, weshalb der Prinz das im Grunde schwache Wahlergebnis mit Recht als *„sehr unbefriedigend"* beurteilte. Als die Wahlnachricht eintraf, liefen bereits die deutschen Waffenstillstandsverhandlungen. Friedrich Karl war hin- und hergerissen, wie er auf die Wahl reagieren sollte. Am 11. Oktober legte ein Telegramm vom Auswärtigen Amt Friedrich Karl nahe, seine Entscheidung über die Annahme der Königswürde noch hinauszuschieben, um die augenblickliche politische Lage nicht zu erschweren. In seinem Antwortschreiben erklärte der Prinz bitter, dass er seine Interessen zugunsten des Vaterlands zurückstelle. „*Ich darf erwarten, daß meine Heimat, die mehr von mir verlangt als mir geboten hat, dieses Opfer nur im äußersten Fall fordern wird*". Angesichts der kritischen Situation riet der neue deutsche Reichskanzler Max von Baden seinem Jugendfreund ebenfalls zur Zurückhaltung. Gerade von Seiten Englands und Frankreichs war nicht mit einer Zustimmung zur Wahl eines deutschen Prinzen zu rechnen. Friedrich Karl beschloss daher, das Ergebnis der Verhandlungen abzuwarten, bevor er endgültig über die Annahme des Thronangebots entschied.

Nicht nur Friedrich Karl hatte begonnen, sich mit Geschichte, Politik und Kultur Finnlands vertraut zu machen, auch seine Familie beschäftigte sich längst mit dem Erlernen der neuen Sprache. Die ganzen Zukunftsfragen rund um den finnischen Thron scheint Friedrich Karl nur mit seiner Ehefrau und seinem Sohn Wolfgang, dem designierten Thronfolger, besprochen zu haben. Die Familie war freilich „*über die aktuelle Lage und die inneren Verhältnisse Finnlands*", wie Wolfgang später einräumte, „*schlecht unterrichtet*". Inzwischen erreichte Margarethe ein besorgter Brief ihrer Schwester Sophie vom 24. Oktober, in dem die im Schweizer Exil lebende griechische Königin auch auf die finnische Thronangelegenheit einging: „*Du darfst selbstverständlich nicht davon träumen, gerade jetzt nach Finnland gehen zu können, ausgeschlossen – solange Kaiser entthront werden, wird es unmöglich sein, neue Königreiche in einer solchen Atmosphäre zu etablieren*". Der Rat der Lieblingsschwester hatte für Margarethe Gewicht, und das Schicksal der griechischen Königsfamilie konnte durchaus als Warnung dienen.

Nach einer lediglich zwei Monate dauernden ‚Regentschaft' zog Friedrich Karl am 20. Dezember 1918 in einem auf den 14. Dezember rückdatierten Brief seine Kandidatur wegen der deutschen Niederlage im Ersten Weltkrieg bereits zurück. Sein finnischer Königstraum war beendet. Die Siegermächte England und Frankreich betrachteten die Wahl des kaiserlichen Schwagers als Verstoß gegen die erklärte Neutralität des neuen finnischen Staates und drohten damit, andernfalls Finnland zu boykottieren. Prinzessin Margarethes enge Verwandtschaft mit dem englischen Königshaus zahlte sich nicht aus. Am 28. Dezember 1918 wurde Friedrich Karls Verzichtschreiben in den finnischen Zeitungen veröffentlicht. Mit dem Ende des finnischen Thronabenteuers nahm die hessische Fürstenfamilie ihr zurückgezogenes Leben wieder auf, das allerdings durch die großen politischen, gesellschaftlichen und wirtschaftlichen Umbrüche nicht mehr in den altvertrauten Bahnen weiterlaufen konnte.

Das Ende der bisherigen Lebenswelt

Noch während Friedrich Karl darauf wartete, dass sich seine finnische Thronbesteigung realisieren lassen würde, wurde er in die verschiedenen Überlegungen zum Abdankungsszenario für Wilhelm II. einbezogen. Zeitweise favorisierte ihn Ex-Kanzler Bethmann Hollweg sogar als Regenten für den ältesten Kaiserenkel.

Ende Oktober 1918 kam Friedrich Karl mit Großherzog Ernst Ludwig von Hessen und bei Rhein zu dem erst wenige Wochen als Reichskanzler amtierenden Max von Baden nach Berlin, um über die Abdankung des Kaisers zu beraten. Sie war eine Vorbedingung für die Aufnahme von Waffenstillstandsverhandlungen mit den Alliierten. Nach Meinung des Kanzlers war Friedrich Karl geradezu dafür prädestiniert, Wilhelm II. die Thronentsagung nahezulegen: *„Er war der Schwager des Kaisers und dem Gefühl der Armee nahe verbunden; als Kommandeur hatte er sein Regiment vorbildlich geführt. Er war selbst verwundet gewesen. Zwei Söhne waren ihm im Felde geblieben. Vor kurzem hatte er auf die ihm angebotene Krone Finnlands vorläufig verzichtet, um den Abschluß des Friedens nicht zu erschweren."* Friedrich Karl war zunächst dazu bereit, doch letztendlich unterblieb diese Mission. Der Prinz glaubte nicht mehr an deren Erfolg, da er inzwischen den Eindruck gewonnen hatte, dass es *„nur noch ratlose Regierungsstellen"* in Berlin gebe. Wenn er selbst nicht davon überzeugt sei, beschloss er, könne er auch nicht den Kaiser dafür einnehmen. Als später Kurt Hahn, der

Bearbeiter der Memoiren des Prinzen von Baden, die Rolle des letzten kaiserlichen Kanzlers bei der Abdankung Wilhelms II. auf Kosten von Friedrich Karl schönte, führte dies 1927 zum Bruch zwischen den beiden alten Freunden.

Die Revolution mit der Ausrufung der Republik erlebte Margarethe mit ihrer Familie in Kronberg. Ihr Mann notierte am 13. November beunruhigt in sein Tagebuch, dass es *„Nachrichten über Mordanschläge gegen mich und Mossy, auch die Kinder"* gäbe. Die Familie entschied sich gegen eine Flucht, aber Wertsachen und wichtige Dokumente wurden vorsorglich in Sicherheit gebracht. Während der Zeit der französischen Besatzung zwischen 1918 und 1925 gestaltete sich das Leben für Margarethe und ihren Mann durch die einquartierten Soldaten schwierig. Da der Unterhalt von Schloss Friedrichshof wegen des rapiden Geldverfalls nach dem Kriegsende zu aufwendig geworden war, bewohnte die Familie das ‚Cottage' des Hofmarschalls im Schlosspark. Der unerwartete Untergang der Monarchie in Deutschland sowie die neue Lebenssituation in der Weimarer Republik sorgten für eine große Verunsicherung in der Familie.

Während sie früher in keinem sehr engen Kontakt zu ihrem ältesten Bruder gestanden hatte, wurde Margarethe nun ein regelmäßiger Gast in dessen Doorner Exil. Ihr Mann und ihre Söhne besuchten ebenfalls den früheren Kaiser. Im September 1921 äußerte sich der Exmonarch äußerst positiv über seine Schwester: *„Sie hat ein solches Verständnis für mich und meine Lage. Sie ist eine tapfere, energische Frau."* Vorübergehend erwog er, sie als Ehrendame zu sich zu holen. Margarethe gehörte zu den wenigen Gästen, die an Wilhelms zweiter Vermählung mit der verwitweten, 28 Jahre jüngeren Prinzessin Hermine von Schönaich-Carolath im November 1922 in Holland teilnahmen. Im Gegensatz zu den meisten Mitgliedern der kaiserlichen Familie, dem Gefolge und vielen Monarchisten in Deutschland brachte sie für diesen Schritt des Bruders Verständnis auf. Nicht zu Unrecht vertrat daher ihr Sohn Christoph die Ansicht, Wilhelm II. habe seine Schwester *„eigentlich erst in Holland richtig kennengelernt"*. Als letzte Überlebende der kaiserlichen Geschwister gab sie ihm 1941 auch das letzte Geleit bei seiner Beerdigung in Doorn.

Nachdem sein älterer Bruder Alexander Friedrich 1925 auf seine Stellung als Chef des Hauses Hessen-Kassel verzichtet hatte, um eine nicht ebenbürtige Ehe einzugehen, führte Friedrich Karl als neues Oberhaupt den Titel eines Landgrafen von Hessen. 1928 wurde er Chef der mit staatlicher Genehmigung gegründeten Kurhessischen Hausstiftung, deren Hauptaufgabe die Pflege und Bewahrung des kulturellen Familienerbes war. Diese Stiftung war eingerichtet worden, um eine drohende Verstaatlichung des fürstlichen Privatbesitzes zu verhindern. Dem Landgrafenpaar stellte sich damit eine neue Herausforderung.

„Auch mir ist manche Illusion genommen"

Der Untergang der bisherigen Lebenswelt durch das Ende der Monarchie schockierte den deutschen Hochadel. Die Ermordung der russischen Zarenfamilie bewirkte eine strikt antibolschewistische Haltung. Die Söhne Margarethes mussten sich damit abfinden, dass sich die von ihnen anvisierte traditionelle Offizierslaufbahn nicht mehr weiterverfolgen ließ und sie sich ebendarum beruflich umorientieren mussten. Weder konnte sich die hessische Fürstenfamilie in der Folgezeit mit der Weimarer Republik arrangieren, der es scheinbar nicht gelang, für Recht und Ordnung zu sorgen, noch brachte sie überhaupt ein größeres Verständnis für demokratische Staatsformen auf. Der Nationalsozialismus erweckte dagegen die Aussicht auf eine Restauration der Monarchie. Landgräfin Margarethe sah daher 1932 in der Hitlerbewegung als dem angeblich einzigen wirkungsvollen Bollwerk gegen Kommunismus und Sozialismus *„unsere große Hoffnung"*. Dass sich ausgerechnet die Nachkommen der Kaiserin Friedrich, die sich stets gegen Antisemitismus und für liberale, parlamentarische Bestrebungen eingesetzt hatte, trotz ihrer immer noch privilegierten Stellung von dieser politischen Ideologie vereinnahmen ließen, mutet tragisch an. Rainer von

Hessen, ein Enkel Margarethes, erklärt sich die Faszination seiner Familie für den Nationalsozialismus *„zu großen Teilen aus einer Traumatisierung nach dem Ersten Weltkrieg“*.

Alle vier überlebenden Söhne Margarethes schlossen sich den Nationalsozialisten an und wurden Parteimitglieder. Da das Haus Hessen und seine Angehörigen in den 30er Jahren noch über eine Vorbildfunktion als Vertreter der alten Elite in der Öffentlichkeit verfügten, spielten die Familienmitglieder damit Adolf Hitler und seiner Bewegung in die Hände. Sie halfen hierdurch, die Nationalsozialistische Deutsche Arbeiterpartei ‚wählbar‘ zu machen. Als Landgraf Friedrich Karl im Februar 1933 während des Reichstagswahlkampfes die Hakenkreuzfahne auf Schloss Friedrichshof hisste, hatte dies eine nicht zu unterschätzende Wirksamkeit, wie sein Sohn Wolfgang im Rückblick einräumte. *„Die Sache hat in Kronberg großes Aufsehen erregt. Es wurde als Signal gewertet, daß unsere Familie sich öffentlich zum Nationalsozialismus bekannt hatte.“*

Die Eltern folgten dem Beispiel der Söhne und traten im Mai 1938 der NSDAP bei. Die über 60 Jahre alte Margarethe zeigte sich 1938 völlig hingerissen und fasziniert von Adolf Hitler: *„Es war so spannend und gleichzeitig ergreifend, wie er sprach, dass man geradezu an seinen Lippen hing.“* Vor dem bald heraufziehenden neuen Weltkrieg verschloss die Landgräfin die Augen. Ihre Nichte Victoria Luise erinnerte sich später an ein Gespräch mit ihr im Juli 1939: *„Ich begann von meinen Sorgen für die nächste Zukunft zu sprechen, vom Krieg, der in aller Kürze über uns hereinbrechen würde. Sie glaubte nicht hieran, hielt es für unmöglich, daß Hitler einen Krieg herbeiführen würde. Meine Tante vermochte sich nicht vorzustellen, daß ein Staatsmann, der so Großes für sein Volk geleistet hatte, dieses aufs Spiel setzen würde. Es war die gleiche Meinung, die auch ich selbst lange Zeit vertreten hatte.“* Noch im Juni 1940, kurz nach dem Tod ihres Mannes am 28. Mai, schrieb Margarethe einen empathischen Brief an Hitler, um sich für seinen *„wundervollen“* Kranz zu bedanken und ihm zu versichern, wie sehr Landgraf Friedrich Karl bis zuletzt voll loyaler Bewunderung am Führer hing. Sie wünschte Hitler Erfolg bei seinen ‚großen Zielen'. Sie lag damit durchaus auf einer politischen Wellenlänge mit ihrem Bruder Wilhelm II., der sich ihr gegenüber noch Anfang November 1940 begeistert über die Neugestaltung Europas durch Hitler äußerte: *„Die Hand Gottes schafft eine neue Welt und wirkt Wunder … Es entstehen die Vereinigten Staaten von Europa unter deutscher Führung, ein einiger europäischer Kontinent."* Margarethe blieb bis 1945 Parteimitglied. Nach dem Ende des Zweiten Weltkriegs räumte sie dann im Hinblick auf das NS-Regime ein: *„Auch mir ist manche Illusion genommen."*

Margarethes Söhne konnten im Dritten Reich dank ihrer Parteizugehörigkeit ‚standesgemäße' Positionen einnehmen, die sie vorher bei ihrer beruflichen Unstetigkeit kaum erreicht hätten. Als die Prinzen schließlich das wahre Gesicht des Nationalsozialismus erkennen sollten, war es für eine Umkehr zu spät. Eine bewusste Distanzierung vom NS-Staat fand dennoch nicht statt.

Philipp, der ein Studium der Architektur und Kunstgeschichte begonnen hatte, dem sich ein Volontariat an den Berliner Museen anschloss, war 1923 nach Rom übersiedelt, wo er sich als Innenarchitekt betätigte. Er lernte dort Prinzessin Mafalda, eine Tochter des italienischen Königspaares, kennen und heiratete diese 1925 trotz konfessioneller Schwierigkeiten. Aus der Ehe gingen vier Kinder hervor. Über seinen älteren Vetter und Freund Prinz August Wilhelm von Preußen kam er 1930 mit den Nationalsozialisten in Kontakt und machte die Bekanntschaft von Adolf Hitler und Hermann Göring. Aus Italien brachte er zweifellos positive Eindrücke von den frühen Erfolgen der italienischen Faschisten mit. 1930 trat er als erstes Mitglied seiner Familie in die NSDAP und ein Jahr später in die SA ein. Er wurde zwar nur ein zweitrangiger NS-Funktionär, aber innerhalb der braunen Führung kam ihm eine Sonderstellung zu. Als Oberpräsident der Provinz Hessen-Nassau verfügte Philipp lediglich über eine begrenzte Machtfülle und engagierte sich vor allem auf kulturellem Gebiet. Eine größere Rolle spielte er beim Aufbau der Kunstsammlung Hitlers, indem er für ihn Kunstwerke in Italien beschaffte. Als Schwiegersohn des italienischen Königs Viktor Emanuel III. diente Philipp außerdem als Mittelsmann bei der Pflege der Achse Berlin–Rom. Bereits des Defätismus verdächtigt, fiel er nach der italienischen Kapitulation und der Verhaftung Mussolinis endgültig in Ungnade. Im September 1943 kam er in Einzelhaft in das Konzentrationslager Flossenbürg. Seine Ehefrau Mafalda wurde ebenfalls verhaftet und nach Deutschland verschleppt, wo sie im Konzentrationslager Buchenwald im August 1944 an den schweren Verletzungen starb, die sie bei einem fehlgeleiteten Bombenangriff erlitten hatte. Bis Kriegsende erfuhr die Landgrafenfamilie nicht, was aus Philipp und seiner Frau geworden war. Als Margarethe schließlich vom Tod ihrer Schwiegertochter in Buchenwald hörte, weigerte sie sich zunächst auf recht bezeichnende Weise, dies für wahr zu halten: *„Nein, das glaube ich nicht, das ist bestimmt wieder ein falsches Gerücht, das die Amerikaner ausgestreut haben. Hitler kann unmöglich so etwas getan haben!"* Im Frühjahr 1945 kam Philipp in amerikanische Haft, aus der er erst 1948 entlassen wurde. In seinem Entnazifizierungsverfahren wurde er anfangs als ‚belastet', dann als ‚Mitläufer' eingestuft.

Sein Zwillingsbruder Wolfgang, der eine Banklehre absolviert und einige Semester Jura und Geschichte studiert hatte, heiratete 1924 die Tochter von Margarethes Jugendliebe Max von Baden, Prinzessin Marie Alexandra. Bis 1933 arbeitete er bei der Industrie- und Handelskammer in Wiesbaden. Danach wurde er auf Betreiben Görings, den er aus seiner Kadettenzeit kannte, zum Landrat des Obertaunuskreises in Bad Homburg v. d. H. ernannt. Im gleichen Jahr trat der Prinz der NSDAP und der SA bei. Sein Einsatz als Offizier bei der Wehrmacht in Norwegen und anschließend im finnischen Lappland endete 1943 aufgrund von Hitlers Prinzenerlass, der alle Mitglieder ehemals regierender Fürstenhäuser für ‚wehrunwürdig' erklärte, da sie *„als international gebunden anzusehen"* seien. Er arbeitete hierauf wieder im Landratsamt Bad Homburg. Seine Frau Marie Alexandra kam im Januar 1944 bei einem Bombenangriff auf Frankfurt am Main ums Leben. Nach dem Einmarsch der Amerikaner im

März 1945 wurde er verhaftet und bis zum Herbst 1946 in verschiedenen Lagern interniert. Sein Entnazifizierungsverfahren endete 1948 mit der Einstufung ‚unbelastet'. Wolfgang übernahm noch im gleichen Jahr die Geschäftsführung der Kurhessischen Hausstiftung und heiratete in zweiter Ehe die frühere Frankfurter Geschäftsfrau Otti Moeller.

Richard, der Bauingenieurwesen und Maschinenbau studiert hatte, ließ sich von seinem älteren Bruder Philipp für die Nationalsozialisten gewinnen. Im August 1932 trat er sowohl der NSDAP als auch der SA bei. Er machte Karriere beim Nationalsozialistischen Kraftfahrerkorps. Während des Kriegs war er von 1940 bis 1943 in Norwegen stationiert, bevor er wegen des Prinzenerlasses aus der Wehrmacht entlassen wurde. Er arbeitete dann wieder beim NSKK. Im Juni 1945 wurde Richard von den Amerikanern verhaftet und interniert. Nach seiner Entlassung im Sommer 1946 durchlief er ein Entnazifizierungsverfahren, das für ihn mit der Einstufung als ‚Mitläufer' endete.

Richards Zwillingsbruder Christoph, der vorübergehend Landwirtschaft studiert und auf den Familiengütern gearbeitet hatte, durchlebte eine berufliche Irrfahrt. 1930 heiratete er Prinzessin Sophie von Griechenland, eine ältere Schwester des späteren englischen Prinzgemahls Philipp. Sein früher Eintritt in die NSDAP im Jahr 1931 machte sich rasch bezahlt; denn bereits 1936 wurde der Prinz, der kein abgeschlossenes Universitätsstudium vorweisen konnte, Ministerialrat. Einige Jahre später wurde er SS-Oberführer, Ministerialdirektor und Leiter des Forschungsamtes im Reichsluftfahrtministerium. Nach Kriegsausbruch war er als Offizier bei der Luftwaffe an verschiedenen Kriegsschauplätzen im Einsatz. Nach seiner Abberufung von der Front starb der Prinz auf dem Rückflug von Italien nach Deutschland im Oktober 1943 bei einem Flugzeugabsturz. Seine Frau Sophie lebte mit den fünf Kindern seit Kriegsbeginn bei Margarethe in Kronberg, wohin auch die jüngeren Kinder von Philipp gekommen waren.

Nach der Besetzung Kronbergs durch die Amerikaner wurde Schloss Friedrichshof im Frühjahr 1945 wegen der engen Verbindungen der hessischen Familie zum Hitler-Regime beschlagnahmt und als amerikanische Truppenunterkunft, dann als Offizierskasino genutzt. Eine Zeit lang diente das Schloss dem amerikanischen Oberkommandierenden in Europa, General Dwight D. Eisenhower, als Residenz. Nicht nur das Schloss, auch andere Gebäude im Park und das Cottage, das Margarethe bewohnte, mussten innerhalb weniger Stunden geräumt werden. Bloß Lebensmittel und Kleidung durften mitgenommen werden. Obwohl die Landgräfin schwer an beidseitiger Lungenentzündung erkrankt war, musste sie trotz ihres Protests das Cottage verlassen. Sie kam schließlich im nahe gelegenen Haus des Hauptverwalters unter. Nach dem Verlust von drei Söhnen in zwei Kriegen fühlte die früher so anglophile Margarethe inzwischen einen *„erbitterten Hass“* auf England.

Im Frühjahr 1946 wurde der Diebstahl der wertvollen Juwelensammlung des Hauses Hessen entdeckt. Da im Winter 1943/44 die bisherige Aufbewahrung der Pretiosen in einem Frankfurter Banktresor nicht mehr sicher genug erschien, waren die Schmuckstücke im Keller von Schloss Friedrichshof versteckt worden. Drei amerikanische Besatzungsoffiziere hatten das Versteck gefunden und die Juwelen entwendet. Zwar konnten der Raub aufgeklärt und die Schuldigen bestraft werden, doch der Großteil des Schmucks wurde nicht mehr aufgefunden, weil viele der altehrwürdigen Erbstücke zerstückelt worden waren, um sie besser verkaufen zu können. Es kam zu einem aufsehenerregenden, mehrere Monate währenden Prozess in Frankfurt. Da ihre internierten Söhne als Zeugen geladen waren, hoffte Margarethe darauf, dass die Verhandlungen möglichst lange dauern würden, da sie sie auf diese Weise im Zeugenraum zu Gesicht bekam. Die Familie erhielt am Ende nur etwa zehn Prozent der Juwelen zurück.

Nachdem das Schloss von den Amerikanern wieder freigegeben worden war, wurde die Verwaltung der Kurhessischen Hausstiftung hierher verlegt. Die Eröffnung des zu einem Grandhotel umgebauten Schlosses im Frühjahr 1954 fand nicht mehr im Beisein von Landgräfin Margarethe statt. Sie starb am 22. Januar

1954 in Schönberg bei Kronberg, wo sie ihre letzten Lebensjahre im Haus des landgräflichen Verwaltungschefs verbracht hatte. Mit ihr trat die letzte Überlebende aus dem Geschwisterkreis Wilhelms II. ab. Sie wurde in der Kapelle der Burg Kronberg an der Seite ihres Mannes beigesetzt. Auch die Veröffentlichung der von ihr angeregten Biografie ihrer Mutter erlebte sie nicht mehr. Auf ihren Wunsch hin hatte der österreichische Biograf und Historiker Dr. Egon Cäsar Conte Corti 1951 mit dem quellenbasierten Buch begonnen, das im Herbst 1954 erschien. Margarethe war sehr an einer neuen, von Anfeindungen und einseitigen Beschuldigungen freien Darstellung der Lebensgeschichte von Kaiserin Friedrich gelegen. Dieser Wunsch hatte sie, wie auch ihre Schwester Sophie, bereits 1928 dazu bewogen, sich mit der auszugsweisen Herausgabe von Briefen ihrer Mutter an Königin Victoria durch Sir Frederick Ponsonby einverstanden zu zeigen. Beide Schwestern waren davon überzeugt, dass dies im Sinne der Kaiserin Friedrich gewesen wäre. Wilhelm II., der über diese Publikation im Vorfeld nicht informiert worden war, teilte diese Sicht jedoch nicht. Wenig beeindruckt vertraute Margarethe ihrer Freundin Lady Corkran an: *„Ich glaube, der Kaiser ist sehr verärgert & aufgebracht darüber."*

Quellen- und Literaturverzeichnis

Geheimes Staatsarchiv Preußischer Kulturbesitz Berlin

BPH Rep. 52 Kaiser Friedrich III., V1 Nr. 13, 13a, 13 W2 „Sophie" Nr. 4
BPH Rep. 53 Kaiser Wilhelm II., Nr. 414
BPH Rep. 61 Prinz Heinrich, Nr. 3/1-6
I. HA Rep. 89, Geheimes Zivilkabinett, Nr. 3088, 3089, 3092, 3093, 13246/1
III. HA, Ministerium der auswärtigen Angelegenheiten I, Nr. 3239, 3548, 4052, 9886, 12655

Arnauld de la Perière, G. von und *Essers, Ilse*, Prinz Heinrich von Preußen. Admiral und Flieger, Herford 1983
Aronson, Theo, A Family of Kings. The Descendants of Christian IX of Denmark, London 1976
Ders., Crowns in Conflict. The Triumph and the Tragedy of European Monarchy. 1910–1918, London 1986
Ders., Grandmama of Europe. The Crowned Descendants of Queen Victoria, London 1973
Balfour, Michael, Der Kaiser. Wilhelm II. und seine Zeit, Berlin 1967
Barkeley, Richard, Die Kaiserin Friedrich. Mutter Wilhelms II., Dordrecht 1959
Baumgart, Winfried (Hrsg.), Kaiser Friedrich III. Tagebücher 1866–1888, Paderborn u. a. 2012
Beck, Barbara, Glanz, Pomp und Tränen. Von der dynastischen Ehe zur Liebesheirat in Europas Herrscherhäusern, Regensburg 2012
Bennett, Daphne, Vicky. Princess Royal of England and German Empress, London 1971
Berghahn, Volker, Die Hohenzollern und Amerika – Prinz Heinrichs Reise in die USA 1902, in: Prinz Heinrich von Preußen. Großadmiral, Kaiserbruder, Technikpionier. Hrsg. von Rainer Hering und Christina Schmidt, Neumünster 2013, S. 101–119
Blücher, Elisabeth Baronin von, Tagebuch meiner Reise als Hofdame in den Orient. (Dezember 1890–Februar 1891), Merzhausen 2000
Brehmer, Arthur (Hrsg.), Am Hofe Kaiser Wilhelms II., Berlin 1898
Bülow, Bernhard Fürst von, Denkwürdigkeiten. Hrsg. von Franz von Stockhammern, 4 Bände, Berlin 1930 und 1931
Bülow, Paula von, Aus verklungenen Zeiten. Lebenserinnerungen. 1833–1920. Hrsg. von Johannes Werner, Leipzig 1925
Bünau, Margarete Gräfin, Neununddreißig Jahre Hofdame bei I. K. H. der Landgräfin von Hessen, Prinzessin Anna von Preußen, Berlin 1929
Bunsen, Marie von, Die Welt in der ich lebte. 1860–1912, Biberach a.d. Riss 1959
Bußmann, Walter und *Hoepke, Klaus-Peter (Hrsg.)*, Staatssekretär Graf Herbert von Bismarck. Aus seiner politischen Privatkorrespondenz, Göttingen 1964

Cannadine, David, Willy, Bertie und Vicky. Dynastische Beziehungen in Europa am Vorabend des Ersten Weltkriegs, in: Der letzte Kaiser. Wilhelm II. im Exil. Hrsg. von Hans Wilderotter und Klaus-D. Pohl, Gütersloh, München und Berlin 1991, S. 43–54

Cecil, Lamar, Wilhelm II, 2 Bände, Chapel Hill und London 1989 und 1996

Christopher Prince of Greece, Memoirs, London 1938

Clark, Christopher, Wilhelm II. Die Herrschaft des letzten deutschen Kaisers, München 2008

Clay, Catrine, König, Kaiser, Zar. Drei königliche Cousins, die die Welt in den Krieg trieben, München 2008

Clogg, Richard, Geschichte Griechenlands im 19. und 20. Jahrhundert. Ein Abriß, Köln 1997

Cookridge, Edward Henry, Die Battenbergs. Geschichte einer europäischen Familie, München 1967

Corti, Egon Caesar Conte, Leben und Liebe Alexanders von Battenberg, 2. Aufl., Graz, Salzburg und Wien 1950

Ders., Unter Zaren und gekrönten Frauen. Schicksal und Tragik europäischer Kaiserreiche an Hand von Briefen, Tagebüchern und Geheimdokumenten der Zarin Marie von Russland und des Prinzen Alexander von Hessen, Salzburg und Leipzig 1936

Ders., Wenn ... Sendung und Schicksal einer Kaiserin, 2. Aufl., Graz, Wien und Köln 1954

Cowles, Virginia, Wilhelm II. Der letzte deutsche Kaiser, München 1976

Delbrück, Hans, Erinnerungen. Aufsätze und Reden, 3. Aufl., Berlin 1905

Ditsche, Uta, Viktoria von Preußen (1866–1929). Kaisertochter und Bürgerin, Bonn 2010

Dölemeyer, Barbara, Victoria in Kronberg und Homburg, in: Victoria Kaiserin Friedrich. Mission und Schicksal einer englischen Prinzessin in Deutschland. Hrsg. von Rainer von Hessen, Frankfurt a. Main 2002, S. 114–131

Duff, David, Die Enkel der Queen. Lebensbilder einer deutschen Fürstenfamilie, Düsseldorf und Köln 1968

Edward VIII., Eines Königs Geschichte. Die Memoiren des Herzogs von Windsor, Berlin 1951

Epkenhans, Michael und *Kolb, Eberhard (Bearb.)*, Otto von Bismarck. Gesammelte Werke. Abt. IV. Gedanken und Erinnerungen, Paderborn u. a. 2012

Erbach-Schönberg, Marie Fürstin zu, Memoiren. 1852–1923, 3. Aufl., Bensheim 1991

Erbstößer, Elizza, Kaiserin Auguste Victoria (1858–1921). Versuch einer Biographie, Frankfurt a. Main 2008

Erck, Alfred und *Schneider, Hannelore*, Facetten eines mit Konflikten reich beladen Lebens. Bernhard III. von Sachsen-Meiningen, in: Meininger Heimatklänge 1 (2009), S. 1–3

Dies., Georg II. von Sachsen-Meiningen. Ein Leben zwischen ererbter Macht und künstlerischer Freiheit, Zella-Mehlis und Meiningen 1997

Eschenburg, Harald, Prinz Heinrich von Preußen. Der Großadmiral im Schatten des Kaisers, Heide 1989

Facius, Friedrich, Das Ende der kleinstaatlichen Monarchien Thüringens 1918. Ein Überblick, in: Festschrift für Friedrich von Zahn. Band I: Zur Geschichte und Volkskunde Mitteldeutschlands. Hrsg. von Walter Schlesinger, Köln und Graz 1968, S. 50–64

Ders., Die letzte Herzogin von Sachsen-Meiningen, in: Meininger Schüler-Rundbrief 19 (1971), S. 5–9

Fehrenbach, Elisabeth, Der Lippische Thronfolgestreit. Zum Problem des monarchischen Bundesstaats in Deutschland, in: Politische Ideologien und nationalstaatliche Ordnung. Studien zur Geschichte des 19. und 20. Jahrhunderts. Festschrift für Theodor Schieder. Hrsg. von Kurt Kluxen und Wolfgang J. Mommsen, München und Wien 1968, S. 337–355

Feuerstein-Praßer, Karin, Die deutschen Kaiserinnen. 1871–1918, Regensburg 1997

Franz, Eckhart G., Das Haus Hessen. Eine europäische Familie, Stuttgart 2005

Ders. (Hrsg.), Erinnertes. Aufzeichnungen des letzten Großherzogs Ernst Ludwig von Hessen und bei Rhein, Darmstadt 1983

Ders., Haus Hessen. Biografisches Lexikon, Darmstadt 2012

Ders., Willy, Nicky und Ernie. Vettern ja, „Vetternwirtschaft" nein!, in: Aus Hessens Geschichte. Aufsätze von Eckhart G. Franz. Festschrift zum 75. Geburtstag. Hrsg. vom Historischen Verein für Hessen, Darmstadt 2007, S. 361–378

Friedrich Christian Prinz zu Schaumburg-Lippe, Zwischen Krone und Kerker, Wiesbaden 1952

Fuchs, Walther Peter (Hrsg.), Großherzog Friedrich I. von Baden und die Reichspolitik, 4 Bände, Stuttgart 1968, 1975 und 1980

Fulford, Roger (Hrsg.), Beloved Mama. Private Correspondence of Queen Victoria and the German Crown Princess. 1878–1885, London 1981

Ders. (Hrsg.), Darling Child. Private Correspondence of Queen Victoria and the German Crown Princess. 1871–1878, London 1981

Ders. (Hrsg.), Dearest Child. Letters between Queen Victoria and the Princess Royal. 1858–1861, London 1964

Ders. (Hrsg.), Dearest Mama. Letters between Queen Victoria and the Crown Princess of Prussia. 1861–1864, London 1968

Ders. (Hrsg.), Your Dear Letter. Private Correspondence of Queen Victoria and the Crown Princess of Prussia. 1865–1871, London 1971

Gehrlein, Thomas, Das Haus Sachsen-Meiningen. Über 1000 Jahre Gesamtgeschichte mit Stammfolgen, Werl 2013

Gelardi, Julia P., Born to Rule. Five Reigning Consorts, Granddaughters of Queen Victoria, New York 2005

Generaldirektion der Stiftung Preußische Schlösser und Gärten Berlin-Brandenburg (Hrsg.), Frauensache. Wie Brandenburg Preußen wurde, Dresden 2015

Görlitz, Walter (Hrsg.), Der Kaiser … Aufzeichnungen des Chefs des Marinekabinetts Admiral Georg Alexander von Müller über die Ära Wilhelms II., Göttingen u. a. 1965

Ders. (Hrsg.), Regierte der Kaiser? Kriegstagebücher, Aufzeichnungen und Briefe des Chefs des Marine-Kabinetts Admiral Georg Alexander von Müller. 1914–1918, Göttingen, Berlin und Frankfurt 1959

Goeschel, Christian und *Petropoulos, Jonathan*, Das Haus Hessen im Dritten Reich. Anmerkungen zu Prinz Philipp und Prinz Christoph von Hessen, in: Kronen, Kriege, Künste. Das Haus Hessen im 19. und 20. Jahrhundert. Hrsg.

von Bernd Heidenreich und Eckhart G. Franz, Frankfurt a. Main 2009, S. 262–283
Gundermann, Iselin, Kaiser Friedrich III. (1831–1888). Ausstellung des Geheimen Staatsarchivs Preußischer Kulturbesitz anläßlich der 100. Wiederkehr des Dreikaiserjahres 1888, Berlin 1988
Haller, Johannes (Hrsg.), Aus 50 Jahren. Erinnerungen, Tagebücher und Briefe aus dem Nachlaß des Fürsten Philipp zu Eulenburg-Hertefeld, Berlin 1923
Heidenreich, Bernd und *Franz, Eckhart G. (Hrsg.)*, Kronen, Kriege, Künste. Das Haus Hessen im 19. und 20. Jahrhundert, Frankfurt a. Main 2009
Heinrich Prinz von Hessen, Der kristallene Lüster. Meine deutsch-italienische Jugend 1927 bis 1947, Kronberg i. Taunus 2003
Heldburg, Helene Frfr. von, Fünfzig Jahre Glück und Leid. Ein Leben in Briefen aus den Jahren 1873–1923, 6. Aufl., Leipzig 1926
Hering, Rainer und *Schmidt, Christina (Hrsg.)*, Prinz Heinrich von Preußen. Großadmiral, Kaiserbruder, Technikpionier, Neumünster 2013
Hermine Prinzessin von Preußen, Der Kaiser und ich. Mein Leben mit Kaiser Wilhelm II. im Exil. Hrsg. von Jens-Uwe Brinkmann, Göttingen 2008
Herre, Franz, Kaiserin Friedrich. Victoria, eine Engländerin in Deutschland, Stuttgart und Leipzig 2006
Hessen, Rainer von, Friedrichshof: „A Country Home". Der Witwensitz der Kaiserin Friedrich in Kronberg (Taunus), in: Das kulturelle Erbe des Hauses Hessen. Hrsg. von Eckhart G. Franz und Hans-Peter Lachmann, Darmstadt und Marburg 2002, S. 123–130
Ders., König im „Land der ernsten Augen". Das finnische Thronangebot an Prinz Friedrich Karl von Hessen im Sommer 1918, in: Kronen, Kriege, Künste. Das Haus Hessen im 19. und 20. Jahrhundert. Hrsg. von Bernd Heidenreich und Eckhart G. Franz, Frankfurt a. Main 2009, S. 190–204
Ders. (Hrsg.), Victoria Kaiserin Friedrich. Mission und Schicksal einer englischen Prinzessin in Deutschland, Frankfurt a. Main 2002
Hessische Hausstiftung Museum Schloss Fasanerie (Hrsg.), Fürstenkinder. Porträts vom 16. bis 21. Jh. im Hause Hessen, Eichenzell-Petersberg 2009
Dies. (Hrsg.), Im Schatten der Krone. Victoria Kaiserin Friedrich. 1840–1901. Ein Leben mit der Kunst, Eichenzell-Petersberg 2001
Hopman, Albert, Das ereignisreiche Leben eines „Wilhelminers". Tagebücher, Briefe, Aufzeichnungen. 1901 bis 1920. Hrsg. von Michael Epkenhans, München 2004
Hopp, Andrea (Bearb.), Otto von Bismarck. Gesammelte Werke. Abt. III., Band 8, Schriften 1888–1890, Paderborn u. a. 2014
Hough, Richard (Hrsg.), Advice to a Grand-daughter. Letters from Queen Victoria to Princess Victoria of Hesse, London 1975
Huldén, Anders, Finnlands deutsches Königsabenteuer 1918, Reinbek 1997
Jacob Hecht, Kunst-Auktions-Haus (Hrsg.), Nachlass Sr. Hoheit Herzog Bernhard III. von Sachsen-Meiningen und seiner Gemahlin Ihrer Königlichen Hoheit Herzogin Charlotte von Sachsen-Meiningen, Prinzessin von Preußen. Versteigerung: 15. Oktober 1928, Berlin 1928
Jagow, Kurt, Queen Victoria. Ein Frauenleben unter der Krone. Eigenhändige Briefe und Tagebuchblätter. 1834–1901, Berlin 1936

Keller, Mathilde Gräfin von, Vierzig Jahre im Dienst der Kaiserin. Ein Kulturbild aus den Jahren 1881–1921, Leipzig 1935
Koenigswald, Harald von (Hrsg.), Sigurd von Ilsemann. Der Kaiser in Holland. Aufzeichnungen des letzten Flügeladjutanten Kaiser Wilhelms II., 2 Bände, München 1968
Koppetsch, Judith, Palais Schaumburg. Von der Villa zum Kanzlersitz, Bonn 2013
Krumbiegel, Werner, Bismarck und der Battenbergische Heiratsplan, Berlin 1936
Kunsthaus Lempertz (Hrsg.), Palais Schaumburg, Bonn, Koblenzer Straße 141. Konkursmasse Frau Alexander Zoubkoff, Victoria, geborene Prinzessin von Preußen. Versteigerung: 15. bis 19. Oktober 1929, Köln 1929
Lappenküper, Ulrich (Bearb.), Otto von Bismarck. Gesammelte Werke. Abt. III., Band 6, Schriften 1884–1885, Paderborn u. a. 2011
Lee, Arthur Stanley Gould (Hrsg.), The Empress Frederick Writes to Sophie, her Daughter, Crown Princess and later Queen of the Hellenes. Letters 1889–1901, London 1955
Ders., The Royal House of Greece, London und Melbourne 1948
Leon, George B., Greece and the Great Powers. 1914–1917, Thessaloniki 1974
Longford, Elizabeth (Hrsg.), Darling Loosy. Letters to Princess Louise. 1856–1939, London 1991
Loulos, Konstantin, Die deutsche Griechenlandpolitik von der Jahrhundertwende bis zum Ausbruch des Ersten Weltkrieges, Frankfurt a. Main, Bern und New York 1986
Lynx, Joachim Joe, The Great Hohenzollern Scandal. A Biography of Alexander Zubkov, London 1965
Machtan, Lothar, Die Abdankung. Wie Deutschlands gekrönte Häupter aus der Geschichte fielen, 2. Aufl., Berlin 2008
Ders., Prinz Max von Baden. Der letzte Kanzler des Kaisers. Eine Biographie, Berlin 2013
Ders., Wilhelm II. als oberster Sittenrichter: Das Privatleben der Fürsten und die Imagepolitik des letzten deutschen Kaisers, in: Zeitschrift für Geschichtswissenschaft 54 (2006), S. 5–19
Malinowski, Stephan, Vom König zum Führer. Sozialer Niedergang und politische Radikalisierung im deutschen Adel zwischen Kaiserreich und NS-Staat, Berlin 2003
Mandache, Diana, Dearest Missy. The Correspondence between Marie, Grand Duchess of Russia, Duchess of Edinburgh and of Saxe-Coburg and Gotha and her Daughter Marie, Crown Princess of Romania. 1879–1900, Falköping 2011
Maria von Rumänien, Traum und Leben einer Königin, 11.–14. Aufl., Leipzig 1935
Marie Louise Princess, My Memories of Six Reigns, London 1956
Max Prinz von Baden, Erinnerungen und Dokumente. Hrsg. von Golo Mann und Andreas Burckhardt, Stuttgart 1968
Meisner, Heinrich Otto (Hrsg.), Denkwürdigkeiten des General-Feldmarschalls Alfred Grafen von Waldersee, 3 Bände, Stuttgart und Berlin 1923 und 1925
Ders. (Hrsg.), Kaiser Friedrich III. Tagebücher von 1848–1866, Leipzig 1929
Mirbach, Ernst Dietrich Baron von, Prinz Heinrich von Preußen. Eine Biographie des Kaiserbruders, Köln, Weimar und Wien 2013

Müller, Frank Lorenz, Der 99-Tage-Kaiser. Friedrich III. von Preußen. Prinz, Monarch, Mythos, München 2013

Müller, Karoline und *Rothe, Friedrich* (Hrsg.), Victoria von Preußen 1840–1901 in Berlin 2001, Berlin 2001

Naumann, Victor, Profile. 30 Porträt-Skizzen aus den Jahren des Weltkrieges nach persönlichen Begegnungen, München und Leipzig 1925

Neumann, Hans-Joachim, Erbkrankheiten in europäischen Fürstenhäusern. Habsburg, Hohenzollern, Romanow, Welfen, Wettiner, Bourbonen, Augsburg 2002

Nicholas Prince of Greece, My Fifty Years, London 1926

Nord, Max, Sisters of the German Kaiser, in: Papers Past, Oamaru Mail (8. September 1908), S. 4

Ohm, Barbara, Victoria – Eine englische Prinzessin in Deutschland, in: Victoria & Albert. Vicky & The Kaiser. Ein Kapitel deutsch-englischer Familiengeschichte. Hrsg. von Wilfried Rogasch, Berlin und Ostfildern-Ruit 1997, S. 109–117

Oroschakoff, Haralampi G., Die Battenbergaffäre. Leben und Abenteuer des Gawriil Oroschakow oder Eine russische-europäische Geschichte, Berlin 2007

Pakula, Hannah, Victoria. Tochter Queen Victorias, Gemahlin des preußischen Kronprinzen, Mutter Wilhelms II., München 1999

Palmer, Alan, Kaiser Wilhelm II. Glanz und Ende der preußischen Dynastie, Wien u. a. 1982

Patze, Hans und *Schlesinger, Walter (Hrsg.)*, Geschichte Thüringens, 5. Band: Politische Geschichte in der Neuzeit. Teil 2, Köln und Wien 1978

Pless, Daisy Fürstin von, Tanz auf dem Vulkan. Erinnerungen an Deutschlands und Englands Schicksalswende, 2 Bände, Dresden 1929

Dies., Was ich lieber verschwiegen hätte … Aus der Europäischen Gesellschaft vor dem Kriege, 2 Bände, Dresden 1931

Ponsonby, Sir Frederick (Hrsg.), Briefe der Kaiserin Friedrich, Berlin 1929

Pope-Hennessy, James, Queen Victoria at Windsor and Balmoral. Letters from her Grand-Daughter Princess Victoria of Prussia. June 1889, London 1959

Petropoulos, Jonathan, Royals and the Reich. The Princes von Hessen in Nazi Germany, New York 2006

Raddatz, Edith, Das Herzogsgrab auf dem Altenstein, in: Altensteiner Blätter (2001/2002), S. 21–35

Radziwill, Catherine Prinzessin, Meine Erinnerungen, 3. Aufl., Leipzig 1905

Dies., Memories of Forty Years, London u. a. 1914

Radziwill, Marie Fürstin, Briefe vom deutschen Kaiserhof, 1889–1915, Berlin 1936

Rall, Hans, Wilhelm II. Eine Biographie, Graz, Wien und Köln 1995

Ramm, Agatha (Hrsg.), Beloved and Darling Child. Last Letters between Queen Victoria and her Eldest Daughter. 1886–1901, Stroud 1990

Raschdau, Ludwig, In Weimar als Preußischer Gesandter. Ein Buch der Erinnerungen an Deutsche Fürstenhöfe 1894–1897, Berlin 1939

Ders., Unter Bismarck und Caprivi. Erinnerungen eines deutschen Diplomaten aus den Jahren 1885–1894, Berlin 1939

Reichold, Helmut, Bismarcks Zaunkönige. Duodez im 20. Jahrhundert. Eine Studie zum Föderalismus im Bismarckreich, Paderborn 1977
Ders., Der Streit um die Thronfolge im Fürstentum Lippe. 1895–1905, Münster in Westf. 1967
Reischach, Hugo Frhr. von, Unter drei Kaisern, Berlin 1925
Rich, Norman und *Fisher, M. H. (Hrsg.)*, Die geheimen Papiere Friedrich von Holsteins, 4 Bände, Göttingen, Berlin und Frankfurt 1956–1963
Richter, Heinz A., Griechenland im 20. Jahrhundert, 1. Band: Megali Idea, Republik, Diktatur. 1900–1940, Köln 1990
Richter, Werner, Friedrich III. Leben und Tragik des zweiten Hohenzollern-Kaisers, 2. Aufl., München 1981
Riehl, Hans, Als die deutschen Fürsten fielen, München 1979
Röhl, John C. G., Die Kaiserinwitwe als Kritikerin der Persönlichen Monarchie Wilhelms II., in: Victoria Kaiserin Friedrich. Mission und Schicksal einer englischen Prinzessin in Deutschland. Hrsg. von Rainer von Hessen, Frankfurt a. Main 2002, S. 208–224
Ders., Im Schatten des großen Bruders – Prinz Heinrich von Preußen und Kaiser Wilhelm II. in ihren privaten und politischen Beziehungen, in: Prinz Heinrich von Preußen. Großadmiral, Kaiserbruder, Technikpionier. Hrsg. von Rainer Hering und Christina Schmidt, Neumünster 2013, S. 10–31
Ders., Kaiser, Hof und Staat. Wilhelm II. und die deutsche Politik, 3. Aufl., München 1988
Ders., Kaiser Wilhelm II. „Eine Studie über Cäsarenwahnsinn", München 1989
Ders., Philipp Eulenburgs politische Korrespondenz, 3 Bände, Boppard a. Rhein 1976, 1979 und 1983
Ders., Wilhelm II. Die Jugend des Kaisers. 1859–1888, München 1993
Ders., Wilhelm II. Der Aufbau der Persönlichen Monarchie. 1888–1900, München 2001
Ders., Wilhelm II. Der Weg in den Abgrund. 1900–1941, 2. Aufl., München 2009
Ders., *Warren, Martin* und *Hunt, David*, Purple Secret. Genes, ‚Madness' and the Royal Houses of Europe, London u. a. 1998
Rössler, Katrin und *Hessen, Rainer von*, „Hitler hat auf die Familie eine unheimliche Faszination ausgeübt". Interview der FAZ-Mitarbeiterin Katrin Rössler mit Rainer von Hessen, in: Kronen, Kriege, Künste. Das Haus Hessen im 19. und 20. Jahrhundert. Hrsg. von Bernd Heidenreich und Eckhart G. Franz, Frankfurt a. Main 2009, S. 284–300
Rogasch, Wilfried (Hrsg.), Victoria & Albert. Vicky & The Kaiser. Ein Kapitel deutsch-englischer Familiengeschichte, Berlin und Ostfildern-Ruit 1997
Roser-Kirchhof, Margarete, Mein altes Schloß. Jugendjahre im Lipperland, 2. Aufl., Lemgo 1961
Schmidt, Christina, Technik, die begeistert – Prinz Heinrich und der Fortschritt seiner Zeit, in: Prinz Heinrich von Preußen. Großadmiral, Kaiserbruder, Technikpionier. Hrsg. von Rainer Hering und Christina Schmidt, Neumünster 2013, S. 137–157
Schreinert, Kurt (Hrsg.), Theodor Fontane. Briefe an Georg Friedlaender, Heidelberg 1954
Schweinitz, Hans Lothar von, Denkwürdigkeiten des Botschafters General v. Schweinitz, 2. Band, Berlin 1927

Sinclair, Andrew, Victoria. Kaiserin für 99 Tage, Bergisch Gladbach 1986
Schwering, Axel von (Pseud.), The Berlin Court under William II, London u. a. 1915
Stein, Mechthild (Hrsg.), Zeugin einer Zeitenwende. Aufzeichnungen der Walburga Gräfin von Hohenthal (1839–1929), Neustadt a. d. Aisch und Regensburg 1997
Stiftung Preußische Schlösser und Gärten Berlin-Brandenburg (Hrsg.), Auf den Spuren von Kronprinzessin Victoria. Kaiserin Friedrich (1840–1901), Potsdam 2001
Stuker, Jürg, Die große Parade. Glanz und Untergang der Fürsten Europas. Nach den geheimen Akten und Berichten des Königlichen Kammerherrn Robert Stuker, Olten und Freiburg i. Breisgau 1971
Thorwald, Jürgen, Blut der Könige. Das Drama der Bluterkrankheit in den europäischen Fürstenhäusern, Zürich 1975
Tisdall, Evelyn Ernest Percy, Royal Destiny. The Royal Hellenic Cousins, London u. a. 1955
Topham, Anne, Chronicles of the Prussian Court, London 1926
Van der Kiste, John, Kings of the Hellenes. The Greek Kings. 1863–1974, Stroud 1994
Ders., The Prussian Princesses. The Sisters of Kaiser Wilhelm II, Stroud 2014
Victoria Princess of Prussia, My Memoirs, London 1929
Vierhaus, Rudolf (Hrsg.), Das Tagebuch der Baronin Spitzemberg, geb. Freiin v. Varnbüler. Aufzeichnungen aus der Hofgesellschaft des Hohenzollernreiches, Göttingen 1960
Viktoria Luise Herzogin zu Braunschweig und Lüneburg, Ein Leben als Tochter des Kaisers, 8. Aufl., Göttingen 1966
Dies., Im Strom der Zeit, 3. Aufl., Hannover 1975
Weißbrich, Thomas, Die Königin in Uniform – Preußens weibliche Regimentschefs 1806 bis 1919, in: Frauensache. Wie Brandenburg Preußen wurde. Hrsg. von der Generaldirektion der Stiftung Preußische Schlösser und Gärten Berlin-Brandenburg, Dresden 2015, S. 240–251
Wilderotter, Hans und *Pohl, Klaus-D. (Hrsg.),* Der letzte Kaiser. Wilhelm II. im Exil, Gütersloh, München und Berlin 1991
Wilhelm II., Aus meinem Leben. 1859–1888, Berlin und Leipzig 1927
Winkelhofer, Martina, Eine feine Gesellschaft. Europas Königs- und Kaiserhäuser im Spiegel ihrer Skandale, Wien 2014
Wippermann, Wolfgang, Skandal im Jagdschloss Grunewald. Männlichkeit und Ehre im deutschen Kaiserreich, Darmstadt 2010
Wolfgang Prinz von Hessen, Aufzeichnungen. Hrsg. von Rainer von Hessen, Kronberg/Taunus 1986
Zedlitz-Trützschler, Robert Graf von, Zwölf Jahre am deutschen Kaiserhof. Aufzeichnungen des ehemaligen Hofmarschalls Wilhelms II., 7. und 8. Aufl., Stuttgart, Berlin und Leipzig 1924
Zoubkoff, Alexander, Mein Leben und Lieben. Memoiren. Nach seiner Ausweisung aus Deutschland von ihm selbst geschrieben. April bis Juni 1928, 2. Aufl., Bonn 2005
Zoubkoff, Viktoria, Was mir das Leben gab – und nahm, Bonn 2005

Bildnachweis

akg-images / arkivi: Tafel IX u.
Barbara Beck, Privatarchiv: Tafeln I, V, XV, XVII o., XVII u., XVIII, XIX
bpk (Bildarchiv Preußischer Kulturbesitz): Covermotiv (T.H. Voigt) sowie Tafeln IV (Geheimes Staatsarchiv, SPK / Bildstelle GStA PK), VII o., VII u. (M. Ziesler), IX o.
Hessische Hausstiftung, Eichenzell: Tafeln II, VI, XIII, XXI
https://commons.wikimedia.org: Tafeln III, VIII, X, XI, XII, XVI (Bundesarchiv Bild 102-08649 / CC-BY-SA 3.0), XX, XXII, XXIII o.
ullstein bild: Tafeln XIV (Wilhelm Hoeffert), XXIII u., XXIV (T.H. Voigt)

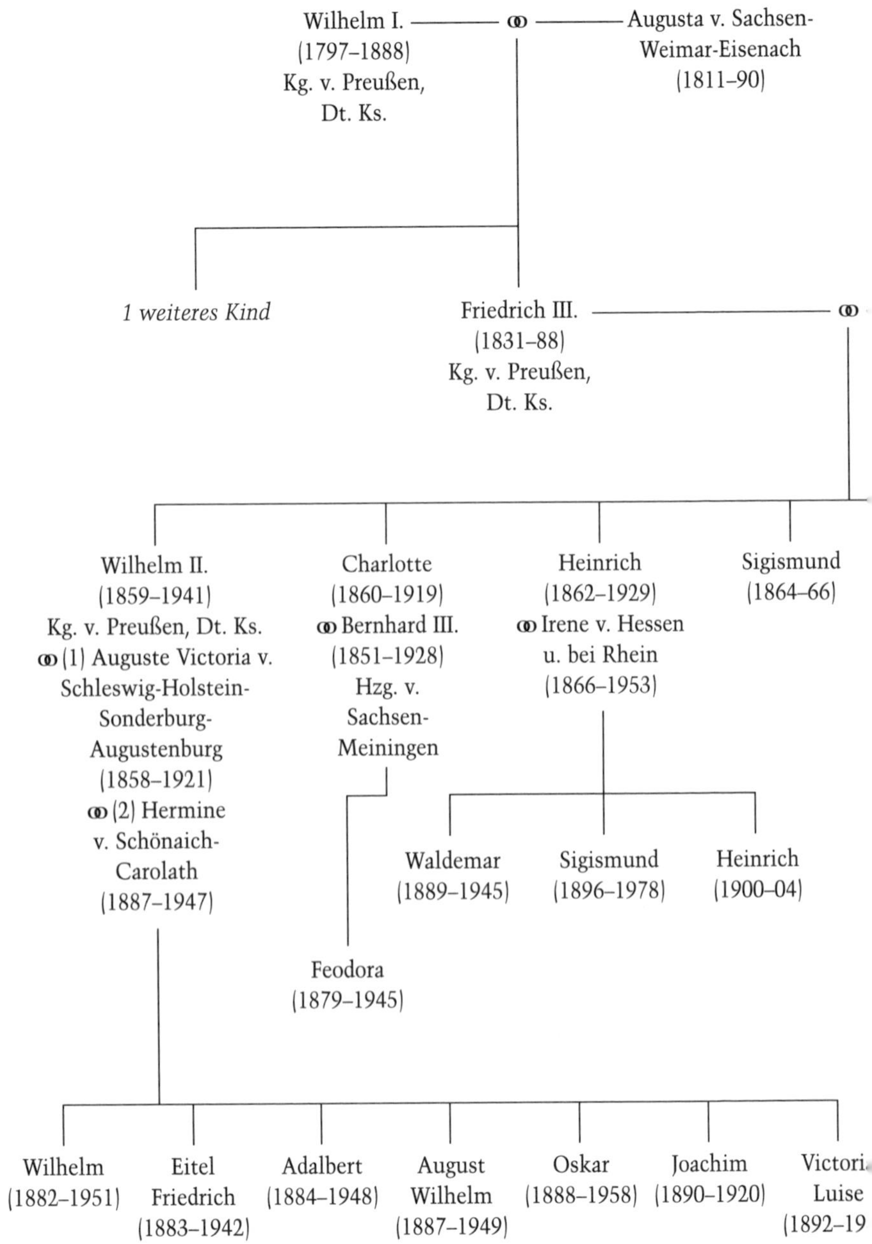
Wilhelm I.
(1797–1888)
Kg. v. Preußen,
Dt. Ks.
Augusta v. Sachsen-
Weimar-Eisenach
(1811–90)
1 weiteres Kind
Friedrich III.
(1831–88)
Kg. v. Preußen,
Dt. Ks.
Wilhelm II.
(1859–1941)
Kg. v. Preußen, Dt. Ks.
⚭ (1) Auguste Victoria v.
Schleswig-Holstein-
Sonderburg-
Augustenburg
(1858–1921)
⚭ (2) Hermine
v. Schönaich-
Carolath
(1887–1947)
Charlotte
(1860–1919)
⚭ Bernhard III.
(1851–1928)
Hzg. v.
Sachsen-
Meiningen
Heinrich
(1862–1929)
⚭ Irene v. Hessen
u. bei Rhein
(1866–1953)
Sigismund
(1864–66)
Waldemar
(1889–1945)
Sigismund
(1896–1978)
Heinrich
(1900–04)
Feodora
(1879–1945)
Wilhelm
(1882–1951)
Eitel
Friedrich
(1883–1942)
Adalbert
(1884–1948)
August
Wilhelm
(1887–1949)
Oskar
(1888–1958)
Joachim
(1890–1920)
Luise

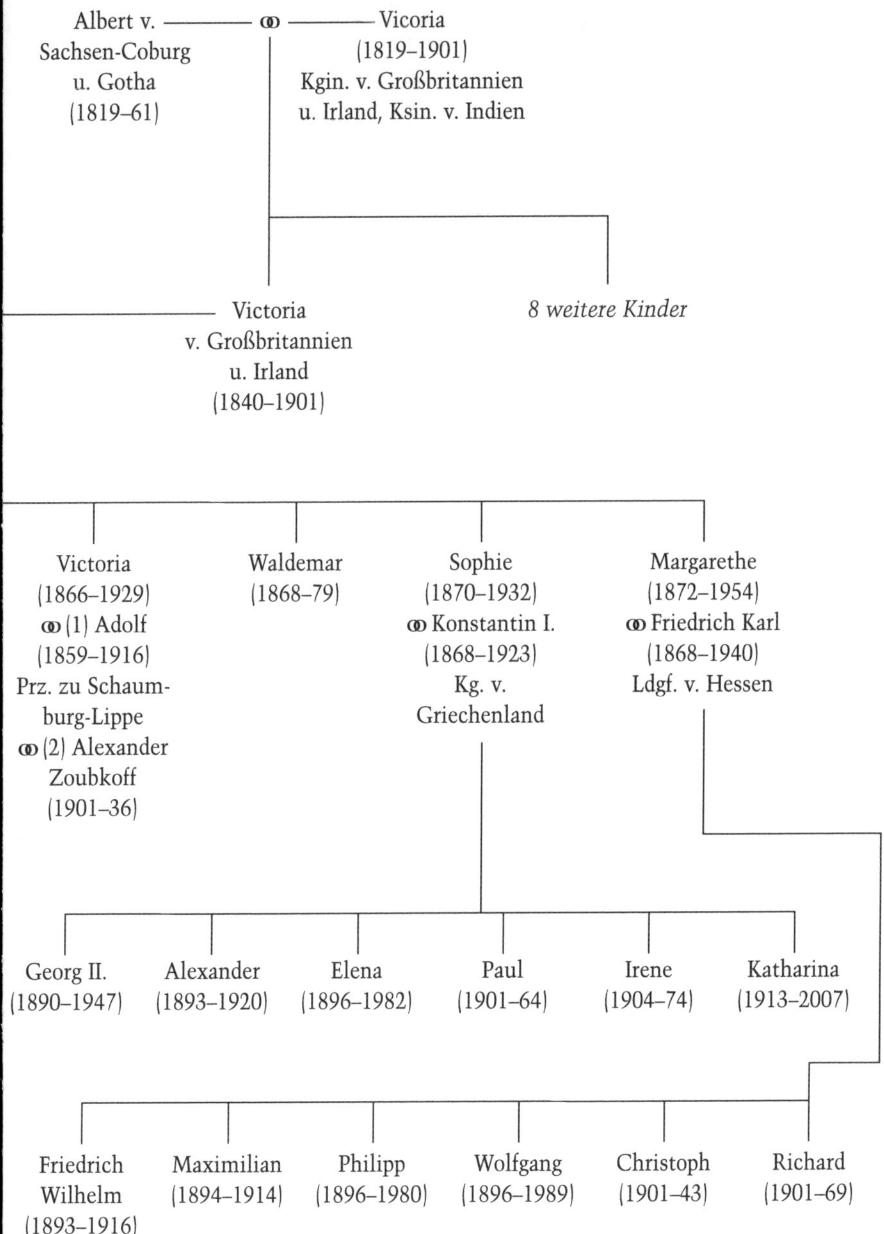
Albert v. Sachsen-Coburg u. Gotha (1819–61)
∞
Vicoria (1819–1901) Kgin. v. Großbritannien u. Irland, Ksin. v. Indien
Victoria v. Großbritannien u. Irland (1840–1901)
8 weitere Kinder
Victoria (1866–1929) ∞ (1) Adolf (1859–1916) Prz. zu Schaum-burg-Lippe ∞ (2) Alexander Zoubkoff (1901–36)
Waldemar (1868–79)
Sophie (1870–1932) ∞ Konstantin I. (1868–1923) Kg. v. Griechenland
Margarethe (1872–1954) ∞ Friedrich Karl (1868–1940) Ldgf. v. Hessen
Georg II. (1890–1947)
Alexander (1893–1920)
Elena (1896–1982)
Paul (1901–64)
Irene (1904–74)
Katharina (1913–2007)
Friedrich Wilhelm (1893–1916)
Maximilian (1894–1914)
Philipp (1896–1980)
Wolfgang (1896–1989)
Christoph (1901–43)
Richard (1901–69)

Personenregister